日本史研究叢刊 28

大塩思想の射程

森田康夫 著

和泉書院

目次

第1章　近世朱子学の教養主義化について

はじめに

寛政異学の禁の余燼が残る文化末年、大塩平八郎は舶載された呂新吾『呻吟語』を読み、それまでの教養主義的な朱子学的儒教から陽明学的儒教に認識論を転換した。これより中国の明末清初における陽明学批判をこととした陸稼書などの朱子学派の同党異伐を批判する一方で、我が国近世末の儒教思想が訓詁注釈の学や詩文の学に甘んずる非政治主義化された風潮にたいして、孔孟に始まる儒学の原典復帰を唱えることで為政の学としての仁政の回復を、聖人をめざす良知の追求者・新たな学問の探求者として登場した。

大塩は自らの現実認識を事上練磨から出発して近世朱子学の非政治主義的志向に絶縁し、陽明学にその可能性を発見したが、大塩により改めて儒教の原典復帰が主張された背景として、我が国における近世儒学思想の受容をめぐる日本的特徴を見ておかなければならない(1)。

まず近世儒教の導入者藤原惺窩においては中国宋明期の儒学界における中心的課題であった『大学』が、三綱領――「明明徳・親民・止於至善」――を中心に『逐鹿評』として注釈され、惺窩の中心的思想として位置づけられたことから見て、儒教が聖人の教えとして為政に関与する武人の政治思想であることが明らかにされていた。儒教の精神を受容者としての理解の範囲内ではあるが、幕藩体制というイデオロギー的作為のない素直なかたちで導入されていたことが指摘できる。

一方、三綱領は「止於至善」に集約されて八条目を貫く『大学』の要はすべて「誠意」に包含されるとし、この誠意について惺窩は意が「無偽にして明」なる状態としたように自らを偽らない、それは事に臨んで相手にありのままの心を尽くす意であろう。(2) この「止於至善」としてある誠意について惺窩は「止於至善」を敬止と云う概念でも説明していた。この点について相良は、

『大学』の三綱領の一つ、しかも惺窩にとってもっとも重視さるべき止於至善は、時には誠意として、時には敬止として捉えられていたということになる。心上の物欲をさる工夫が熟する時、そこには、おのずから間断なく物欲に堕することを敬んで移らず、道理に生き自他をあざむかぬ人格が形成されてくる。これが惺窩の理想的人間像の基本であった。(3)

と述べるように、惺窩の理想的人間像としての誠意的あり方と敬止的あり方の二面性が指摘されていた。即ち誠意とは自他の違いを越えて自分の心から他者に和合する営みとすれば、敬止は自他が相対するなかで他者から軽視されない慎みをもって存在する心のあり方であった。ここから前者は政治的和合の原理となり、後者は上下関係の秩序が意識されるなかで儀礼化の論理となった。しかし惺窩の儒学思想においては朱子や王陽明らの宋明思想が受容され、儒教の政治思想としての本質は見失われていなかった。

しかし次の林羅山によって朱子学的儒教が受容された時、徳川家康を頂点とした幕藩体制に向かって整備されるなかで、それに仕える人間のあり方として羅山自身の剃髪問題が象徴するように、朱子学そのものの在り方に体制的順応の跡が窺えた。それは『大学』の要を誠意とした惺窩に対して羅山は敬をもって要とした。即ち敬は、

此の一字書経開巻の第一義にして帝堯の徳を述ぶるものなり。爾来詩経執礼、君子の言行を説きて敬を云うこと尤も多し。……朱子は此の語を大学或問に載す。且つ曰く、敬は一心の主宰、万物の根本なりと。(4)

とあるように人間の社会的行動において自己規制的な他者との距離をとる慎みの重視は、仁政をめざす政治学としての朱子学から礼教重視の学として、個人の内面化に向けた心の在り方を探る教養主義の道を歩むようになった。

中国宋明の儒学にとっての重要な課題は道理に基づく政治の実現であった。そのために王臣たるものは自らの意を正して誠を貫くために、自己修養に励むことが道を問うものにとっての不可欠の学修であった。そして時に応じて上表を捧げることで政治に参画することが求められた。しかし我が国の幕藩体制下においては上表などは学者の社会的地位からしても、学を目指す武士においても身分不相応な危険な越権行為と見なされ、そのような為政の学としての視点は儒学思想から希薄化され、ひたすら身分制度のなかで自ら武士としての体面を処する居敬の学に軸足がおかれた。

1　『大疑録』の意味

戦乱を制して形成された幕藩体制はそれまでの軍事体制から文治優先の政策に転換するため、儒教の先進国中国にならってその公認が進められた。しかし藤原惺窩が求めた仁政の学は早くも林羅山により礼教の学に封印されることで、近世朱子学は幕藩体制社会に恭順する武士の教養とされることになった。しかも武をもって仕えてきた武士には、文としての朱子学的教学については馴染めず、いち早く時代に目覚めて自己転換を謀った中江藤樹にみられるように、学問することとそのこと自体を揶揄されたことが年譜の語るところであった。(5) しかし草の根からの朱子学的追求は、封建的秩序に必ずしも安住するものではなかった。朱子学的小宇宙的秩序を越える生命の連続を探究する認識として、孝を軸とする陽明学的認識論が模索され始めた。

一方朱子学を受容する者のなかにも、儒学の原点としてある孔孟学と孔孟学を訓詁注釈の学から体系化した周濂渓・二程子をへて形成された朱子学、即ち宋学との差異に着目した貝原益軒は、孔孟学の立場から朱子学の言説に対して取捨選択する批判的精神の必要を『大疑録』において展開した。それは理気二元説批判に始まり、またその学問の在り方が、

> 君子の道は本と自ら易簡なり。易なれば則ち知り易く、簡なれば則ち従ひ易し。知り易きは則ち艱深ならざるに由なり。従ひ易ければ則ち、宜しく行ひて功あるべし。是を以て従ふ者多きなり。(6)

と孔孟学が簡易直截の道であることを示し、その目指すところは、

> 孔門の教へを設けるや、孝弟忠信を以て本となし、学文力行を以て学と為す。平易なるは大路の如く然り、愚者と雖も知り易く行ひ易し。（同上、p.157）

とあるように孝弟を軸とした家族のあり方であり、忠信を軸とする為政者との関係にあるとした。それに対して、

> 宋儒の学、大極無極を以て致知の先務と為す。静坐澄心を以て力行の先務と為す。支離破砕を以て文学の先務と為す。是れ乃ち高遠艱深なり。細末無用の事、知り難く行ひ難き無用不急なるものを以て先と為す。聖門の立つる所の教へと孝弟愛敬文行忠信を以て先務と為す者と異なれり。（同上、p.157）

宋学の精緻にして煩雑な思弁的認識論は孔孟学の簡易直截な儒教精神からみて逸脱していると益軒は批判した。

さらに注目すべき「敬を論ずる」において礼教は為政者に仕えるための心法で、人間の心のあり方としては忠信、即ち誠こそが根幹を成すとして羅山に見られた近世朱子学的注釈を批判した。

> 敬は歴聖の伝ふる所の法にして、是れ心を操する工夫なり。敬なれば則ち徳あり、敬ならざれば則ち徳無し。故に古人以て敬は徳の守りと為し、又以て徳の聚と為すなり。然るに聖人の門は忠信を以て主と為し、敬を以て主と為さざるは何ぞや。蓋し誠敬の二者は固より是れ学の要務と為す、然れども誠は是れ主本為り、敬は是れ工夫と為す。故に忠信を主とするは本なり、是れ為学の主意なり。（同上、p.169～170）

敬は歴代の聖人によって伝えられた心法で忠信の心を形成するための工夫である。他者を敬する人には道にかなった徳があり、敬する心のない人にはその徳がない。それ故、古人も敬を徳の形成するもの、または徳の集まりと見なしてきた。

しかし孔子の門流は敬を主とせず忠信を主とした。誠と敬の二者は儒学の要点であるが、物事の順序としては誠が基本で敬はそれに至る手段である。それ故に忠実・信義を基本とするのが学問の主旨である。このように礼の根底には忠信即ち誠の心の不可欠を指摘した。益軒は『大疑録』においてこのような「敬」注釈の偏重をもたらした原因を、宋代末の儒学にあるとした。

且つ宋季の諸儒、敬を説くこと甚だ偏重し、敬を以て心の主とす。是より以来後世の学、往往その尤に效ひ、只偏厳を以て重きと為すを知り、忠信慈愛の最重たるを知らず。(同上、p.170)

宋末の儒学者が敬を重視して心の主体としてしまったので、後の学者もその過ちを侵して凝り固まってしまい、忠信慈愛こそが心の根幹であることを見失ってしまったと、中味のともなわない形式主義に陥ることを警告した。そしてその原因は誰あろう、

朱子曰く「敬は一心の主宰、万事の本根なり」と、蓋し己を修めるに敬を以てするは、聖人の至教なり。人心敬に非ざれば存せず、故に須らく敬を以て斯の心を執持すべし。……今の世朱子に佞諛する者あり。曰く、敬を以て心の主と為すと雖も、豈に道を害すること有らんやと。吾未だその言の可なること知らざるなり。然れば則ち何者を以て人心の主と為べきや。孔子曰く、忠信を主とすと。是れ人心は当に忠信を以て主と為すべし。忠信は人の実心なり。(同上、p.170)

朱子の敬を特化させる言説に対して益軒は同意せず、専ら孔子の教えに従った。このように今の世に広がる礼教性重視の朱子学的儒教論では本質を見失った形式主義に陥ることを早くも指摘するものであった。益軒の『大疑録』

は羅山に始まる非政治的近世朱子学に対する批判の書であった。しかし近世儒学の潮流は益軒の憂慮をよそに、教養主義的日本朱子学を展開させた。

2 朱子学的居敬から儒教的仁政学へ

羅山に始まった儒教の礼教主義化は山崎闇斎においてさらに徹底されていった。例えば、

夫《それ》敬之一字ハ、儒学之始ヲ成シ終ヲ成スノ工夫ニシテ、其来ルコト久遠也。天地之開キ始マリシヨリ以来、代々之聖人、道統之心法ヲ伝ヘ来リ玉フモ、此敬ニ過ギザランヤ。(7)

と、敬が堯舜以来世の中に政治が行なわれるなかで、代々の聖人が継承した儒教精神の核心をなす心法と位置づけられていたとし、また崎門高弟の佐藤直方は、

夫レ聖学ハ居敬窮理ノミ。コレ則チ求仁之功夫、コレヨリ外ニハナシ。古堯舜三代ノ時ノ敬コノ二ツナリ。学問ノ根基ハ主静存養ナリ。(8)

と述べるように、聖学は居敬窮理をめざすものであるが儒学の根幹は主静存養で、心を一心に集中させるための居敬がなくては窮理には至らない。そのためには自らの心を慎む工夫としての居敬が儒学の根本思想であるとした。ちなみに闇斎は朱子学の信奉者でありながら窮理に関してはきわめて冷淡であった。(9)

このような崎門派の居敬を中心とした心に問う武士的教養主義にたいして、町人的世界にも儒学への関心が広まるなかで、朱子学的持敬に対する疑問が京都の伊藤仁斎から起こされた。さらに十七世紀の後半から十八世紀に入ると、幕藩体制の農業に依存してきた財政的基礎が揺らぎだし、政治改革を必要とする時代を到来させた。この時、儒学思想のなかで禁欲的に扱われてきた経世済民の学が荻生徂徠により唱えられた。

徂徠は朱子学的方法から脱却し、『論語』『大学』『中庸』『孟子』『荀子』などの経書研究から儒教の根幹とする仁政実現のための経世済民の学を回復させようとした。この意味から徂徠学は幕藩体制下で変容された朱子学に対して、古文辞学的原典回帰の立場から朱子学の非政治的心学批判として構築されたものであった。

凡ソ儒学ノ流マチマチニナリ、末ガ末ニ至リテハ、仏老ノ教ニ染ミテ、心ヲ治メ性ヲ明ニスルナド云ヘル、オカシゲナルコトヲ第一ノ要務ト思ヒ、聖人ハ天子也、天子ハ天下国家ヲ治ルワザヲ己ガ職分トナシ玉ヘル故ニ、聖人ノ道ト云フハ天下国家ヲ治ムル道也ト云フ本意ヲバ、イツノマニカ忘レ果タルヤウナリ。但是非ノ弁論ノミ繁クナリテ、ツイニハ聖人ノ道ハ、世ノ政道トハ各別ノ事ノヤウニ、人々ニ思ハスルハ、誰ガ過ナルベキ。(10)

徂徠は居敬批判の言葉を避け、仏老にかこつけて心性に埋没する儒教認識のあり方を批判し、聖人としての天子が天下国家を治める道を本意とすることに儒教の本質のあることを明らかにした。

孔子の道は、先王の道なり。先王の道は、天下を安んずるの道なり。孔子は、平生、東周をなさんと欲す。その、弟子を教育し、おのおのその材を成さしむるは、まさに以てこれを用ひんとするなり。そのつひに位を得ざるに及んで、しかるのち六経を脩めて以てこれを伝ふ。六経はすなはち先王の道なり。……天下を安んずるは身を脩むるを以て本となす。然れども、必ず、天下を安んずるを以て心となす。これいはゆる仁なり。(11)

孔子は先王の事績を六経にまとめたので、六経こそが先王の道を伝える聖典である。天下を泰平にするには為政者が自らを慎むことを基本とするが、天下に善政を敷くことを見失ってはならない。これこそが仁というものだ、と述べていた。かくして、

先王の道は、先王の造る所なり。天地自然の道に非ざるなり。けだし先王、聡明睿知の徳を以て、天命を受け、天下に王たり。その心は、一に、天下を安んずるを以て努めとなす。(12)

先王の道は先王の聡明な叡知から生まれた徳で、天地自然が生んだ道ではない。その中心的課題は天下万民に仁

政をもたらすことにあるとした。これはまさに近世儒学が見失った中国古代の儒教思想の原点に立ち返る儒教認識であった。徂徠は『政談』や『太平策』において、内省的な儒学を仁政を軸とした政治学としての儒学にたち戻らせた。

徂徠は政治学としての儒学を回復し、古代の井田法的理念の下に農村から流出した農民の帰農をはじめ、「旅宿の境界」としての城下町におかれた武士層の帰農政策など、都市的華美から質朴な気風へと転換を促そうとした。しかし幕藩財政の危機の原因である、金融を支配する都市の商業資本への有効な施策がない限り、質素倹約の農本主義だけでは危機からの脱出は見えず、それはまた体制護持の改革の限界でもあった。

徂徠は限りなく幕府に接近して先王の道を追求し、政治学としての儒教を本道に復した。しかし思想に突きつけられた社会構造という岩盤に思想そのものが届かず、武士の帰農などその改革案は幕藩体制の根幹を揺るがすだけに、取り上げられることはなかった。一世を風靡した徂徠学の時代が過ぎると、儒学は詩文の学か考証学に推移した。そのなかで徂徠学の政治学としての儒教精神を継承したのが陽明学であった。

3　孔孟学としての陽明学

近世の朱子学系儒学者で『孝経』と『大学』の両典を自らの学問的基礎にすえた注釈書を残した学者は稀である。とりわけ忠孝並称を説く『孝経』については彼らの敬遠するところで、貝原益軒ほどの注釈書を残したものは他になかった(13)。そのなかで中江藤樹に始まる陽明学を受容した熊沢蕃山・三輪執斎・大塩平八郎などは、両典についてのそれぞれの主体的関心に従い自らの学問的根幹としての注釈書を残していた。このように『孝経』『大学』など儒教の古典から自らの思想を構築する孔孟主義が近世陽明学の特徴であった(14)。

彼らの学問は古文辞学派に見られる四書五経など古典の考証学的関心からする言語論的な比較検討ではなく、もっぱら古典そのものにおいて問題にされた儒教思想の解明にあった。それは裏を返せば渡来思想としての朱子学的儒学大系に見られた近世的歪みを、儒教の原点から再検討することで、孔孟に始まる儒教精神にたちかえる営みであった。その方法論として中国明代において、朱子学の教条化に伴う儒教精神の空洞化を批判した陽明学が受容されたのである。

ところが我が国近世における陽明学の受容においても、それぞれの時期における幕府公許の学としての朱子学的解釈への疑念に端を発していた。即ち人間観として居敬を軸とした献身の道徳に跼蹐されることが、果たして儒教道徳たりうるかという疑問であった。

例えば中江藤樹の場合、年譜によるともっぱら朱子学に傾倒し、格套をもって受容するなかで朱子学的厳格主義者として自らを形成した。この藤樹が二十七歳のとき藩内の争論で渦中の人となり、脱藩同然の致仕で近江に帰り帰農することを決意した。その理由として自分の病気と郷里に残した母への孝養のためとしたが、その根底には君主への忠に限界を感じてのことであった(15)。この頃から藤樹の心に朱子学への疑問が芽ばえはじめた。寛永十五年（一六三八）、藤樹三十一歳の頃、

> 其意、専ラ聖人ノ典要格式等、逐一ニ受持セント欲ス。然レドモ間時《ままとき》ニ合ハズシテ、滞碍《たいがい》、行《おこなひ》ガタキヲ以テ、疑テ以為ラク、「聖人ノ道、カクノゴトクナラバ、今ノ世ニ在テ、吾輩ノ及ブ処ニアラズ」ト(16)。

朱子学との違和感がますます深まるなかで、これまでの四書中心の学修から五経にまで広げたところ、「触発感得」するところがあって、

> 故ニ『持敬図説』幷ニ『原人』作為シテ、同志ニ示ス。此ヲ行フコト数年。然レドモ行ハレザル処多シテ、甚ダ人情ニ戻《もと》リ物理ニ逆フ。故ニ疑止《やむ》コトアタワズ。（同上）

このように持敬を精神的支柱とした機軸概念が動揺するなかで、藤樹三十三歳のとき自らを在らしめる原点としての『孝経』にたどり着いた。そして、

愈味《あぢはひ》深長ナルコトヲ覚フ。コレヨリ毎朝拝誦ス。○今歳、『性理会通』ヲ読ミ、発明ニ感ジテ、毎月一日、斎戒シ太乙神《たいいつしん》ヲ祭ル。（同上）

藤樹はここで人間にとっての道理とは何かを、人間存在の原点に立ち返って考える機会を与えられた。そのために天子の儀礼としてあった森羅万象を掌る天帝＝太乙神を祭ることで、天の啓示を受けようとした。そして藤樹のこのような心境のなかで書き上げられたのが『翁問答』であり、さらに何かを求める心が未見の書『王竜渓語録』との出会いとなり、そこから更に『陽明全書』を媒介に陽明学の源流にたどり着くことで、王竜渓の禅学的傾向とも一線を画すことができた。

藤樹はここに至って陽明学を軸に道理を体得する方法として孔孟学の注釈に心血を注ぎ『孝経啓蒙』や『大学考』『大学解』を生み出した。このように近世における陽明学の受容は、最初に学んだ持敬偏重の朱子学への違和感を覚えるなかで、自らの生活体験の挫折を転機に朱子学を超える新たな方法論として陽明学に到達したものであった。

蕃山も藩主池田光政の軍役に際し、単独での参戦行動に走ったことが藩法に触れて脱藩を余儀なくされた。そこから朱子の『四書集註』を拠所にして師を求める旅に出たとき、陽明学に開眼を始めた藤樹に出会うが、門人を取るのに機が熟さずとして拒まれた。それでも蕃山の誠意が通じて師弟の関係を結ぶことになった。

以後、蕃山は藤樹の指導を受けるなかで再度、池田侯に招かれ、『集義外書』に見られるように陽明学的な経世済民の学として仁政の実現をめざした。また『孝経小解』『孝経外伝』をはじめ『大学或問』などの優れた陽明学的著作を後世に残した。

とりわけ『大学或問』での幕政批判において、幕藩体制の構造的矛盾を二十一カ条の提言として示そうとしたことが幕閣から危険視されて閉門を命じられた(17)。ここに惧危された自らの内面を構築する居敬の学に対する経世済民をめざす仁政の学は、権力による抑圧の対象になることが陽明学に突きつけられた。しかし時代はもはや学を求めるものには居敬の学にとどまることを許さなかった。

三輪執斎も居敬の道徳を儒学の中心にすえた崎門派の高弟・佐藤直方の門人として出発したが、直方は朱子学一尊で陽明学を厳しく批判していたが、執斎は朱子学に違和感を持ち師から離脱して陽明学に向かった。当然、直方から破門され、門下からごうごうたる非難を浴びた(18)。このように執斎も居敬主義の牙城から陽明学に転換するものであった。そのなかから本邦儒学史上でも重要な『標註伝習録』の翻刻を始め、『日用心法』『四言教講義』『古本大学講義』などを和文で書き、身分を越えて学をめざすものに開かれた陽明学をもってした。この執斎の学問もまた孔孟主義に回帰するものであった。

例えば『日用心法』の「孝悌を本とす」において、

> 孝悌は天地生々の徳也。人にうけて仁義となる。その発用は孝悌なり。……是則書にも学びず人にも伝はらずして自然と生れつきたるものなり。人の以て人たる所なり。是を名付けて良知と云。又堯舜の道は孝悌のみと云。親を親とし長を長として天下平とのたまひ有子の孝悌は仁をするの本といへるも皆この道にて、凡仁義礼智礼楽の類も孝悌にもとづかずといふことなし(19)。

『孝経』に述べられた孝悌が天地のなかから生まれた自然の徳として、一切の道徳的根源であり、それ故、堯舜の教える道と位置づけられたように、論議の基調に孔孟主義がおかれていた。

> 故にその志高きこと事物の外に立りといへども其道孝悌にもとづかざるは儒者の学にあらずして堯舜孔孟の正道にあらずして異端正道の別る丶所以この処にあり。（同上、p.375）

それ故いくら儒学に励んでも孝悌の道を見落としては、堯舜孔孟の教えを受け継ぐ儒教精神からの逸脱とみた。これは明らかに現実の社会秩序のまえに、ひたすら自らの生き方を内に問う居敬の道徳にたいして、書物から学ぶのではない天地・自然が生み出した根源的道徳を体得することで、仁義礼智礼楽を他に及ぼす道徳体系の発見であり、正に幕藩体制的朱子学から儒学を取り戻す営みであった。

4　大塩政治学のめざすもの

三輪執斎が去り大塩平八郎が登場するまでに半世紀が経過した。この間、寛政異学の禁（一七九〇）により、儒学内部の多様な解釈に対して体制的朱子学の言説に統一化しようとした。そのため陽明学は最大の攻撃対象となり沈黙を余儀なくされた。その影響を受けた大塩は国内の先学から学ぶのではなく、もっぱら儒教の本国に知を求めた。それが大塩をして天佑といわしめた『呻吟語』との出会いであった。これを突破口として大塩の陽明学への挑戦が開始された。しかもそこに至りつくまでの間、教養主義化された朱子学との悪戦苦闘を経ての再発見であった。

しかし大塩は、そのたどり着いた儒学を、決して陽明学とはいわなかった。彼は「洗心洞学名学則」において陽明学を名乗ることを拒否するとともに、朱子学は当然として中国渡来の訓詁注疏の学でもなければ仁斎父子の古学や徂徠の詩書礼楽を主とした学ではないと、既成の学派とも組みせず、

然らば則ち先生の適従する所は、まさに何学なりや。曰く我学は只仁を求めるに在るのみ。故に学に名なく、強ひて之に名づけば孔孟学と曰はん。[20]

と答えたように大塩は自らの学問の在り方を、儒学内の解釈学的対立としての同党異伐を越えた儒学の原典復帰を訴えた。その意図は寛政異学の禁への配慮と云うよりも、儀礼的な居敬の道徳や社交的な詩文の学に化した儒学の

教養主義化にたいして、儒学本道に立ち返ることにあった。それは仁政の行なわれる政治学としての儒学への道であった。(21)

このように近世の儒学は陽明学においてはじめて、為政の学＝政治学として関与しなければ儒学の存立基盤を失うことが自覚させられた。しかしそれは熊沢蕃山に示されたように厳しい道であった。にもかかわらず東アジアにおいて儒学が人間社会にかかわる包括的な知であるかぎり、時代が儒学の革新としてのその活性化を求めた。

真摯に社会に向き合った中江藤樹に始まる陽明学的探究は大塩平八郎に至って大きく開花し、時代は一身の利害を越えようとした大塩に、良知をもって前に進むことを求めた。しかし二十一世紀の学問ではこれをテロリズムと云うそうである。(22)

徂徠の政治学は為政者の立場からする試みであった。しかし大塩の政治学は庶民に開かれた陽明学として構築され、庶民が必要とする改革を追求するものであった。大塩の乱が幕藩体制により徹底的な鎮圧と事件後の誹謗中傷による世論操作がなされたことは、大塩の乱の性格を規定するものである。徂徠の改革案では幕藩体制をもはや救済できず、その根幹は実施もされなかった。大塩の挑戦は大坂市中の豪商の邸宅と彼らが経営する市民の住居を焼き払うことで、天下の台所と称された経済の中枢に打撃を与える大事件となり、幕府に庶民生活の重要さを認識させることで幕政改革を迫るものであった。しかし幕藩体制の改革はすべては後手になり、その存続をめぐる政治的事件に発展するものであったといえよう。

5　佐藤一斎の葛藤

一斎の曾祖父佐藤広義（周軒）は『先哲叢談』にも名を連ねる学者で、濂洛の学（宋学）を奉じたように一斎も宋学から出発した。一斎は晩年に至るも自らの学問の骨子を宋学と規定していたように、周濂渓から朱子に至る宋学の流れを重視していた。すでに十八歳にして『古文孝経解意補義』を著し、二十四歳のときには『大学一家私言』を書いたように、一斎は居敬を軸とした近世朱子学的潮流に疑義を感じ、陽明学を摂取した藤樹以来の学問方法とも云うべき『孝経』『古本大学』の原典注釈主義から学ぶ学問観に立つことで、陽明学的認識論を体得した。これを機に、断絶状態にあった陽明学が一斎により継承されようとした[23]。

ちなみに一斎は明の孫本の『孝経解意』を補注した『古文孝経解意補義』序において、身を立て道を行ない名をあげる孝の日常的規範と『孝経』の説く義との間に距離がある。しかし孝の重要性は『論語』や『礼記』に明確に述べられ、孝の教えについても十分述べられている[24]。

然らば則ち孝経は裨益するもの無きが若く然り。是に於いて疑ひを蓄へて之を久しうす[25]。

とあるように朱子学の影響下において『孝経』に批判的であったが、あるときその疑問が解消した。即ち、

嗚呼、孝経の作は以《ゆゑ》有るかな。蓋し孔夫子の孝、天下を治むるの籍なり、と。然り而して予、反りて諸を一己の孝に求む。豈に焉れを得べけんや。其の首章に云はざるか。至徳要道有りて、以て天下を順《したが》ふ、と。この語の以て解すべきは篇を通じてなり。是に於てか、其の誼、渙然として氷解し、始めて孝経の孝経たる所以を知るなり。（同上、p.20）

孔子の『孝経』は天下を治めるための書物で、それを自分一人だけの孝に求めてきたのがそもそもの誤りであり、それでは天下を治める孝にはならない。冒頭に云われている孝が徳の至りつく最高の仁であり、さらに道の要に位置するところから天下の全てが従うことになる。この至徳要道の視点から孝経は理解されなければならない。この至徳要道の精神こそが孝経の孝経たる所以であると一斎も理解した。しかも孫本の注釈は、

夫れ盛漢以還、碩儒鉅公の奕業乏しからず。孝に註する者は幾数十家なるかを知らざるなり。大率、章句の訓

詁の間のみ。間《このご》ろ、忽ち孫本の『解意』を得て之を読むに、殆ど鄙衷と相ひ符す。（同上、p.20）

孝経に関する漢代以後の多くは言葉のうえの訓詁注釈書で、これと比して孫本の場合は意義を追求した注釈を行い、それは一斎自身の考えと殆ど一致するというのであった。

ところでこの孫本の『孝経』観については、大塩平八郎も絶大の信頼を寄せていたことを彼の『増補孝経彙註』叙に述べていた。それによると、

> 曾て明の江元祚の刻する所の今文孝経彙註を得、以て之を閲す。……其の彙註と云ふは、輯子漸の朱鴻氏、初陽の孫本氏、澹然の虞淳熙氏、三子之を註書に刪す者なり。熟読玩味するに、数日にして業を卒へ、乃ち巻を掩ひ嘆じて曰く、孝を以て万善を貫き、良知を以て孝を貫く。太虚を以て良知を統べ、而して天地の聖人易簡之道を是に於て偶ま之を獲ん。遂に宿志を償はん。亦た幸ひならずや。[26]

と江元祚の今文『孝経彙註』との出会いで孝が良知と太虚を取り結ぶものとして、大塩が宿願としていた思想的起点に立ちえたことを喜んだ。そして、

> 因に復た竊に考ふるに、朱孫虞三子の註は、蓋し陽明王子及び楊慈湖、羅近渓三賢の説く所の孝を以て其の根抵と為すものの似し。（同上、p.549）

とあるように孫本を王陽明の学統として尊敬を現わしていた。このように大塩同様に一斎も孫本によって孝に開眼したとすれば、孝認識に関するかぎり大塩と限りなく同じ陽明学的立場に立つものであった。

孝経を「天下を治むるの籍」とする朱子学からの転換は、一斎のその後も変わらない立場であった。内外にわたる幕藩体制国家をめぐる危機は、もはや心ある儒学者にとっては儒学を教養の学に留めることはできなかった。一斎が時代に敏感な聡明な学者であるかぎり、朱子学的儒学の閉塞状況を打開する必要があった。それが『孝経』や『大学』に関する注釈に示された脱教養主義としての儒経的政治学、つまり現実政治に役立つ実学への回帰であっ

た。

しかし文化二年（一八〇五）一斎が林家の塾頭になると陽明学的方法論は自制せざるをえなくなり、当然、先に書いた『大学一家私言』についても若気の至りとして、表現を選び朱子学への批判も抑制せざるをえなくなった。そのために改訂を加えて『大学摘説』と改め、さらに独立した著作からも外して社会的責任の軽い『大学欄外書』として朱子学的不十分さを補完しようと目論んだ。いわゆる陽朱陰王の立場である。

このような一斎の思想的葛藤は彼の『言志四録』のなかにも具体的に示されていた。『言志四録』のなかで最も多く論じられていたのは自戒（一一七回）処世（一一五回）自己確立（四九回）など、自らの生き方を問う居敬系列の章句であった。それに対して為政や為政者の在り方を問う項目（一五八回）がそれに続いていた。『孝経』を天下を治める実学として受容する一斎としては当然のことであった。しかしそれ以上に『言志四録』が読みつがれたのは、変革期における自己確立の書としてもてはやされたところにあった。[27]

少なくとも近世前期までの朱子学的基調が居敬におかれていたのが、やがて陽明学的思想の展開のなかで『大学』三綱領八条目の解釈において、自他を裏切らない誠が道徳的判断として重要な位置を占めるようになった。居敬は自らの慎みにおいて他者との関係を維持する自戒自省の表現であったが、誠は他者との関係において相手の期待する心情に報いる感応として、作為のない自らの心を示すものであった。ここから誠の道徳は幕末政争期に活動した人を裏切らない、同志間を結びつける信頼の道徳として受け入れられていった。

この居敬と誠の関係について一斎は『言志後録』において、

一〇〇　為すなくして為すある、これを誠と謂ふ。為すありて為すなき、これを敬と謂ふ。

一〇一　聖人は事を幾先に見る。事未だ発せざるよりして言へば、これを先天と謂ふ。幾已に動くよりして言へば、これを後天と謂ふ。中と和は一なり。誠と敬も一なり。[28]

作為的にするのではなく人間の本性のままにするのが誠であるとすれば、作為的にしても人間の本性に従うように身を修めることが敬である。聖人は事が起こる前にその兆しを知るもので、これを天に先立つといえば、幾がすでに動いてから知ることは天に遅れるということになる。しかしそこで知りえたことは同じである。偏りのない心のあり方を云う中と和も一体のものであるように、その心の現象過程の違いにもかかわらず敬と誠を一体のものであると一斎は認識した。

このように近世儒学における朱子学的居敬と陽明学的誠意が一斎において統合されることで、「敬は許多の聡明を生」じ「敬すれば則ち心精明」なるところから、

一五八　己を修めて以て敬す、以て人を安んず、以て百姓を安んずるは、壱にこれ天心の流注なり。(29)

修養を積んで敬を体得して為政の掌にあるものに受け入れられ、さらに自らが政治の掌に就いたとき、庶民の生活に仁政をもたらすのは一にかかって公正な天の心が流れ注ぐようなものである。と『大学』の三綱領を貫く誠意と同等の働きをするものとした。にもかかわらず現状は、

一五九　敬を錯認して一物と做し、胸中に放在するなかれ。但に聡明を生ぜざるのみならず、却つて聡明を窒《ふさ》ぐ。即ちこれ累なり。譬ふるに、猶ほ肚中に塊あるがごとし。気血これが為に渋滞して流れず、即ちこれ病なり。（同上、p.37）

敬を誤って狭く解釈してそのままにしておくと、そこから聡明な敬の働きを見失うだけでなく、儒学そのもの英知まで見失ってしまう。これがこれまでの朱子学の欠陥である。例えて見ればそれは腹中の血流を妨げる痼のようなもので、既成観念にとらわれた病のようなものであると、一斎は近世朱子学を批判した。そして一斎は語を続けて、

一六〇　人は明快灑落《さいらく》の処なかるべからず。若し徒爾《いたづら》に畏縮趑趄《さいしょ》するは、只これ死敬、甚事《なにごと》をか済《な》し得ん。(30)

人にはおおらかでこだわりのない気象が必要である。主の前ですぐためらって必要な意見をさし控えるのでは、それでは信頼関係に欠けた敬で真の敬でない。そのようなことでは仕える立場として事に当たり役には立たないと、危機のせまる時代意識のなかで敬観の転換を促すものであった。

一斎も教養主義化した朱子学を本来の儒教的精神に回復させようと『言志四録』において葛藤した。そのために自らのとった立場が宋学を媒介とする実学主義であった(31)。かくして一斎においても教養主義化した朱子学批判が公然と述べられた。

四　孔子の学は「己を修めて以て敬す」より「百姓《ひやくせい》を安んず」に至るまで、只これ実事実学。……故に当時の学ぶ者は、敏・鈍の異ありといへども、各々その器を成す。人は皆学ぶ可くして、能・不能はなきなり。後世は則ちこの学墜ちて芸の一途に在り。博物多識、一過して誦を成すは、芸なり。詞藻縦横、千言立ちどころに下るは、尤も芸なり(32)。

孔子の学は自らの修身に始まり為政の学に及ぶ実を貫く学であるのに、今日においては博学多識を誇り詩文をもて遊ぶ学となって、儒学の本質から逸脱してしまったと一斎を嘆かせた。いま一文を引いておこう。『言志耋録』に、

一九　この学は、己の為にす。固より宜しく自得を尚ぶべし。駁雑を以て粧飾と做すことなかれ。近時の学は、殆ど所謂他人の為に嫁衣裳を做すのみ(33)。

儒学は己の心に向かってするもので、自分で理解して心のなかに築き上げるものである。従って雑多な知識でうわべを飾るような教養主義に陥ってはならないと警告した。

6　大塩孔孟学の意義

大塩が朱子学的儒教認識論から離脱して陽明学的認識論に移行したのは、近世朱子学などの訓詁注釈学や詩文の学に化した儒教精神からの逸脱に対する反旗であった。居敬に見られるように、自己の世界に沈潜するだけで事足りたとする我が国近世の朱子学的教養主義が正されねばならなかった。その鍵を握るものが『孝経』に対する学者の態度にあった。

我が国の朱子学者はどうしたことか孔子の重要な経典である『孝経』にたいして極めて無関心を装った。それは朱子の『孝経刊誤』に見られるように『孝経』そのものへの軽視のためか、『孝経』の持つ社会認識論を欠落させてしまったことは、幕藩体制下の近世儒学認識の歴史においてその意味が検討されねばならない。しかし大塩は『孝経』を自らの学問の出発点におくことで儒教精神を回復させた。彼は自らの学問を陽明学でもまた朱子学でもない、ましてや訓詁注釈の学ではないとして自らの学問を孔孟学と規定したことは、儒教精神からみてきわめて卓見といわねばならなかった。

『孝経』を大塩学の基礎にすえることで、親子関係のなかで形成された学ばず慮からざる人間の根源的感情としての孝を、至徳要道に通ずる仁愛とした。このように『孝経』が示唆する親子関係の道徳から政治社会の道徳に視野を広げることで、幕藩体制国家の政治を論ずる思想的基盤に到達したのが大塩の『増補孝経彙註』であった。例えば、

子曰ク　親ヲ愛スル者、敢ヘテ人ヲ悪《にく》マズ、親ヲ敬スル者、敢ヘテ人ヲ慢《そし》ラズ、愛敬ハ親ニ事フルニ尽キル、而シテ徳教ハ百姓ニ加ヘ、四海ヲ刑ス、蓋シ天子ノ孝ナリ。

について羅近渓の釈文に、

……是レ孩提《がいてい》ノ良知良能ヲ見シ得レバ、親ヲ愛シ長ヲ敬セザルナキナリ。而シテソノ言必ズ堯舜ヲ称スルナリ。是レ堯舜ノ道ハ孝弟ノミ見シ得ルナリ。(34)

とあるように、古代の理想の政治を行なったといわれる堯舜の政治は、親を敬愛する孝弟の精神から構築されたものと注釈していた。このように孝の延長に仁政の実現が説かれていることを認識した時、『孝経』が近世社会でもてはやされた世俗的徳目としての単なる親への孝から政治学に飛翔するものであった。他者への仁愛としての孝の至徳要道に立脚した孝認識は政治を支える公共的原理であった。この孝原理のうえに構想されたのが大塩の陽明学的儒教論としての『洗心洞箚記』であった。

この『箚記』において大塩は自然と人間社会を貫く普遍的原理として太虚の支配を掲げた。大塩にとっての太虚は現実的社会秩序の人為的な不公正に対する、人為の加わらない公正な摂理としての実体であった。(35)それは幕藩体制官僚システムの私意的不公正への対立概念として提出されたものであった。ここから理想の政治としての夏殷周三代の治への回帰をめざすため、その手段として儒教の原点である孔孟の経典から学ぶ儒教精神への原典復帰が説かれた。

このように自らが聖人の学に向かって志を立てることで、一切の私利私欲にとらわれない厳しい禁欲主義を自らに課した。かくして世俗的人欲を慎むことで公正な聖人の心を共有し、その心が即ち良知として太虚の公正な心を自らの心とすることで、天の道理を自らの心と自己同一化する、つまり心即理を確信した。

『洗心洞箚記』は凡そこのような陽明学的認識論に基づき、我が国近世儒学史における教養主義化にたいして、仁政の学としての儒学をその本道に立ち戻らせるものであった。従って『箚記』の条文中において唐土のことを借りて暗に体制批判を行なっていた。例えば、

> 一三一「父に争子有れば、則ち身は不義に陥らず。故に不義に当つては、則ち子は以て父に争はざるべからず」と。故に人の父たる者は、此の子有るを願はざるべからざるなり。此の子有れば則ち躬《み》は君子と為る。此の子無ければ則ち上智に非ざるよりは、大凡《おおよ》そ夷狄禽獣に陥らんこと必せり。之を思へば悚然《しょうぜん》たり。(36)

これは『孝経・諫諍章』から父子関係を引いて子の立場を述べたものであるが、『孝経』で重要なことは主君に対する諫諍である。しかし大塩もそこまで踏み込めないので父子関係にとどめたのであろう。しかしこの条を読むものは必ず主君への諫諍に思い至るものである。しかし幕藩体制下の君臣関係はそれを許さなかったのである。それどころか一二七条では孟子の言を引用して、

> 「人臣たる者、利を懐いて以て其の君に事へ、人の子たる者、利を懐いて以て其の父に事へ、人の弟たる者、利を懐いて以て其の兄に事ふ。是れ君臣・父子・兄弟、終に仁義を去り、利を懐いて以て相接す。然り而して亡びざる者は、未だ之れ有らざるなり」と。世の臣子弟たる者、之に似ざらんや。(同上、p.412)

と近世的人間の利益優先的風潮が指摘され、それが人間関係に起因するのであれば社会そのものが聖道からの逸脱であるとした。さらに下巻一八条では北宋の学者・欧陽修の上書を例に、

> 欧陽公の「再び按察官吏を論ずる状」の略に曰く、「不材の人は、害を為すこと贓吏《ぞうり》よりも深し。国家の法、贓吏を除くには民の告発する者に因りて乃ち之を行ふ。其の他の不材の人は、大は州を壊《やぶ》り、小は県を壊るも、皆明らかに知りて問はず。臣謂《おも》へらく、凡そ贓吏は、多くは是れ強黠《きょうかつ》の人、取る所は豪富に在りて、或は貧弱に及ばず。不材の人は下を馭《ぎょ》する能はず。其の一身は乞取《きっしゅ》する能はずと雖も、而も其の群下を恣《ほしいまま》にせしめ、共に誅剝《ちゅうはく》を行ひ、更に貧富と無く、皆其の殃《わざはひ》を被《こうむ》る。害を為すこと至つて深きも、縦《ほしいまま》にせしめて問はず。故に臣は尤《とりわ》け尽《ことごと》く老病謬懦《びゅうだ》なる者を取り、贓吏と一例にして之を黜《しりぞ》けんと欲す」と。……(同上、p.464)

無能な官僚は賄賂をむさぼる官僚より社会に害をもたらすものである。賄賂をむさぼるものは庶民の告発によっ

て取り除かれるのが国の掟である。しかし無能な役人はみなその実態を知りながら誰も告発しない。それ故、彼らの治める地域の生活基盤を崩壊させてしまう。一般的に贓吏は強権的で悪賢いので富豪層から賄賂をせしめるが、貧窮者にまで手をのばさない。しかし不材の無能役人は部下を統率できないので、配下の為すがままに貧富の区別なく搾取することを容認するので、民の被害はきわめて深刻なものになる。それ故、不材の役人を除去する必要があるとした。

大塩は欧陽修の上書に事寄せて、大坂に天下って来た幕閣官僚層を批判していたのである。そして大塩をして、

　嗚呼、勢の在る所、豈に但《ただ》に公のみならんや、抑《そも》そも聖人と雖も亦た之を奈何《いかん》ともする無し。（同上）

惰性に流された世の中での改革は欧陽修一人の心痛だけではない。きっと聖人でも政治の建て直しに苦労することであろう、と大塩は幕藩体制下の現状と重ね合わせて欧陽修に語らせていたのである。しかもこの文に続く一九条において大塩は、一見意味の取りづらい、なにか暗示めいた、しかし重要なことを記していた。それは、

　「藉《し》くに白茅《はくぼう》を用ふ」とは、事苟《いやしく》もせざるなり。「再びせば斯《ここ》に可なり」とは、決して之を行ふなり。「事苟もせざる」と「決して之を行ふ」とは、一を廃すれば則ち大事成らず。（同上）

『易経』において「供物を清められた茅の上に載せる」という意は、君子は何事も軽はずみなことをしないと云うことである。二度考えて実行に移せばそれで良いという『論語』の言葉は、必ず実行すべきであると云う意である。慎重にすることと必ず実行することは、どちらかを無視すると大事は達成しないという意味である。云わんとしていることは大塩がなぜ欧陽修の上書に続き、大事を成すには慎重な態度と行為への決断を云ったかである。うかつに見過ごせば前後の脈絡はたどり難いが、ここでも改革への政治的決断が述べられていたと見るべきであろう。

このように大塩によって為政者に向けた政治改革の必要を訴えていたことが解る。そしてその改革への担い手が大塩を含めた下級官吏（公正を求める下級武士）と摂河泉播の富農層を中心とした農民（公正を求める独立自営の農

民）であった。そして大塩陽明学はこれら聖人の学をめざして志を立てた人々（公共社会の追求者）に開かれた学問として学ばれていた。

おわりに

儒学は本来、聖人の説く為政者のための経世済民の学であった。そこで庶民のために公正な政治を行なうために、為政に携わるものは身を慎み、庶民の暮らしに思いを寄せることのできる仁愛を体得することが求められた。しかし我が国近世社会において受容された朱子学は、社会構造的に為政の学に至る慎みの学としての居敬が重視され、そのため為政の学としての意味を喪失させてきた。

このような風潮も幕藩体制の財政的危機が忍び寄るなかで、儒学に政治学としての必要が促され時、荻生徂徠により為政の学が復活された。しかしそれは為政者の立場からする旧来型の政治学であった。それに対して庶民にも開かれた大塩陽明学は、民の立場からする政治学の再構築が模索された。即ち自らが聖人の学を体得することで政治改革の主体となることが意図された。大塩の乱に結集した富農層はまさにそのような自覚において決起した人々である。

詩文の学や訓詁注釈の学として教養主義化した朱子学も、幕末の政治的危機のなかで水戸学となり、また儒学にあきたりないものは国学の徒となり洋学に転身した。また朱子学の重要概念とされた持敬から『大学』に云う至誠に道徳的な価値基準がおかれ、ついに朱子学としての学問的命脈は尽きることになった。

儒教思想の教養主義化とは儒教が本来具備していた経世済民の学を封じ込め、持敬をもって個人の身体的行為として矮小化された非政治主義を云う。我が国では大正期から昭和初期において西欧から摂取された思想や文学を受容することで、ひたすら個の内面的な心の自由に価値をおく思想的態度が称揚されたことがあった。文学や思想を論じ西洋芸術に深い関心をもつも、西欧思想のなかに流れる市民的自由や権利などの政治的緊張関係を体して社会に進出するのではなく、個人の意識のなかで文化の鑑賞者として自己形成することに手を貸した。そのため迫り来る非合理主義的狂信的な国家主義への危機に対して、何らの有効な対処に欠けたことが教養主義文化の反省である。(37)

政治的抑圧の大きな社会では、個人はその内面に沈潜してしまいやすいものである。しかし何時の時代においても人間を抑圧する政治支配にたいして、なんらかの異議を申し立てる知をもつことが知識人たるものの資質である。大塩は儒教の教養主義化に対して儒教原典が指し示す課題に向かって誠実に歩んだ思想家であった。

註

(1) 日野龍夫「儒学思想論」『講座日本近世史8巻　近世思想論』p.116〜117・有斐閣・一九八一
(2) 相良亨『近世の儒教思想』p.16〜17・塙書房・一九八二
(3) 『同上』p.18
(4) 『羅山先生文集』『藤原惺窩・林羅山』(日本思想大系28) 岩波書店・一九七五、なお前出、相良『近世の儒教思想』p.26以下参照。
(5) 「藤樹先生年譜」『中江藤樹』(日本思想大系29) p.287・岩波書店・一九七四
(6) 「大疑録」『益軒全集2巻』p.156〜157・国書刊行会・一九七三 (原文を読み下す)
(7) 「敬斎箴講義」『山崎闇斎学派』(日本思想大系31) p.80・岩波書店・一九八〇
(8) 「敬説筆記」『同上』p.100
(9) 前出、相良『近世の儒教思想』p.40〜41
(10) 「太平策」『荻生徂徠』(日本思想大系36) p.448・岩波書店・一九七三
(11) 「弁道」『同上』p.12
(12) 『同上』p.14

(13) 拙稿「大塩思想の原点としての『孝経』」『大塩平八郎と陽明学』和泉書院・二〇〇八

(14) 拙稿「近世陽明学における『大学』受容の特徴と『古本大学刮目』の位置」『同上』所収。

(15) 加地伸行「孝経啓蒙の諸問題」、前出『中江藤樹』所収参照

(16) 前出「藤樹先生年譜」p.295

(17) 後藤陽一「熊沢蕃山の生涯と思想の形成」『熊沢蕃山』（日本思想大系30）岩波書店・一九七一

(18) 『増訂　佐藤直方全集』ぺりかん社・一九七九

(19) 「答門人・執斎先生雑著巻之三」『日本倫理彙編２』p.529～530・育成会・一九〇一

(20) 「洗心洞学名学則」幸田成友『大塩平八郎』附録p.31・東亜堂書房・一九一〇（原文を読み下す）

(21) 『同上』p.31以下参照

(22) オウムサリン事件以来、テロは反社会的行為の最たるものとして認識されるようになってきた。この時、大塩をテロリストとする説が浮上してきた。例えば平川新は政治上その他の主義主張にもとづき、その目的を達するために相手に恐怖を与え、重要人物を始め不特定多数の人に危害を加える組織的な暴力行為と規定し、まさに大塩事件はそれに当たると云う（『大塩研究』67号、p.21）。大塩事件がテロ行為であるとするならば、大化の改新を始め我国の歴史上の政争はテロの応酬と云うことになる。

テロを社会学的概念として厳密に見た場合、言論の抑圧された社会における体制批判としての非合法的行為は、抑圧された人間としての社会的自覚から生まれた正義である。そこでは批判される体制がめざす利益集団の存在性としての内実が問われねばならない。例えば全体主義国家の下で抑圧された知識人など、民衆を代表するであろう正義としての自己主張は非合法的活動の形態をとらざるをえない（佐伯啓思・大沢真幸『テロの社会学』p.61・新書館参照）。大塩も幕藩体制と云う言論の制限された社会の中にあって、救民の名のもとに非合法的行為に及んだのである。大塩をテロリストとして卑しめても、そこから歴史はなにも解けない。

なお「テロは何かをうちたてる運動にはならず、どこまで行っても破壊運動にしかならない」（前掲書、p.67）と云われるように、恐怖だけを人々の心に焼き付けるだけで展望が開けてこない。それに対して大塩の乱は幕府に改革をもたらし、大坂の豪商には家改革を促した。また幕政改革が失敗に終わると志士たちに維新の改革へと進ましめた。

そして事件のあった大坂では官衙以外は大塩への恐怖心や憎しみをいだく者は誰もなく、むしろ大塩を敬愛しその福祉の心を継承すると云う大きな影響を与えたことも指摘しておきたい（本書第11章、第12章を参照）。

(23)「大塩平八郎に答ふ」『俗簡焚餘』『佐藤一斎全集第一巻』p.312～313・明徳出版社・二〇〇三

(24)「専ラ陽明ノ学ヲ講ジテ一家ヲナス」とある。『秋雨談』関儀一郎編（日本儒林叢書第三冊）東洋図書・一九二八（原文を読み下す）

(25)『佐藤一斎全集第八巻』p.20

(26)『増補孝経彙註』『日本倫理彙編3』p.549・育成会・一九〇一（原文を読み下す）

(27)「至徳要道は、必ず孝に原づく、是れ天下を孝治する所以なり」『古文孝経解意補義』『佐藤一斎全集第八巻』p.31

(28)佐藤一斎『言志後録』『佐藤一斎・大塩中斎』（日本思想大系46）p.76参照・岩波書店・一九八〇

(29)佐藤一斎『言志録』『同上』p.37

(30)『同上』p.37

(31)拙稿「佐藤一斎の実学と大塩平八郎の孔孟学」『大塩思想の可能性』和泉書院・二〇一一

(32)前出『言志後録』p.58～59

(33)佐藤一斎『言志耋録』前出『佐藤一斎・大塩中斎』

(34)前出『増補孝経彙註』p.560（原文を読み下す）

(35)前出・拙著『大塩平八郎と陽明学』参照

(36)『洗心洞劄記』上巻・一三一条、前出『佐藤一斎・大塩中斎』p.414

(37)「第五章、大正期の思想的状況」『近代日本思想史講座1巻』p.247～248参照・筑摩書房・一九五九

第2章　梅岩思想の基層としての陽明学的志向

はじめに

石門心学の思想的基盤をめぐっては昭和前期の石川謙『石門心学史の研究』（昭和十三年）において、心学を儒仏神の三教一致とする安易な論議は勿論、儒学のなかでの朱子学なのか陽明学なのか、それとも老荘的な神秘主義なのか、さらには仏教的なのかについて、特定の思想的根拠に収斂することには異を唱えていた。

同様に戦後の研究を代表する柴田実は「石門心学について」（『石門心学』日本思想大系42・昭和四十六年）において、社会経済史的研究のなかで登場した梅岩思想を町人の哲学とする見解には、心学思想の理解の上から見て一面的として避けている。そして、

> 思想史の研究は、何よりもまずその思想を生み出した個人なり時代なりの本来意味したところの意味を、正しく十分に理解することから出発しなければならぬ。(1)

と指摘し、その結論は、

> 性を知り道を行なう楽しみはもっと積極的なもので「天ノ与ル楽《タノシミ》ハ、実《ゲニ》面白キアリサマ哉。何ヲ以テカコレニ加ヘン」（『都鄙問答巻一』）とさえいわれる。正直と倹約の実践を通じて、人びとにこの安心、このよろこびを知らせようとしたのが、かれの心学の根本精神であったとすべきであろう。（同上、p.474）

とひたすら心を浄化して生きる喜びを感得することを以て石門心学の目指すものと、安心立命的な庶民道徳とした上で、その思想的背景を、

彼が学問としてはそのはじめ朱子学を基本とし、老荘や仏教にも出入してその思索を深めつつ、その究極に至りついたところが期せずして中世以来の神道家の所説に合致し、いわば伝統的なものに帰ったとみうることは、日本思想史の上においてとくに意義深いことではないかと思うのである。(2)

と思想形成者の庶民性から、時代の主流的思想の影響をうけながらも土着思想と融合させた中世思想への回帰に特徴を見い出していた。(3) しかし『都鄙問答』を柴田の指摘に従って解読するとき、今少し異なる梅岩思想像が切り捨てられているように思われる。

1　自己規定としての宋学

梅岩思想の骨格についてはこれまで神儒仏からなる融合思想とするのが代表的な知見であった。確かに梅岩自身も庶民の生き方への思想的普及者として、その理解をたすけるものであれば神仏思想から老荘思想に至るまで、心の働きを表象する説得的な言説はすべて受容した。近世社会の風潮として、儒教でも仏教でも神道でもそのよきものから学ぶ折衷主義的傾向は日本社会の底流にあった。もちろん梅岩自身も相手の想念に応じて示唆を与える説教者として、最大限にそれらを活用した。

しかし柴田実が示唆する(4)神道家増穂残口との出会いは、単なる神道論一般ではなかった。残口との接触が事実とすればそこで学んだものは、かって家永三郎が指摘したように残口の初期国学的な儒仏批判のなかで、残口の儒仏排斥神道鼓吹は、現実の社会生活を規正しようとする行動上の原理を内容とするものであった。

……その第一が儒教の形式的厳粛主義道徳就中その外面的虚礼の尊重を排撃し、人間の自然の内面的真情を尊重する倫理学的主張であった。(5)

すなわち人間の結びつきは儒教的な礼教ではなく、人間の本性に根づく親和の情であり、とりわけ誠実な心情の重視が説かれていた。

残口のこのような心情の倫理とともに、『三輪物語』に見られるように神道に深い関心を示していた熊沢蕃山の陽明学的著作である『集義和書・外書』が、残口の神道思想の普及に影響を与えたとすれば、そこに梅岩の独学で習得した朱子学的認識への違和感からする今一つの儒教認識が見え隠れしていたはずである。

梅岩がさらに自らの思想に到達するまでの三十五から四十歳過ぎの自己葛藤期に、世俗を断った小栗了雲との出会いがあった。(6)この隠遁者は性理学（朱子学）を究めたうえに釈老学にも通じた人物で、折から心を知るとは何かと云う心性のもつ意味を修得したと自惚れる梅岩に、その真義を開示して自得の誤りを知らしめた。そして了雲が死に臨んで自らの注釈本を梅岩に与えようとした時、

先生ほしからずと答へたまふ。師曰、いかがしてほしからぬぞと問ひ給ふに、先生対へて、われ事にあたらば、新たにのぶるなりとのたまひければ、師大いに歎美したまひしとなり。(7)

これを機に梅岩は小栗了雲の朱子学的性理学の影響から自立して、自らの儒教思想として性理の学から心性の学へと再構築したと考えられる。そしてこの時から先師との違いを宋学と自己認識したのであろう。

いまその経過を『都鄙問答』にみると、田舎から出てきた親類の者から梅岩の学が異端の流れで、儒学〈朱子学〉でないとなじられた。そこで、

孟子ノ曰、「人ノ道アルヤ、飽食煖衣、逸居シテ教へ無キトキハ、則チ禽獣ニ近シ。聖人之ヲ憂フルコト有テ、契ヲシテ司徒タラシム。教ユルニ人倫ヲ以テス。父子親有リ、君臣義有リ、夫婦別有リ、長幼序有リ、朋友信

有リ」此《コノ》五ノ者ヲ能クスルヲ学問ノ功トス。コレニテ古人ノ学ト云者ヲ知ルベシ(8)。

『孟子』「滕文公章句・上」からの引用である。続けて、

人倫ノ大原ハ天ニ出テ、仁義礼智ノ良心ヨリナス。孟子又曰「学問ノ道他無シ、其ノ放心ヲ求ムルノミ」。此《コノ》心ヲ知テ後ニ、聖人ノ行ヲ見テ法ヲ取ルベシ。君ノ道ヲ尽クシ玉フハ堯ニアリ。孝ノ道ヲ尽クシ玉フハ舜ニアリ。臣ノ道ヲ尽クシ玉フハ周公ニアリ。学問ノ道ヲ尽クシ玉フハ大聖孔子ナリ。此《コレ》皆孟子ノ所謂、性ノマ、ニシテ、上下天地ト流レヲ同ジフス(9)。

人間道徳の源は天から出たもので、仁義礼智は良心の働きとして現象する。孟子は学問することを、心を情念などに捉われないようにすることだと云ったように、天から与えられた性そのものを自覚することである。それ故、

性ヲ知ルハ学問ノ綱領ナリ。我怪シキコトヲ語ルニアラズ。堯舜万世ノ法トナリ玉フモ、是《コレ》性ニ率《シタガ》フノミ。故ニ、心ヲ知ルヲ学問ノ初メト云。然ルヲ心性ノ沙汰ヲ除キ、外ニ至極ノ学問有コトヲ知ラズ。万事ハ皆心ヨリナス。心ハ身ノ主ナリ。……其ノ主ヲ知ラスル教ヘナルヲ、異端ト云ハ如何ナルコトゾヤ(10)。

孟子の性善説に立脚してその性を自覚する、それは堯舜が万世の法＝普遍的な教えとされたもので、その心の認識から学問が始まることを異端とする偏見を梅岩は批判した。

梅岩思想のここまでの展開は儒教思想を孔孟思想の原点に遡及して心性の意義を説くものであった。それは朱子学的な性理の学とは一線を隔する心の学であった。梅岩のこの原理論は孔孟に始まり仁政につながる原儒教の精神であって、神仏老荘思想一般ではなかった。その意味では梅岩思想の骨格を神儒仏などの混合的思想と規定するのは皮相である。梅岩の神仏・老荘思想の援用は、あくまでも儒教的心性の学への理解を助けるために、庶民的心情としてある観念の普遍性を主張するためのものであった。

例えば巻之三・「性理問答ノ段」において梅岩は、

> 仏法モ人ヲ助クル法ナリ。薬モ亦病ヒヲ助クル者ナリ。然レドモ法ヲ弘メ薬ヲ施シ、人ヲ助ルハ其人ニヨルベシ。……仏法信仰スルハ、心ヲ悟ルタメナリ、仏法ヲ以テ得ル心ト、儒道ヲ以テ得タル心ト、心ニ二品ノ替リアランヤ、何レノ道ニテ心ヲ得ルトモ、其心ヲ以テ仁政ヲ行ヒ、天下国家ヲ治メ玉フニ、何ヲ以テ害アラン(11)。

さらに云うに、

> 譬ヘバ此ニ一人ノ鏡磨《トグ》者アラン、……磨種《トギクサ》ニナニヲ用ユト問フベキヤ。儒仏ノ法ヲ用ユルモ斯ノゴトシ。我心ヲ琢ク磨種ナリ。琢キテ後ニ磨種ニ泥ムコソヲカシケレ。仮令儒家ニテ学ブトイフトモ、学ビ得ザレバ益ナシ。仏家ヲ学ブトモ、我心ヲ正シク得ルナラバ善カルベシ。心ニ二ツノ替リアランヤ(12)。

儒教を基本にしながらも他者に対する仁の心の目覚めに向けた心の形成には、仏教的自覚も否定するものではない。しかしまた朱子学的な心を追求しない外面的儀礼主義への批判も忘れなかった。

　このように梅岩の思想傾向を自他ともに認めたのが宋学意識であった。「性理問答ノ段」冒頭に質問者の言葉として、孔子が三綱五常の道を説くが性理については言及せず、孟子以来、性について様々に論じられる中で、

> 是ニ因ツテ我朝ノ儒者モ、或ハ孟子ヲ是トシ、告子・韓子ヲ是トシ、又ハ孟子ヲ非トシ、又孔子以下ヲ皆非ノ如ク云者アリ。ソノ論議一トシテ定メガタシ。然ルヲ汝宋儒ヲ是トシ、孟子ヲ尊信シ、人ノ性ハ善ト云(13)。

と梅岩は他者から見られていた。巻之二「或学者商人ノ学問ヲ譏ルノ段」ではある学者から、

> 汝ハ表ニ学問ヲ云立テ、教ヲ弘ム。道ハ聖人ノ道ナレバ替ルコト有ルマジ。然レドモ宋儒ハ孔孟ノ心ニ違ヒ、老荘・禅学ニ似テ甚ダ理ヲ高ク説ク。此故ニ略心得ガタキコト有リ。汝宋儒ノ註ハ用ユトモ、定メテ孔孟ノ本意ヲ弘ムルト思ラン(14)。

これに対して梅岩が、

> 学問ノ至極トイフハ、心ヲ尽クシ性ヲ知リ、性ヲ知レバ天ヲ知ル。天ヲ知レバ、天即チ孔孟ノ心ナリ。孔孟ノ

心ヲ知レバ、宋儒ノ心モ一ナリ。一ナルユヘニ註モ自ラ合フ。心ヲ知ルトキハ天理ハ其中ニ備ハル(15)。

学問の目ざす所は心を尽くして自らの性を自覚することで、その性を知ることは天即ち孔孟の心を知ることでもある。もとより孔孟の心は宋儒の心と一体のものであるから宋儒の注釈本も当然役立てる。何故ならそこに天理が備わっているとした。

このように『都鄙問答』を構成する思想を解読すれば、梅岩思想の根幹が宋学を通して解された孔孟学であったことがわかる(16)。

この点を曖昧にして梅岩が質問者に対して理解しやすいように、神仏思想や老荘思想に見られた儒教と通底する概念を巧みに利用したことから、儒教思想を含めた合成的な思想とする認識はきわめて表層的な理解と云わざるを得ない。

2 『都鄙問答』の言説

宋学を継承する梅岩の代表作であった本書には、朱子を介して語られた処はわずかであった。それに対して心学を確立した陸象山の言説を直接語るものも見られなかった。ただ程子と周子からの引用は各々二カ所あったが、引用の大半は孔孟の言説であり論語・孝経・大学・中庸・詩経・書経を出典としていた。これから見ても梅岩が心を寄せていたのは古代儒教を形成した聖人の言説であった。

それではこれらの経典から何を引き出そうとしていたのかと云えば、それはすでに前章で述べたように性を知ることにあった。

性ヲ知ル時ハ、五常五倫ノ道ハ其中ニ備レリ。中庸ニ所謂「天命之ヲ性ト謂、性ニ率《シタガフ》之ヲ道ト謂フ」ト。性ヲ知ラズシテ性ニ率《シタガフ》コトハ、得ラルベキニアラズ。性ヲ知ルハ学問ノ綱領ナリ。我怪シキコトヲ語ルニアラズ。堯舜万世ノ法トナリ玉フモ、是《コレ》性ニ率《シタガフ》ノミ。故ニ心ヲ知ルヲ学問ノ初メト云。[17]

天命を受けた人間として自らの行ないを自覚することであった。その行ないとは親子関係における親しみであり君臣関係における義、朋友関係の信、夫婦関係の別、兄弟関係の序の五常五倫の人倫の道である。それ故、人は天が命じる自らの行ないに心を尽くして生きれば、人としての性が発揮されると云うのである。このように自らの心性を自覚するために堯・舜・周公・孔子が残した教えに従うことが、梅岩の勧める学問の根本方針であった。

ここまで読む限り梅岩学は儒教思想そのものであるが、心性を重視する点では朱子学的認識方法との差異が感ぜられる。梅岩学が心学と称せられるようになったのも、それまで学んできた朱子学的性理学では解けないものがあったからで、朱子学的認識論に疑問を感じていた。

我ガ見識ヲ云ントスレドモ、「卵ヲ以テ大石ニ当タル」ガ如シ。言句吐クコトアタハズ。此ニ於テ茫然トシテ疑ヒヲ生ズ。実ニ得タルコトハ疑ナキ者ナリ。然ルニ疑ノ発《アラハ》ルハイマダ得ザルト決定シ、夫レヨリ他事心ニ入ラズ、明暮「如何々々」ト心ヲ尽シ、身モ労《ツカ》レ、日ヲ過ゴスコト一年半計ナリ。折節愚母病気ニ附キ、二十日余リ看病セシニ、其坐ヲ立出ケルガ、其時忽然トシテ疑晴レ、煙ヲ風ノ散スヨリモ早シ。「堯舜ノ道ハ孝弟ノミ」。……道ハ「上下に察《アキラカ》ナリ」。何ヲカ疑ハン。人ハ孝悌忠信、此外子細ナキコトヲ会得シテ、二十年来ノ疑ヒヲ解ク。コレ文字ノスル所ニアラズ、修行ノスル所ナリ。[18]

梅岩は母の看病をするという事上練磨で年来の疑問を氷解させ、「堯舜の道は孝悌のみ」（『孟子』）に尽きることを実感した。これはまさに自らの心に誠を問う梅岩の回心であった。

梅岩はここで物事を通して自分を見るのではなく、自分のなかに自分を見るいま一つの儒教認識に向かったのである。それは神道家増穂残口を介して熊沢蕃山の思想にふれたものか、それとも可能性としてある三輪執斎と京都のどこかで出会ったのかそれはわからないが、心学の追及が朱子学的でない儒教的認識論を『都鄙問答』のなかに展開させていた。

先ず堯舜の道は孝悌のみと梅岩が云うように『孝経』が重要視されていた。元来わが国の朱子学では『孝経』についてはあまり深く立ち入ることを避ける感があった。それには朱子が『孝経』の成立を疑問視したことにも原因があるが、『孝経』のなかには君主に仕える武士の倫理とともに為政者の仁政が説かれ、幕藩社会においてその忠実な実行は蕃山に見るように身を危険に陥れるものであった。ところが梅岩は、

君ニ仕フル者モ欲心ヲ離レ、古人ヲ見テ法ヲ取ルベシ。

と云い、古代の周公が武王や成王に仕えたように聖王たちの君臣関係を例に挙げて普遍的な教として説き、さらには、

臣下ノ飯ト汁ハ、君ヨリ給ハル奉禄ナリ。其禄ナクシテ何ヲ以テ命ヲツグベキヤ。コノユヘニ我身ヲ委ネテ君ノ身ニ代リ、露塵ホドモ我身ヲ顧ザルハ臣ノ道ナリ(19)。

とあるように徹底して私情を排した臣下の道が説かれ、さらに為政者についても、

扨テ、臣ハ政ニ従フモノナリ。下ヲ使フハ君ノ道ヲ以治ムベシ。古《イニシヘ》聖人ノ御代ニハ、君トシテハ万民ヲ子ノ如ク思召シ、民ノ心ヲ以テ御心トナシ玉フ(20)。

と仁愛・仁政の実施が君主に求めれていた。もとより『孝経』の説く倫理は双務的であった。また臣下の武士に対しては、

然レバ治世ニ幸ヲ以テ禄ヲ得、無役ニシテ食《クラ》フハ恥ベキコトナリ。況ヤ君無道ニテ国治ラズ、然ルニ君ヲ正スコトアタハズ。禄ヲ貪リ身ヲ退カザルハ、此又大ナル恥ナリ。能々《ヨク〳〵》味フベキ所ナリ(21)。

と、『孝経』の核心に迫った。このような『孝経』的武士と為政者の倫理に対応するものとして商人の職業倫理が

言及された。

近世身分制社会のなかで武士を頂点とする身分序列に対して、租税としての年貢により社会が支えられてきたところから、農民はいち早く自らの存在性を御百姓として自覚したように[22]、元禄期になると商人の経済力の向上には、すべてのものが目を見張らねばならなかった。この時から商人も身分制の枠を超えて自らの存在を自覚し、自らの社会的使命について新たな価値づけを求めたのは自然な成り行きであった。

梅岩がもし朱子学にとらわれている限り、朱子学的身分論からは生まれようがなかったのが商人的職業倫理であった。それは現にある世俗的秩序を超越し、世俗を支配する天の命ずる道として説かれることで商人倫理が成立した。『都鄙問答』冒頭の梅岩の誇らしい言葉がそれを示していた。

「大ヒナル哉乾元《ケンゲン》、万物資《トリ》テ始ム。乃チ天ヲ統ブ。雲行キ雨施シテ、品物形ヲ流シキ。乾道変化シテ、各《ヲノヽ》性命ヲ正ス也」。天ノ与《アタフ》ル楽《タノシミ》ハ、実《ゲニ》面白キアリサマ哉。何ヲ以テカコレニ加ヘン。[23]

天がすべての自然と世俗世界に形を顕わし、それぞれに性を与えて天の命を正しく受け継がせた。天はなんと我々にも存在する意義を与えてくれた。そして梅岩はこうも云った。

> 天地ハ物ヲ生ルヲ以テ心トス。其生ル所ノ物、各《ヲノヽ》天地物ヲ生ル心ヲ得テ心トナス。然レドモ人欲ニ掩ハレテ此心ヲ失ス。故ニ心ヲ尽クシテ、天地ノ心ニ還ル所ニテイフ時ハ、「放心ヲ求ル」ト説キ、又求メウレバ天地ノ心トナル。天地ノ心ニナル所ニテ説クトキハ、「無心」ト云。天地ハ無心ナレドモ、四季行ハレテ万物生ル。
> 聖人モ天地ノ心ヲ得テ、私心ナク無心ノ如クナレドモ、仁義礼智行ハル。[24]

天地は物を生ずる天とそれを心として受け止める物との関係である。しかし天が作った物が人間の欲望でおおわれると天の心（性―筆者註）が失われる。そこで人は心を尽くして世俗の物事にとらわれない放心で、天地の心に立ち返ることが出来る。そしてこのような私心のない状態を無心という。天地はこのような無心＝作為のない場であるが、そこに四季が行なわれて万物が生成されている。そして聖人も私利私欲のない無心の心をえて五倫の道を行なうのである。

このように人間世界に存在するものは総て天が作り出すもので、商人の営みもその例外ではないというのが梅岩の大前提であり大発見であった。そこである学者が云うには、商人は偽りをもって利を得る行為で、そのような世俗にまみれた者についての学問などは、本来成り立ちえないのに相手に応じて教えを説くのは、孔子の云う郷原で徳の賊ではないかと詰め寄られた。それに対して梅岩は、

摠テイヘバ道ハ一ナリ。然レドモ士農工商トモニ、各《ヲノ〳〵》行フ道アリ。商人ハ云ニ不レ及、四民ノ外乞食マデニ道アリ。(25)

と反論し、さらに、

売利ヲ得ルハ商人ノ道ナリ。……商人ノ買利ハ士ノ禄ニ同ジ。(26)

と売利と禄の同一性を論じた。このように梅岩の視点は、もはや武士の特権として与えられてきた禄ではなく、身分を超えて人としての職分を果たすことへの代償と位置づけられた。そこには営利は卑しく禄は貴とする朱子学的価値観が真っ向から否定され、等価行為としての性格を看て取るものであった。(27)

梅岩はそのために営利を正当づける論理を『易経』のなかから読み取ろうとしていた。

イマダ名モ附ケズ文字モ無キ前ヨリ天道アリ。天道トイヘドモ人有テ付タル名ナリ。……文字ニ依ツテ何レガ本ト論議分ルベキヤ。「無声無臭《ヲトモナクカモナク》」シテ万物ノ体ト成ル物ヲ、暫ク名ヅケテ、乾トモ、天トモ、道トモ、理トモ、命トモ、性トモ、仁トモ云。摠テイヘバ一物ナリ。乾ハ元亨利貞トイフガ如シ。乾ハ理ナリ。元亨利貞ハ命ナリ。体用ノ謂ナリ。文字ヲ離レテ察ヨ。理ト命ト名ハ二ツアレドモ、一ナルコトヲ知ルベシ。(28)

易の乾の卦の四徳から、乾=天は自然界や人間界に利をもたらすもので、それが大いに行き渡って正しく行なわれ

れば良いことであるとする卦から、営利活動をそれに見立てることで商業の社会的意義を打ち立てるものであった。

このように梅岩の儒学は、それまで幕藩体制の制度・身分を規定した論理から離脱して、商人の営利活動にも正当な位置を与えるものであった。とするならばこれまでの朱子学的認識論では収まり切らないのは当然である。そこで存在するもの総てを生かす〈天理〉への新たな解釈が求められたのである。それが、

仁者ハ天地万物ヲ以テ一体ノ心トナス。己ニ非ズト云コトナシ。天地万物ヲ己トスレバ至ザル所ナシ。若シ心ヲ知ラズハ、天地ト己ト別別ニシテ、気已ニ貫カズ、手足ノ痿痺ル、病人ノ如シ。聖人ハ我ガ心ヲ以テ天地万物ヲ貫ク。(29)

と述べるように天が作り出す自然の生成と人間社会が、仁によって一体のものとして結ばれていることが聖人によって明らかにされたのである。とするならば夫々の存在は天命に従い、その性を受けて誠実に自らの道を歩むことが問われるのである。当然、商人は、

我身ヲ養《ヤシナハ》ル、ウリ先ヲ、疎末《ソマツ》ニセズシテ真実ニスレバ、十ガ八ツハ売先ノ心ニ合フ者ナリ。(30)

真実＝誠実な取引としての信用が商人の道・職業倫理として梅岩の奨める所であった。そしてそのためにも不誠実を批判されてきた商人として、自己に真実な人間に立ち返るために、

我教ユル所ハ、商人ニ商人ノ道アルコトヲ教ユルナリ。全ク士農工ノコトヲ教ユルニアラズ。(31)

と、商人を対象に商人道としての学問の必要を説いたのが梅岩心学の目指すものであった。

3　為政者への眼差し

しかし商人がいかに自らの性を自覚して誠実な取引を目指そうとしても、それを妨げるものがあれば天が命じた

職業倫理も破綻せざるをえない。それがなにあろう体制に安住する武士階級の存在であった。それ故、梅岩は武士に与えられた職命からの逸脱を批判することを忘れなかった。

商人多クハ道ヲ聞カザル故、加様ノ類有リ。又道ヲ知テ事ヲ取捌ク者ハ、左様ノ不義ハセザルコトナリ。仮令御領・家領ノ庄屋・年寄ニテモ、上ノ正キ御政道ヲ受テ事ヲ取持ツ身トシテ、小百姓ヨリ礼銀ナドヲ請取ルコト有ルベキニ非ズ。元来士ト云ハル、身ガ、下々ヨリ密々ニ礼銀ナドヲ請ルコトアラバ、定メテ贔負ノ沙汰ニ至ルベシ。下々ト竝ンデ、何ゴトニテモ取持ツ人ヲ士ト云フベキカ。其ハ盗人ト云者ニテ士ニハアラズ。上ニタツ人、下ヨリ賂ナドヲ受ケテ、政道タツベキヤ。仮令当分ハ知レズトモ、「天知ル、地知ル、我知ル、人知ル」ナレバ、終ニハアラワレテ天ノ罰ヲ受ベシ(32)。

為政の立場にある武士が、下々から礼銀・賄賂の類を受け取る行為を盗人と規定し、このような行為が横行すれば政治が腐敗して体制的危機をもたらすことを予言した。

梅岩の批判はこれに止まらなかった。『問答』で孝を論じた「或人親へ仕ノ事ヲ問ノ段」において、家業を手代にまかせて遊芸にふける当主にたいして、梅岩は職分を忘れた禽獣に劣る行為として批判するなかで、子供の教育を警告してくれたある禅僧の言を逆に嫌う母親の言動も斥けるなかで、梅岩の下した意見は意外な方向に展開されていた、

其忠アル者ヲ母ノ腹立セラル、ハ「金言ノ耳ニ逆フ」ト云モノナリ。臣ノ諌メヲ受入ルルヲ真ノ君ト云ベシ。然ルニ彼ガ長命（国や家の安泰の意か—筆者註）ヲ嫌フハ、忠臣ヲ殺サンコトヲ願フナリ。是桀紂ニ替ハナシ。不忠ノ者バカリ残リナバ、家ノ滅亡ヲ待ツモノナリ。伝ニ曰「小人ヲシテ国家ヲ為《ヲサ》メシムルトキハ災害竝ビ至ル。善有ト雖ドモ亦如何トモスルコト無シ(33)」

一軒の家でも主人が道に外れた行ないをすれば、それを諌め忠告する人物が必要である。またそれに耳を傾ける当

主であってこそ仕えるに値する主人である。ところがこの文章はここで斉家論から一挙に治国論に議論が引き上げられ『大学』卒章を持ち出し、商家における使用人任せの商いが家を傾けかねないように、国家と云えども民の暮らしに心を向けない小人政治は同じ運命をたどることが厳しく批判されていた。

一体この部分は臣の諫めを聞かない君主の非を責めているのか、それとも君主の役人任せが仁政に欠け、政治の退廃を生む誤りを指摘するものかに定かでないが、少なくとも『大学』卒章は為政者に向かって仁政の意義を問うものであるだけに、為政者の社会的政治的責任を問うものであったことは間違いない。

このように梅岩にとって為政者とそれに連なる武士は、天から与えられた職分を果たすこと、つまり天の心と己を一体化することが求められ、それに外れる事のないように為政者の在り方が問われていた。この天人の関係について梅岩はさらに、

書経大誓ニ曰、「天ノ視ルコト我民ノ視ルニ自《シタ》ガフ。天ノ聴クコト我民ノ聴クニ自《シタ》ガフ」トアリ。天ノ心ハ人ナリ、人ノ心ハ天ナリ、此故ニ古今ニ通リテ一ナリ。(34)

とあるように、この天人の関係は天を戴く民を代表する君主の下での身分制という重層構造で捉えるものではなく、一人ひとりが天人一体、万物一体の単層構造として向き合うものであった。

このような認識方法は地上に存在する身分制度の意味を原理的に否定するもので、それぞれの身分は天から与えられた職能に応じて、自らの性を自覚することが求められたのである。これが梅岩の云う性を知ると云うことであった。

性善ヲ知レバ、定木ヲ以テ曲直ヲ正スガ如シ。孟子ノ性善トノ玉フハ、「心ヲ尽シテ性ヲ知リ、性ヲ知ル時ハ天ヲ知ル」。天ヲ知ルヲ学問ノ初メトス。天ヲ知レバ事理自ラ明白ナリ。此《コレ》ヲ以テ私ナク公ニシテ、日月ノ普ク照ラシ玉フガゴトシ。(35)

この意味からも『都鄙問答』「性理問答ノ段」は梅岩心学の原理論の展開で、それはもはや朱子学を基調とした性理論ではなく、「われ事にあたらば、新たに述ぶるなり」と隠者了雲に言い放った梅岩の立脚点であった(36)。

そもそも身分制的社会を合理化する朱子学からは、商人の自立を志向する職業倫理は形成され難い。たとえば被差別民のかわたに伝わる河原巻物においても、朱子学的論理とは無縁の晦渋きわまりない古代神話的な伝承から、自らの存在証明がなされたように、身分制社会からの自立を目指す社会層は、既成の論理を換骨奪胎して自らの論理を見い出そうとするものである。

4　陽明学的志向

朱子学と同根の儒教経典の下にある陽明学であるが、中国明代末において士大夫階級につながる富民層の間にその支持者が広がった経緯のあるなかで、わが国でもそれまで学問的対象から除外された人々に開かれた学問として梅岩学が現われた。それは生活上において農村共同体乃至は城下町的な武士社会と異なる、京都・大坂など都市の発達と云う新しい対人関係が交錯する場において、天から与えられた善なる性を自覚する生き方、すなわちそれぞれが出会う他者に対して誠実と云う心性で向き合う、信用社会の形成に向けた心の有り方が問われた時からである。それが梅岩によって始められた石門心学であった。

なお誠実の概念は『大学』において、朱子学的な格物致知ではなく誠意こそがその根底をなすとする陽明学的認識を梅岩もとっていた(38)。

石門心学はこれまで儒仏神老荘などの混交する通俗思想とされてきたが、それは朱子学的体系化された儒教思想から見て、専門的知識人ではない人物を軸に、都市生活上の必要から心のよりどころを求めた商人層に広がった修養思想として、学問とも宗教とも規定しがたい境界領域的思想[39]として把握されてきた名残である。

しかしこれまで述べてきたように『都鄙問答』における梅岩は儒教思想を根幹にして心学論を展開していたことは間違いない。しかもその儒教思想を梅岩は宋学と称したように、中国宋代の陸象山や程明道に始まり明代の王陽明に継承された、朱子学的な理学とは距離をおく人の心に天の道理がそなわるとする陽明学的認識論であった。たとえば人間の存在性を証明する性は天によって善なるものとして平等に与えられ、それ故、性は人間である限りそれぞれ職能を異にしても、他者に対して誠実に尽くすことにおいて自覚されるものであった。

自らの性を自覚すれば天を知ることであり、それは私のない公正そのものであると云うのである。梅岩のいう性は人の心と同義語であるところから、私のない人心とは私意私欲のないことで、それは大塩陽明学で云うと天の太虚を受けた公正無私の人心の虚であった。そして梅岩も、

天地ヲ人ノ上ニテイハヾ、心ハ虚ニシテ天ナリ。形ハフサガツテ地ナリ。呼吸ハ陰陽ナリ。コレヲ継グ者ハ善ナリ。用ヲ為ス所ヲ主ル体ハ性ナリ。是ヲ以テ見ヨ。人ハ全体一箇《コ》ノ小天地ナリ[40]。

とのべるように天の虚に対して、小天地としての身体のなかの心もまた虚なる場所であった。そしてこの虚なる場所に天の性を受けて人間を取り戻すための学問として梅岩心学があった。

汝モ益アルト思ヘバコソ、苦ンデ学ブニアラズヤ。学バザレバ郷人トナル。郷人トナル恥ヲ嫌フユヘニ学ブナリ。学問第一ノ所ハ、聖賢ニ至ルコトナリ。性善ヲ知ルハ、聖賢ニ至ルノ門ナリ。門戸無《ナク》ハ如何ゾ聖人ノ道ニ入ベキ[41]。

学問しなかったら孔子の嫌ったうわべだけの物知り、郷原[42]になってしまう。郷原にならないために人は学問するのである。ここで梅岩の云う郷原とは教養化した朱子学[43]のことであろう。このような朱子学的混迷から儒教精神を取り戻すために必要なことが庶民が聖賢をめざして聖賢の心に近づくことにあるとした。

梅岩は儒教道徳を正しく学ぶために聖賢から学べ、つまり儒教の古典に帰れと云っていたのである。先の文に続き、

孟子曰、「堯舜之道ハ孝弟ノミ」。苦シンデナリトモ是ヲ能スルヲ益トス。孝弟ヲ舎《ス》ツレバ禽獣トナル。……此故ニ孝経ニ、「子曰、天子ヨリ已下《シモツカタ》庶人ニ至マデ、孝終《ニ》始無《ナク》シテ而シテ患《ウレヒ》及ザル者、未ダ之有ラズ也」ト。

古典としてまず『孝経』から学べと示唆したように、そこに他者への仁愛の心の形成を見たのであろう。梅岩も仁について、

仁ハ慈愛ノ徳有テ私心ナキヲ云。(44)

としたように、これまた大塩陽明学と同根の仁認識であった。

そして『問答』中にひかれた古典と云えば『論語』『孟子』『大学』『中庸』の四書と『孝経』であったことを思うと、梅岩心学は朱子学にも影響を与えた宋儒の注釈書〈伝〉による儒教の原典から構成されていたことがわかる。このような儒教の古典から儒教の原義を引き出そうとした点でも大塩学と共通するものであった。

おわりに

梅岩は相手の心情に訴えるために時として道歌を添えていた。柴田鳩翁などの道話本には道歌の挿入が一つのスタイルになっていたが、このような文章形式は近世儒学者のなかで見たとき和歌を得意とした三輪執斎の著作に窺うことが出来る。そして梅岩の文体も三輪執斎が商人出身の門人の為に読みやすい表現、たとえば『日用心法』などで書かれたものときわめて類似していたことも注目される。

梅岩と執斎の接点は不明であるが、享保四年（一七一九）から五年にかけて梅岩三十五歳頃は、それまでの朱子

学的学修に疑問を感じて所々に教えを求めた時期であったが、この頃、執斎も大坂平野の含翠堂に出かけたりしていたように、京都を活動拠点にしていた両人はどこかで出会うか、梅岩が執斎の文書を手にすることはそれほど難しい事ではなかろう。

既に述べたように梅岩の陽明学的志向は宇宙観としての天地万物が、天の心を人が性として受け継ぐ心即理、性即天においても見られた。

凡テ云ヘバ、聖人ハ天地万物ヲ以テ心トシ玉フ(45)。

我ハ万物ノ一ナリ。万物ハ天ヨリ生ル、子ナリ。汝万物ニ対セズシテ、何ニヨツテ心ヲ生ズベキヤ(46)。

幕藩体制と云う世俗的人為的な秩序に対して、このような宇宙的秩序のなかに人間を位置づけることは、世俗的制度を超える類的存在としての商人の社会的存在性を明らかにするものであった。

大塩陽明学でも天地万物一体の仁を説くことで、特権商人による暴利を抑制し為政者の私利私欲による仁政からの逸脱を戒め、生活者としての元亨利貞の実を求めた。同様に梅岩もその存在性を軽視され利を貪るだけの卑しい職能とされた商業活動に、天が与えた社会的存在性を自らの性として自覚することにあった。

庶民世界に向かって人間の生き方を説く梅岩心学は、中国陽明学が王竜渓や李卓吾によって個人の性を絶対視することで、庶民のなかに良知を体現する聖人を見い出そうとしたように、梅岩も庶民に対する性の確信により聖人を目指す学を原点としたことでも共通していた。

このような庶民の時代の到来に目を向けた他者への誠実という関係は、信用の取引を軸とする近代社会への形成に向けた思想営為で、梅岩心学も期せずして陽明学的認識論を媒介にして誠実の哲学を築くことになった。それは柴田の云うような朱子学を基本として神仏老荘と尋ねるなかで、中世以来の神道家の説に統合して伝統思想に回帰したなどとする説では歴史の意味が読めない。

大塩も執斎没後、関西で陽明学を継ぐ者がなかったと佐藤一斎宛書簡で慨嘆していたが、寛政異学の禁などで学者世界では影をひそめていたかもしれないが、陽明学的志向は武士的儒学社会から一時的に遠ざけられても、庶民の世界においては石門心学と云う形で継承されていたことを日本の思想史学は見失ってはならない。(47)

註

(1) 柴田実「石門心学について」『石門心学』(日本思想大系42) p.451・岩波書店・一九七一
(2) 『同上』 p.475
(3) 古田・今井編「石田梅岩の思想」源了園『石田梅岩論』 p.68・ぺりかん社・一九七九。本書においてもほぼ同様の見解が述べられている。
(4) 前出・柴田「石門心学について」 p.460
(5) 家永三郎「増穂残口の思想」『日本近代思想史研究』 p.24・東京大学出版会・一九五三
(6) 前出・柴田「石門心学について」 p.462
(7) 「石田先生事蹟」『石田梅岩全集・下巻』 p.624・清文堂・一九七二
(8) 石田梅岩『都鄙問答』『近世思想家文集』(日本古典文学大系97) p.374・岩波書店・一九六六
(9) 『同上』 p.374、なお前出の源『石田梅岩論』 p.116で「幕府によって出された実定法のことであろう」とする「法」解釈には誤りがあるのではないか。梅岩の法は世俗を超越して法を守る意で、普遍的な経に従うことである。それでないと源の云う後段の意とつながらない。
(10) 前出『都鄙問答』 p.375
(11) 『同上』 p.456〜457
(12) 『同上』 p.458
(13) 『同上』 p.435
(14) 『同上』 p.416

(15)『同上』p.416
(16)佐藤一斎も自らの学を朱子学と区別して宋学と称したのと事情を同じくする。
(17)前出『都鄙問答』p.374～375
(18)『同上』p.377～378
(19)『同上』p.388、p.389
(20)『同上』p.389～390
(21)『同上』p.390
(22)近世初頭において農民は自らの存在規定として御百姓と称していた。深谷克己「近世百姓の位置」『百姓成立』p.16以下参照・塙書房・一九九三
(23)前出『都鄙問答』p.373
(24)『同上』p.462
(25)『同上』p.421。三輪執斎『四言教講義』のなかに同趣旨の言説がある。『日本倫理彙編2』p.418・一九〇一
(26)前出『都鄙問答』p.423
(27)梅岩が幕藩体制下の身分制を肯定したとする論拠として「禅僧俗家ノ殺生ヲ譏ルノ段」（前出『都鄙問答』p.405）において、天が万物を生じてその生じた者の間の食物連鎖が生じることの説明で、天は形に貴賤を作り貴種が賤種を犠牲にするとして肯定した。その具体例として「聖人ノ物ヲ用ヒ玉フハ、貴キト賤シキトハ礼ヲ以テ分カツ。貴キ者ノ為ニ賤者ヲ用ユルコトヲ知ルベシ。証《シルシ》ヲ以テイハヾ、君ハ貴ク臣ハ賤シ」とあるように梅岩の身分制を肯定する論拠となっていた。梅岩は現実に存在する世俗的な武士身分内の君臣関係については否定する人ではなかった。しかし武士と商人と云う異種の関係に於いては、天が与える今ひとつの職分上の社会的機能として対等化したように身分と職能を分離させたことに注目する必要がある。
(28)前出『都鄙問答』p.417
(29)『同上』p.396
(30)『同上』p.432

(31)『同上』p.427
(32)『同上』p.429～430
(33)『同上』p.410
(34)『同上』p.443。ところで『大学』伝十章が引用され、その意味するものは大塩を待つまでもなく為政者への厳しい視線が窺える。梅岩は誠意について「偽らない心」とか「真実」と云う言葉で表わした。
(35)『同上』p.445
(36)朱子学的格物致知への懐疑が述べられていた。「石田先生語録」一三二条、前出『石門心学』p.89以下参照
(37)溝口・池田・児島著『中国思想史』p.144以下参照・東京大学出版会・二〇〇七
(38)「石田先生語録補遺」三四二条、前出『石田梅岩全集・下巻』p.421
(39)例えば池田昭訳、R・N・ベラー『徳川時代の宗教』（岩波文庫・一九九六）において、梅岩の商人倫理の主張には積極的意義を認めていたが、結論的にはウェーバーと同じく宗教社会学者として、石門心学を宗教色の濃い思想として位置づけていた。
(40)前出『都鄙問答』p.443
(41)『同上』p.447
(42)「郷原は徳の賊なり」『論語』陽貨編・岩波文庫
(43)「詩作文章バカリヲ儒者ノ業ト思ヘルハ辟《ヒガゴト》ナリ」とあるように詞章の学化した朱子学的儒教を批判するものであった。「都鄙問答ノ段」前出『都鄙問答』p.381参照
(44)『同上』p.403
(45)『同上』p.397
(46)『同上』p.443～444
(47)通説の打破をめざす研究として吉田公平「石門心学と陽明学」『東洋古典学研究』4号（広島大学・一九九七）において、中国思想史との対比から石門心学を良知心学の日本的展開とされている。

第3章　歴史意識から見た頼山陽と大塩後素

はじめに

近代以前の歴史書はそれを必要とする為政者の意をうけた史家により、自らの学識を尽くしその必要性に応えて書き伝えられてきた。近世幕藩体制も三代将軍家光の命を受けた林羅山・鵞峰父子により、その成立の正当性を『本朝通鑑』において明らかにされ、また水戸藩にあっては光圀による『大日本史』の編纂事業により、あたかも王権神授説を思わせる皇朝主義から尊皇主義へと紆余曲折をたどりながら時代に君臨してきた(1)。

この間、新井白石は『藩翰譜』『読史余論』『古史通』において、神話を排した客観的史実の上に普遍的道理の顕現を天下の大勢とする歴史哲学を試みた。白石に限らず近世社会の変遷のなかで「逸史」といい「通語」や「蒙史」と称し、歴史の記述が為政者の直接的必要から離れ、今ある自らの時代証明として、自らの生き方と重ねて体制に同化するかそれとも距離をおくか、歴史認識の隠微な差が見られるようになった。

源氏に始まる武家社会の登場から、それに続く武家政権の変遷を見極めるなかで書かれた頼山陽の『日本外史』も、その例外ではなかった。この『日本外史』が撰述されるなかで山陽と大塩の交流も始まった。その時、山陽は蔵書家の大塩に、

胡致堂先生の読史管見を借らんことを乞ふ、而も蔵書は軽々しく外人に貸さず、自から以謂ふ、山陽の著撰は、

善を勧め悪を懲らす、蓋し世に益あらんと、故に門人を遣はし、持して以て之を貸す、事了りて諸を余に還すや、之を謝するに又た七言古体一詩を以てす、而て外史の稿を脱するや、我れ之を求めしに、写本一部を寄す、其の報を問ふ、曰く、他人に於ては則ち黄白、兄の如きは則ち報無しと雖も可なり、若し或は強ひて之を賜はゞ、則ち兄の常に佩ぶる所の刀一口を脱して以て之を投ぜよ、(2)

かくして大塩は月山作の愛刀を山陽に贈り、山陽からは七言古詩が贈られた。さて君主放伐をはじめ悪逆無道を異としない歴代中国の歴史について、学を志すものが歴史書を耽読することを大塩は教育的でないとした。このような歴史認識をもつ大塩に、それでは『日本外史』がどのような示唆を与えたのか、それとも一読しただけでなんの痕跡も残さなかったのかのだろうか。

これまで山陽と大塩の関係といえば、その交流から生まれた山陽の「序と詩文」及び大塩の劄記付録への自記や大塩関係の書簡などから述べられてきたが、『外史』を介在とするその歴史意識に迫ることはなかった。そこで大塩をして、

則ち我れを知る者は山陽に若くなきなり、我れを知る者は即ち我が心学を知る者なり、我が心学を知らば則ち未だ劄記の両巻を尽さずと雖も而も猶之を尽すがごときなり。(3)

と云わしめた両者の歴史思想について、幕末に向かう幕藩体制の公私をめぐる動揺と分裂のなかで、二人の取り結んだ歴史意識を検討してみたい。

1　『日本外史』の歴史主義

山陽の史書には『日本外史』のほかに『日本政記』があるが、ここでは大塩との関係からもっぱら『日本外史』

（以下『外史』と省略する）を中心に検討したい。先ず『外史』の対象としたのは、平氏に始まり頼朝においてみた鎌倉幕府の成立から、山陽が在世した徳川幕府十一代将軍家斉に至る間の武家政権の興亡史であった。その中で古代の天皇親政がいかなる過程を経て、鎌倉幕府以来の武家に政権を委譲してきたかが論じられた。

まず源平争乱のなかで源頼義・義家らの天皇に対する臣下としての振る舞いを賞賛するなかで、武家政権成立が摂関政治以来の王権支配の弱体化をもたらし、政治機能の名目化の危機を打開させるものと位置づけた。即ち、

外史氏曰く。王権の武門に移るは、平氏に始まり、源氏に成れり。而して之を基《もとゐ》する者は藤原氏なり。(4)

と指摘し、その歴史的経緯について、天慶より寛治の間に源平の二氏がしばしば東辺の争乱に配下として動員され、それも相互に競わせて利用することだけを武士の統制と心得た。

而して異日（後日）の搏噬攘奪《はくぜいじやうだつ》（うちあひかみあひてとりやりす）の禍、又此に基づくを知らず。古制を敗壊《はいくわい》し一時を苟媮《こうゆ》（一時逃れの処置を為す）す。皆以て自ら困蹶《こんけつ》（失敗すること）を取るに足るなり。抑《そもそも》戎事《じゆうじ》（戦争をいふ）は民命（人民の生命）の繋《かか》る所にして、兵食の権は、一日も国を去る可からず。先王の必ず躬《みづか》ら之を親《みづか》らせしは、其旨深し。今之を一二の宗族に委ね、又其事を賤《いやし》みて省みず。(5)

その結果、後日の源平の争乱のもとが、自らの撒いた種にあることも気付かず、これまでの制度をくずして一時逃れの対応ばかりをしてきた。これでは朝廷自らが墓穴を掘るようなものである。民の命にかかわる兵馬の権はこれまで先王が掌握されてきた。それが今は源氏と平氏にまかされ、それらの行為を朝廷では下賤なこととして、心を向けることがなくなった。それが、

保元・平治の際に至りて、乃ち釁《きん》に乗じて起り、潰裂四出《くわいれつししゆつ》（くずれの諸処より起ること）して、復《また》収む可からず。横流《おうりう》の極、終に、其千歳不抜《ふばつ》の権を失ひて、之を嚮《さき》に奴僕視せる所の者に授くるを致す。慨《がい》するに勝《た》ふ可けんや。吾、外史を作り、首《はじめ》に源平二氏を叙《じょ》するに、未だ嘗て王家の自ら其権を失ひたるを歎ぜずんばあらず。而

して国勢の推移（うつりかはり）は、人力の能く維持する所に非ざる者有り。世変《せいへん》に因りて得失を見る。後の、世を憂ふる者、将に以て心を留むること有らんとす。(6)

保元・平治の兵乱を機に朝廷では大きな亀裂が四方に走り、もはや修復は困難になった。そして行き着くところまで行った政治の空洞化は、千年来も変わらなかった朝権を喪失させ、政治の大権をそれまで配下として卑しんできた武士に委譲することになった。

ここで山陽は、王家の摂関政治以来の政権の喪失過程に慙愧《ざんき》の念を現わすも、それぞれの時代における政治の盛衰は、個人の能力だけでは滅びゆく国家の政権維持に限界があるとし、世の中・時代の変化という関数により得失があると見た。そしてこのことを後世の時代を憂うる者は十分心に留めておくようにと示唆した。

かくして山陽にとって武家政権は時代の大きな勢いとして受け止められた。このようにして成立した武家政権において、時の「勢」とそれを制する人の働きにより政治の盛衰史が繰り返されてきたことを見て取った。

しかしいずれの武家政権においても天下を掌握する際は、天皇から征夷大将軍の允許《いんきょ》を得ることで武家政権として承認されてきた。それは神ならぬ天皇によって認知されるという点では、まさにイギリス国家の正統性が絶対王政期の王権神授説をもってしたことを思わせる、きわめて近似の発想が指摘されよう。そして絶対王政としての実体も近世幕藩体制下においては、着実にその実質を具備していたと云うべきであろう。(7)

この意味から山陽は武家政権がその任に耐えなくなった際、政治の大権を天皇に返還することが我が国歴史の根幹であることを暗喩するものであった。これが山陽の『外史』に一貫して通底する歴史観であった。山陽の尊皇思想が幕末倒幕運動においてバイブル的機能を発揮したといわれるが、それは『外史』が武家政権の興亡を、公的な政治大権の寄りどころとして朝廷との関係において論じたところにあった。即ち民への苛政、人心の離反に見られる公的政治機能の喪失に際して、その帰一する公的シンボルとして天皇の存在を把えたところにあった。

そこで自らある徳川政権の成立について山陽は、創始者である東照公を絶賛する記述のなかで、その余慶として「徳川正記」を締めくくった。そして家康の言として、

凡そ所謂忠とは、豈独り徳川氏に忠なるのみならんや。乃ち天に忠なるなり。我も亦天に忠なる者なり。故に天、之に授くるに大柄《たいへい》（天下を治むる権）を以てす。然れども自ら其柄を有し、驕奢怠惰《けうしやたいだ》、以て生民《せいみん》（人民）を虐《ぎやく》（しへたげる）せば、則ち天将に之（天下を治むる大柄をいふ）を奪はんとす。……夫れ折衝禦侮《せつしようぎよぶ》（敵の衝突し来るを折き我を侮るものを禦ぐ）して、王国を守るは、武臣の職、然りと為す。武臣にして武を遺《わす》るるは、是れ其職を竊《ぬす》むなり。懼《おそ》れざる可けんや。[8]

真心を尽くすのは徳川氏に対してだけでなく天に対してでなければならない。家康自身は天に尽くしたから天が政治の大権を与えてくれた。それ故、大権を持つものが奢り高ぶり怠けて民を傷みつければ、天はたちどころに大権を奪ってしまう。なぜなら天皇から任された国土を守るのが武士の職務である、と朝廷への恭順と天下の統治を子孫に教える家康像を山陽は『外史』に書き記した。

そして『外史』の棹尾を飾る将軍として家斉については、

賢に任じ能を使ひ、百廃（いろいろのすたれたる政事）悉く挙る（興る）。在職最も久し。左大臣に累遷し、遂に太政大臣に拝せらる。……源氏・足利氏以来、軍職（将軍職）に在りて太政の官を兼ぬる者は、独り公のみ。蓋《けだ》し武門（武家）の天下を平治すること、是に至りて其盛を極む（盛なる頂上に達す）と云ふ。[9]

と、徳川幕府の頂点をきわめた将軍としては余りにも、その事績が手短かに且つ紋切り型に述べられ「是に至りて其盛を極むと云ふ」と『平家物語』以来の盛者必衰の理を暗示する傍観者的記述で終わっていた。[10] 太政の官に登りつめた将軍としての事績に欠け、何か差し障ることでもあるような表現で締め括られていた。

家斉があったのは化政文化の時代で、耽美主義的な文化の爛熟期であった。一説には柳亭種彦の『偐紫田舎源

氏』の世界は家斉を中心とした大奥がその舞台であったといわれるように、多数の妻妾を抱えて多くの子供を残した家斉の存在こそ、幕藩体制の爛熟を象徴するものであった。

この時、近代の歴史家であれば本人の事績もさることながら、時代背景として各地で頻発した農民の騒擾事件や外国船の来航など、政権基盤をゆるがしかねない危機が足下に忍び寄っていることを書き漏らすことはなかったであろう。しかし『外史』は武門の政権興亡史として記述されたところから、社会的背景に迫る危機に筆を染めることはなかった。

その意味から云えば体制に反旗を翻した大塩の乱こそ、破綻し始めた武家政権の衰微を告知させる事件であり、同時に幕末において『外史』を読む者に、王政復帰の可能性を確信させる事件として位置づけられねばならなかった。

ところで山陽の『外史』は彼の学んだ朱子学的枠組とは無縁であった。一般に山陽の学は朱子学的概念から自由な立場にあったと云われていたが[11]、山陽の父春水は人も知る寛政異学の禁の立て役者であった。若かりし山陽の出奔騒ぎはこの父との思想的葛藤がそうさせたのであろう。それ故、山陽は儒学そのものより詩文と歴史で名を成したように、礼教的な朱子学的瑣末主義に対する違和感が底流にあったことは確かである。

ともかく『外史』には朱子学的倫理規範はみじんもなく、その歴史認識はきわめて実証的であり歴史主義的であった。即ち歴史の動因は動かし難い時の「勢」であり、それを制するものはその状況を把握した「人」の働きとし、そこには儒教的な天意や道徳的価値観を介在させることはしなかった。このような脱朱子学の姿勢が陽明学を標榜する大塩との接点となったのであろう。そしてその大塩から『外史』を所望されると稿本の寄贈をもって二人の友情の証とした。

2　大塩の歴史観

山陽の脱イデオロギー的歴史観に比べて大塩の場合は儒教的であった。大塩の門弟教育として示された『読書書目』において、経学の学修階梯のなかで中国史は、最後に学ぶ詩文のまえに学修するものとして重視されていなかった。その主たる理由として興亡する中国史に登場する人物像は、『大学』に云う三綱領・八条目から見て概して私欲にまみれ正心誠意に欠如する俗情の支配するところであった。

それでも大塩は歴史の学修を否定するものではなかった。『読書書目』において『二十一史』に始まり朱子の編集した『通鑑綱目』、宋代胡寅の『読史管見』、朱子編の『名臣言行録』が掲げられていたように、数ある歴史書のなかから大塩が儒学学修に最低必要な知識として厳選したのがこのリストであった[12]。すでに紹介した門人、河内国弓削村の西村履三郎の書き残したノートに『通鑑綱目』の残簡があったことからも、これらが学修されていたことは間違いない。

しかし大塩にとっての歴史は条件付きの学修分野であった。そこで大塩の著書『洗心洞劄記』『古本大学刮目』などに散見される、歴史に関する言説からその歴史認識を構成してみることにした。

まず歴史そのものへの評価として『劄記』において、

一〇四（上）諸儒に史論あり。而して周・程・陽明先生等、史論に及ぶこと亦た罕《まれ》なり。何ぞや。夫れ古今の英雄豪傑は、多く情欲上より做《な》し来る。情欲上より做し来れば、則ち驚天動地《きやうてんどうち》の大功業と雖も、要は夢中の伎倆のみ。夢の是非を評するは、明道の君子の言ふを欲せざる所にして、是れ史論の亦た罕《まれ》なる所以なるか[13]。

中国の儒学者にも歴史を論評した人はあるが、周濂渓・二程子・王陽明先生らは歴史を論じられなかった。その理由は、史上の英雄豪傑はとかく欲望に突き動かされて大きな野望を果たしただけで、いわば夢のなかの功名である。このような個人の野心から出た不確かな行為を論評することは、道を明らかにする君子の口を差し挟むところではない。それ故、史論を残されなかったのである。このように儒教的価値判断から逸脱した世俗行為としての歴史に対して禁欲的であることに大塩は注目した。従ってなんの自覚もなく初学のものが興味本位で歴史書を読む危険について警告した。

> 一七三（上）好んで史を読む者は、明道程子の説に遵《したが》ひて以て之を治むれば、則ち当《まさ》に身心を益すべし。而して己れを誤らず、又た人を誤らざるなり。初学のもの如《も》し史類を泛観《はんくわん》し博究《はつきう》せば、則ち心術を壊《やぶ》り了《さ》ること必せり。（同上、p.440）

しかし大塩は歴史をすべて否定することはしなかった。問題は歴史の読み方にあった。

> 然れども勢い禁ずべからざるなり。故に之をして専ら其の忠孝旌徳《せいとく》及び烈女伝《れつじよでん》を読ましむるに如《し》くは莫《な》し。一伝を閲するも猶ほ忽ち良心を動かし涕泣を流す者有り。然らば則ち必ず復た其の忠孝義烈を慕ふの願ひ内に萌し、而して其の貞操高節に愧《は》づるの情、心に攻むる者有らん。況んや之を読むに数伝を以てし、之を積むに歳月を以てせば、乃ち彼と一に、性と融《ゆう》し、忠孝の変、倫常の艱、万一に身に逼《せま》らば、則ち憤然として心を君父国家に尽くし、而して美を前脩《ぜんしう》に譲らざらん。（同上、p.440～441）

要するに忠義や孝行で知られた人物や烈女伝を読ませることで、それを積み重ねれば必ず歴史上の人物から感化を受け、やがて君父・国家に尽くす儒教的人間形成に資するとするのが大塩の教訓的歴史学修法であった。

私欲を慎む厳しい儒教的倫理観に立つ大塩にとって、弑逆淫失《しぎやくいんしつ》の濁乱する歴史は心を乱す悪書であった。その意味では大塩の歴史認識は在るべき道徳の追求であった。云うまでもなくそれは聖人の教えの追体験として歴史があった。それは歴史を鏡として聖人の教えに復することであった。

三九（上）……春秋の経は、三代の典刑にして、善悪を黜陟《ちゆつちよく》するの縄尺《じようしやく》なり。左氏の伝は、上下の行迹《こうせき》にして、妖魔《ようま》を照燭《せうしよく》するの業鏡《ごうきやう》なり。只其の縄尺や、万世天下を治む、素王に非ずして何ぞ。只だ其の業鏡や、当時の邪正を公にす、素臣に非ずして何ぞ。且《か》つ如《も》し伝無くんば、則ち天子諸侯より士大夫に至るまで、邪心醜態、澌滅《しめつ》して聞ゆる無きに庶《ちか》し。（同上、p.379）

『春秋』という経典は中国古代の理想的な政治が行なわれた夏殷周三代の教えで、善を奨励し悪を退ける根本の規範である。左丘明の編纂した『春秋左氏伝』は君臣の在るべき条理を三代の歴史に即して記述したもので、心の悪魔を照らす鏡である。もしこの『春秋左氏伝』が存在しなかったら、理想の政治が見失われ為政者の道徳的退廃が生じたかもしれないと、鏡としての歴史の重要さを指摘するものであった。

云うまでもなく『春秋左氏伝』は儒教にとって理想の古代政治を記録した年代記であったように、それは学問する者にとって受容的に学ばなければならない重要な歴史書であった。これに対して歴史的教訓として為政者が民を見失い国を過る行為について論評することも忘れなかった。それは『古本大学刮目』における「仁者は財をもつて身を発《あら》はし、不仁者は身をもつて財を発はす」に関連して、

後素按ずるに……竊《ひそか》に謂う　人君に人あり土あり財あり用あり。而して誠意之学なし。則ち必ず驕泰《けうたい》に流れん、而して聚斂《しゆうれん》に堕す。故に誠意は以て用財之道を講ぜざる可らざる也。漢の武帝、唐の玄宗・徳宗、各の衆に出る才ありと雖も、而して誠意は則ち闕如《けつじよ》せん。故に武帝百家を罷黜《はいちゆつ》し、六経を表章するは美事と雖も、然るに用財の道を知らず。故に算を舟車に及ぼし、榷《かく》は塩鉄に及び、以て淫侈之費に資せん。玄宗内難を平定し、賢相に委任するは雄略と雖も、然るに用財之道を知らず。括田《かつでん》を騒擾し、六使を掊克《ほうこく》し、亦以て淫侈之費に資せん。徳宗初め位に即くに、象貀《しやうひ》（貔カ）を放ち、宮人を出すは善政と雖も、然るに用財の道を知らず。大盈瓊林《だいえいけいりん》の間に除陌《じよはく》之貪を架す。其の聚斂到らざる所なし。是れ皆な大学の誠意用財之道を知らざる以てす。[14]

とあるように、為政者の善政に背を向ける淫逸が民を疲弊させる行為として、歴史を批判の鏡としなければならないとした。

　ところがこのような歴史を鏡として見たとき、そこに凡そ三つの人間類型が存在することが指摘されていた。即ち、

　一（下）性善上より道を行ひ来る者は、高下精粗を論ぜず、堯舜孔孟の血脈なり。情欲上より悪を為し来る者は、小大深浅を論ぜず、桀紂莽操《けつちゆうまうさう》の苗裔《べうえい》なり。外は仁義を粧点《しやうてん》し、而して衷《うち》は功利を包蔵し、以て問学に道《よ》り、以て世務に従事する者は、便ち是れ覇者《はしや》の奴隷なり。億兆挙《あ》げて算《かぞ》ふべからずと雖も、人品は要するに此の三等を出でず。(15)

善なる性に従って道をめざす者は目標や取り組みの密度に関わらず聖人たることをめざす人である。それに対して私欲に任せて他者を傷めるものは道理に欠けた簒奪《さんだつ》者の類である。そしてうわべは仁義を装いながら心の中は名利をむさぼり、朱子学的教養を身につけて日々の職務に埋没するものは、力で仁をねじ伏せた権力者の奴隷である。このような三つの人間類型が今の時代にもあると大塩は指摘した。そこで人たらんことをめざすものは善なる性即ち良知に目覚め、堯舜孔孟の血脈を選ばなければならないとした。そのためにも、

　史を閲する者は、亦た之を以て当時の人の心術行事を観れば、則ち了了然たらん。（同上）

歴史を読むものはその時代の人々の心の働きと、その行動を読み取ることを肝要とした。

　このように大塩にとって歴史とは為政者の心術・心性を学ぶことにあった。そこで為政者とそれを補佐する賢によっていかに仁政が展開され、またそれに背を向けるかが最大の関心事であった。その意味から大塩は『古本大学』にある三綱領八条目から歴史を解読し、三代の治が行なわれ、それを明らかにした聖人の時代を規範とした。(16)そしてこの最も優れた三代の治を回復させることが、大塩にとっての歴史認識の原点であった。

3　歴史意識の根底にあるもの

山陽の『外史』を維新以後に云われた尊王論鼓吹の書と見ることには違和感がある。『外史』に記述された個別の天皇像をみる時、そこには厳しい天皇批判が見られた。例えば「天智の子大友、位に即き、而して天武、叔父を以て簒立（位をうばひて立つ）し」[17]とか、

藤原氏の驕専（おごりてきままなること）なるは、其の来ること久し。独り文徳の時に始まるに非ざるなりと。鎌足、天智を助け、力を王室に效す。其子不比等は、四朝（持統・文武・元明・元正）の元老たり。文武・聖武、竝に其女を娶る。而して孝謙は其外孫女なり。而して皆淫縦（みだらにしてわがまま）なり。恵美押勝、孝謙に嬖《へい》せられ、殆ど国家を危くせんとせり。[18]

右に見られるように、皇国史観のような天皇賛美の隠蔽体質はなく、客観的に事績を評価する立場を採るところから天皇の神格化とは無縁であった。その意味では大日本帝国憲法下の天皇を神格化した皇国史観とは一線を画するものであった。しかし歴史の根底には、

蓋し我が朝の初めて国を建つるや、政体簡易（繁雑ならず）、文武一途（文官と武官との区別無きこと）、海内を挙《こぞ》つて皆兵にして、天子、之が元帥と為り、大臣・大連之が褊裨《へんぴ》（副将）と為る。未だ嘗て別に将帥を置かざるなり。豈復《あにまた》所謂武門武士といふ者有らんや。故に天下事無ければ則ち已む。事有れば、則ち天子必ず征伐の労を親《みづか》らす。否《しから》ざれば、則ち皇子・皇后、之に代り、敢て之を臣下に委ねざるなり。是を以て大権、上に在り[19]、

と述べるように、山陽は政治の大権が天皇にあることで政治が一元化され、民の応分の負担で国土が公正に維持されてきたと見た。しかしこの天皇がとる公の立場が、藤原氏の台頭で政治の門閥化・私物化が進行したと見た。こ

のような公の崩壊が各地で武門の私闘を呼び兵乱が拡大化するなかで、武門に征夷大将軍として公の代執行を依拠せざるをえなくなった。勿論この武門のなかにも興亡があり、各武門の成立経緯と天下の公への自覚を明らかにすることで、武家政権の根底にある公への回帰をめざしたのが『外史』の隠された歴史意識であった。

その意味では『外史』より天皇の事績を論じた『日本政記』のなかに、山陽の信条がより端的に示されていた。

例えば神武天皇に関して、

旧志に称す、帝の徳は明達豁如《くわつじよ》たりと。帝、新たに諸県を得、これが首長を署《お》くに、皆疇昔《ちうせき》の兵を抗し刃を反せし者、仍りてこれを用ひ、変更する所なし。その恩に感じ、力を民に効《いた》し、民も亦これに便安《べんあん》すること、知る可きなり。……業を創め統を垂るる者のなす所は、符節を合するが如し。亦た以て明達の一端を見る可し。後世の庸主、毎《つね》に親疎に因りて私に形迹《けいせき》を存し、天下の心を服して禍患の萌を制する能はざるは、皆ここに達せざるものなり。[20]

要するに神武は征服した相手をそのままその地を治めさせたので、その恩に感じて民に善政を敷いた。しかし後の世の為政者には自分との親疎により私意をさしはさみ、公正な心が失われたので争いの原因を解消することができなかったと、神武の名を借りて後世の為政者を批判した。

応仁天皇についての論賛では、

頼襄曰く、道は一のみ。道の天下に在るや、猶ほ日月のごときなり。日月は天下の日月なり。一国の私有する所に非ざるなり。道も亦た然り。父子・君臣・夫婦は、国としてこれなきはなし。而して滋孝・忠義別ありて雑《まじ》らざるは、皆自然に存す。人作を待つあるに非ざるなり。我が邦の列聖、民を保つこと子の如く、堯・舜・禹・湯に譲らず。[21]

道理は日月のようにはっきりし、一つの時代や地域にだけ通用するのではなく普遍的なものである。親子関係や君臣関係も、それぞれ自然な営みとして人間存在を支えてきたもので、決して人為的に強制されたものではない。その意味では我が国の天子の民を大切に思う心は、中国古代の聖王と称せられた堯・舜・禹・湯に決して劣るものではないとした。

また仁徳帝に関連した論賛においても、

> 頼襄曰く、仁徳の仁たる所以は知る可きのみ。仁徳の言に曰く、天、民の為に君を立つ。君、自ら倹して以て民を養ひ、民富めば則ち君富むと。大いなるかな言や。これ我が列聖の伝ふる所にして、これを帝に発す。範を万孫に貽《のこ》す所以なり。六経《りくけい》の訓《をし》ふる所、百史の伝ふる所、豈に以てこれに尚《くは》ふることあらんや。これよりその後、これに循ふ者は安く、これに違ふ者は危し。下りて武門に至るも一興一廃、これに由らざるはなし[22]。

仁徳帝が仁政をめざしたことは注目しなければならない。仁徳は民のために君が立てられたことをよく自覚したので、自らの暮らしを倹約して民の暮らしを育てようとした。このように民富こそが国の富とした仁徳帝の言は、為政者として最高の徳を備えた人物の言である。この規範は何時までも後世に伝えなければならない教えで、それは儒教の古典易・書・詩・春秋・礼・楽の教えにかなうもので、何の追加も必要がない。これより後の為政者はこれを原点にして判断すればよい。

このように山陽は古代の天皇親政に政治の原点を見た。そしてそこで展開された民を公とした仁政こそ政治の亀鑑として位置づけた[23]。

それに対して大塩が歴史に見たものは、聖人の存在した時代であった。それは眼前にある現状を聖人の教えから逸脱した時代と見る危機意識にあった。ちなみに大塩が乱に先駆けて公刊を準備した『古本大学刮目』「旁註」の「詩に云ふ、於戯《ああ》前王を忘れず。君子は其の賢を賢とし、而して其の親を親とす。……」において長文の按語を付したなかで、曰く。子（明代学者何玄子—筆者註）未だ善く姚江の書を読まざる者なり。嘗て云ふあり。唐虞以上の治は、後世復す可からざるなり。之れ略して可なり。三代以下の治、後世法《のっと》る可からざるなり。之を削って可なり。惟ふに三代の治は行ふ可し。しかるに世の三代を論ずる者は、其の本を明らかにせず。而して徒らに其の末を事とす。則ち亦た得る可からず。それ三代の治は行ふ可しと曰ふは、則ち王子の志にして、周官に在り、断じて識る可し。周公三王を兼ねて思ひ、夜を以て日に継ぎ、幸にして之を得て曰ふ、則三代の礼楽刑政、統括して皆周官に在りと。故に其れを三代の治と曰ふ。[24]

大塩にとって夏殷周三代の治こそが政治の理想とするところであった。それにたいして三代以下の漢唐より後の時代は手本にできないとした。すでに三代の治への思慕は王陽明の志であり、大塩もそれにならうものであつた。

例えば大塩は春秋を例にあげ、暗に幕藩体制を批判する文章を『洗心洞箚記』に記していた。

四七（下）祝鮀《しゅくだ》の章を読み、嘆じて曰く「春秋の世は、佞《ねい》を好み美を悦べり。蓋《けだ》し其の時に当りて、大学の道は既に亡びて、致知の教は自ら廃《すた》れり。是の故に人人は心の神明の何物たるかを知らず、只だ気に触れ意に随ひ、佞を好み美を悦びしのみ。故に祝鮀の輩は志を得て以て姦を行ひ、而して其の君たる者は、昏然《こんぜん》として其の為めに欺罔《ぎまう》せられ、無知の物と一般にして、遂に身を亡ぼして以て家国を破るに至れり。……」[25]

『論語』雍也篇で取り上げられた弁舌家祝鮀や宋の美男子公子朝に政治を任せた君主の非を、大学の道からの逸脱として批判することで、遠からず幕閣官僚も身を亡ぼし家国を破るに至ることを予告するものであった。

このように大塩の歴史意識は、日本を中国文明の周辺にある儒教文化圏として、その一体化のなかに同化させていた。従って大塩にとっての儒教的理想の政治と背徳の歴史には国の境はなく普遍的であった。そして仁政を今日にもたらすのは、ただ聖人のみのよくするところであった。そのために大塩は聖人の再来を天に祈願し、自らもそのために学問に志し自ら慎むことで聖人への道をめざした。

ところが大塩が乱に際して村々に遣わした『檄文』では、三代の治と云わずに神武帝御政道への回帰が説かれていた。少し長いが、

……、大坂市中に騒動起り候と聞伝へ候はば、里数を不厭《いとはず》、一刻も早く大坂へ向駆可参候、面々へ右米金を分け遣し可申候、鉅橋鹿台《きよけうろくだい》の金粟を下民へ披与候遺意にて、当時の飢饉難儀を相救遣し、若し又其内器量才力等有之者には夫々取立、無道の者を征伐いたし候軍役にも遣ひ申可へく候、必ず一揆蜂起の企とは違ひ、追々年貢諸役に至迄軽くいたし、却て中興　神武帝御政道の通、寛仁大度の取扱にいたし遣、年来の驕奢淫逸の風俗を一洗相改、質素に立戻り、四海万民いつ迄も、天恩を難有存、父母妻子を披養、生前の地獄を救ひ、死後の極楽成仏を眼前に見せ遣し、堯舜天照皇太神の時代に復しかたく共、中興の気象に回復とて立戻り申すへく候、[26]

乱にあたり堯舜三代の治は、我が国の歴史に比定すれば天照皇大神の時代にあたるが、そこまで一挙に改革するには手が届かない。そこでせめてそれを受け継いだ中興の神武帝の、寛仁大度の政道までは取り戻したいとする願望が述べられていた。これまで自国の歴史について殆ど語ることがなかった大塩が、『檄文』を書いた天保七年（一八三六）という時点で、理想の聖人として中興の祖・神武帝の政道に言及したことは注目に価する出来事である。

それは既に述べたように『外史』に触れた大塩として、中国の三代の治を以てするより自国の聖人による政治理想を示すことが、より身近で理解されやすいと示唆されたからであろう。しかも古代中国の聖人は我が国の場合、五穀の恵みをもたらす神としての天照皇大神の継承者たる天皇の仁政で、聖人の政治としてなんらの遜色のないものとして存在しえた。かくして古代の天皇はまた聖人として公を代表する公正な政治改革への旗手として登場することになった。その第一歩が『檄文』における聖人としての天皇像であった。

おわりに

『外史』を介在して大塩の歴史意識に迫ってみると、意外にも両者は対象とする歴史は異なり当然その表現する方法も異なったが、真摯に時代に向き合うなかで儒教的政治の原点をめざし、歴史認識を共有化しようとしていたことが窺える。

山陽における武家政権の歴史分析から、公のシンボルとしての古代天皇像が表象する勤王思想が析出され、遠からず幕藩体制の凋落することが暗示された。かたや大塩も幕藩体制下の小人による用材之道が諸悪の根源であることを『古本大学刮目』や『檄文』において指摘したように、これを改めるために古代の仁政を象徴する聖人の出現が期待された。このように歴史を超えて民生の安定に資する徳を備えた聖なる王への期待が、両者の歴史意識として存在していたことが窺える。

山陽の成長過程を見たとき、朱子学に危機感を抱く厳格な父との葛藤が指摘できよう。彼が父の経学から分野を分けて歴史に没入したのも、朱子学から距離をおくためであった。

彼の『外史』に先行する近世歴史書と対比しても、儒教的理念による解釈を排したことでも山陽の心性が窺える。歴史の変化が天理や既成概念としての道理・易姓革命ではなく、時の勢であり人の制するものとして、歴史を動かすものを超自然的なものから人間の歴史を貫く人為の働きとした。そしてその人為には政権の私的欲望化と歴史を形成してきた公を象徴する天皇原理＝聖人への回帰がおかれた。このように山陽にも日本化された儒教的精神が継承されていたと云えよう。

山陽は朱子学をとるとは云え、もはや学説を墨守するだけの旧守派ではなかった。大塩から『王文成公集』を借

りて、

儒《じゅ》為り仏《ぶつ》為り姑《しばら》く論《ろん》ずるを休《や》めよ
吾《わ》が喜《よろこ》ぶ文章《ぶんしやう》に古《こ》声多《せいおお》きを
北地《ほくち》の粗《そ》豪歴城《ごうれきじやう》の険《けん》
尽く輸《しゅ》す講学《こうがく》の老陽明《ろうようめい》(27)

語釈
儒為り仏為り（陽明学を儒教だ仏教だと云いあうこと）
古声（古い宋明代の学者の意見）
北地（中国の北のほう）　粗豪（明の李夢陽）　歴城（明の李攀竜）
尽く輸す（意を尽くすこと）

と詠んで返したように、陽明学にたいしても受容的であり、その歴史への傾倒は朱子学的概念からの離脱として、人間の生き方を探究した変革期に向かう歴史家であり詩人であった。

それに対する大塩も歴史書を読むことに初心者へは注意を促すも、歴史を鏡として読むことで時に感動し、時に羞悪の心を呼び起こすことで誠の心を自得しなければならないとした。その意味からすれば『外史』は大塩にとって門人にも示しうる内容であった。

天保三年（一八三二）四月、山陽は淀川を下って大坂に至り大塩を訪ねた。その際、

兄の学問は心を洗うて以て内に求む、襄が如き者は、外に求めて以て内に儲《たくは》へ、而て詩を作り、而て文を属《しょく》す、相反するが如く然りと、然れども吾が古本大学刮目の稿を一見せんことを請ふ、故に之を出して示す、其の綱領を読み畢つて曰く、是れ一家言にあらず、昔儒格言の府なり、襄や不敏なりと雖も、請ふ之に序せんと、余答へて曰く、他日之を煩はさんと。(28)

文政十三年（一八三〇）『外史』の譲渡を巡って山陽に不快感を与えた(29)大塩であったが、大塩の正直な謝罪により氷解し、やがてここに見るような二人の思想が一体化せんとした瞬間があった。しかしその秋、山陽は帰らぬ人となった。大塩は京都まで駆けつけそして大哭した。

註

（1）尾藤正英「日本における歴史意識の発展」『岩波講座・日本歴史22巻』一九六三、渡辺広・松島栄一「日本史学史・近世」歴史学研究会・日本史研究会編『日本歴史講座第8巻』東京大学出版会・一九五七、など参照。
（2）「亡友頼山陽之序と詩とを劄記附録に入刻する自記」『洗心洞劄記附録抄』p.455・岩波文庫・一九四〇
（3）『同上』p.456
（4）「源氏前記」『日本外史』（全訳詳解漢文叢書1）p.81・至誠堂・一九二六
（5）『同上』p.5
（6）『同上』p.5〜6
（7）テツオ・ナジタ『明治維新の遺産』「第二章　徳川官僚制の遺産」参照・中公新書・一九七九
（8）前出『日本外史』（全訳詳解漢文叢書2）p.1425〜1426
（9）『同上』p.1452
（10）野口武彦『江戸の歴史家』p.149参照・筑摩書房・一九七九
（11）中村真一郎『頼山陽とその時代・下』p.153以下参照・中公文庫・一九七七
（12）拙著『大塩平八郎の時代』p.54・校倉書房・一九九三
（13）『洗心洞劄記』『佐藤一斎・大塩中斎』（日本思想大系46）p.404・岩波書店・一九八〇
（14）『古本大学刮目』『日本倫理彙編3』p.427・育成会・一九〇一（原文を読み下す）。以下『古本大学刮目』の引用は同書による。
（15）前出『洗心洞劄記』p.458、なお下巻の『論語』祝鮀《しゅくだ》の章を読んで春秋の始まりについて感想を述べた四七条p.476も参照。
（16）前出『古本大学刮目』p.334〜335
（17）前出『日本外史』p.81
（18）『同上』p.83
（19）『同上』p.1〜2

(20)『日本政記』『頼山陽』（日本思想大系49）p.11・岩波書店・一九八〇
(21)『同上』p.31
(22)『同上』p.34〜35
(23)天皇が公を代表する存在と認識されたことは、幕末の和子内親王の降嫁に際して公武合体と称されたが、それはまた古代以来の認識であったことが称徳・孝謙天皇の項でも述べられていた。前出『日本政記』p.101参照
(24)前出『古本大学刮目』p.334〜335
(25)前出『洗心洞劄記』p.476
(26)岡本良一『大塩平八郎』所収「檄文」p.185〜186・創元社・一九七五
(27)「王文成公集を読む」前出『洗心洞劄記附録抄』p.463〜464
(28)前出「亡友頼山陽之序と詩とを劄記附録に入刻する自記」『洗心洞劄記附録抄』p.455〜456
(29)相蘇一弘『大塩平八郎書簡の研究・第一冊』書簡番号35、p.170以下参照・清文堂・二〇〇三

第4章　大塩思想における三代の治と孔孟思想の核心

はじめに

大塩は自らの儒教思想を孔孟の学と規定したように、彼の陽明学は儒教の経典に源流するものとした。そうであるなれば孔孟学からなにを学んだかを明らかにしておくことが、大塩思想の解明にとって必要な作業である。しかしこれまでの大塩研究はこれらの実体的事項には関心が及ばず、ようやく拙稿で大塩思想が『孝経』を基礎にして形成されたことを明らかにした以外は、確たる研究の見られないのが現状である(1)。

そこで大塩思想において理想の政治とされた、古代中国の伝説上の堯舜に続く国家としてあった、夏殷周にわたる三代の治に求められたのは何かということと、大塩が自らの学問を孔孟学と称したその思想的核心——つまり『論語』と『孟子』から何を学んだかを明らかにすることが本章の課題である。

1　歴史学としての夏殷周

大塩が憧憬してやまなかった三代の治については、二十世紀の中葉以来、黄河上流の古代中国の殷や周のあった諸都市の発掘調査(2)がなされ、そこで出土した青銅器に刻まれた卜辞から歴史として中国の古代国家像が具体的に知られるようになった。尤もそれまではヘーゲルの『歴史哲学講義』において世界史の始まりとしての中国は「神政的専制政治の国」として、その国家組織の精神は「家族精神」(3)にあるとされていた。即ち、

支那の国家はこの人倫的結合にのみ基く、この国家の特性をなすものは客観的な家族孝順である。支那人は、自己をその家族に属するものとして同時に国家の子として自覚している。彼等は、家族それ自身の内にあっては人格ではない、……国家に於ても、彼等は同様に人格ではない。何となれば、国家に於ては族長関係が優勢であり、政治は、すべてを秩序よく保つ皇帝の、父の心を以てする配慮のはたらきに基くからである。(4)

と規定されていた。またマルクスの『資本制生産に先行する諸形態』においては、アジア的生産様式における土地は共同体的所有を代表する専制君主の所有として存在すると指摘し、

アジア的な形態においては、個々人の所有は存在しない、ただ彼の占有が存在するにすぎない。実際の真の所有者――これは共同体である。したがって、所有は、土地に対する集団的所有としてのみ、存在する。(5)

と歴史理論として述べられてきた。このアジア的生産様式論を背景にして中国では、古代奴隷制が何時から始まり何時から封建制に移行したかをめぐる時代区分が論争され、いまだ決着を見ないのが現状である。(6)

その中から発掘調査による成果により古代史が歴史として認識されるようになり、わが国でもよく知られた郭沫若は、その旧説の誤りを『中国古代の思想家たち―十批判書』において殷墟の遺物から、

古代中国の真の姿が、はじめて大半は明らかとなった。前に後世の歴史家によって累積構成せられた三皇五帝の古史の系統が全く作りごとであったことが証明され、夏代が存在したかどうかすらも卜辞の中からはまだ直接の証拠をさがしあてることができない。(7)

と殷代以前の伝説的国家の存在については否定し、

中国の青銅器で殷代と確定できるのは、みな殷末に属し、それ以前のものはまだ発見されていない。(8)

と、中国における青銅器文化の始まりを殷末とし、それが次の周代になると青銅の出土が増加することでその繁栄を示唆していた。その中で、

両周の銅器について言えば、武王以前の器は発見されていないが、武王以後のものは時代をおうて次第に増加している。(9)

王の事績を讃える青銅器の盤銘から周の武王に続くその後継者により政治が継承されていたことを証明していた。そして西周と東周の違いについても青銅器の盤銘から、

西周の多くは王室と王臣の器で、諸侯の各国ごとの器はごくまれにしか見られない。東周になると、王室王臣の器は迹をたって、諸侯の各国ごとの器が非常にさかんになってくる。(同上、p.16)

と、宗周国の停滞と周辺の諸候からなる大宗国家の繁栄が遺物に反映されているとした。

郭沫若はこのような周の文化は先行の殷の文化を継承したものであることも明らかにした。さて大塩が尊敬してやまなかった聖王としての周公についても、

周公は周初において権略ある政治家であることは何ら疑いがない。しかし、周人の礼は大半が西周三百年の間にだんだん積みかさなってでき上ったものであり、その中には疑なくたくさんの殷の礼の成分があり、それが構成されていわゆる『礼儀三百威儀三千』〔礼記中庸〕となったのは、正直に言えば戦国時代の半ば以後のことである。(10)

と分析した。ちなみに郭沫若はこれらの考察から殷代・西周の間を古代奴隷制の時代と規定し、春秋時代以後を封建制の時代とした。

中国古代史家の李亜農も『中国の奴隷制と封建制』(中村篤二郎訳・日本評論新社・一九五六)において、殷の滅亡以来、農耕を軸とした氏族制社会から出発した西周の国家形成について『詩経』などを手がかりに、生産関係から

離脱した家長により労働力としての奴隷支配がなされていたことなどが、詳細な社会像として示されていた。とりわけ大塩思想との関係から周公について触れてみると、

われわれのみるところによれば、七月篇中に描写している生産関係は、まさに氏族制末期（すなわち家長奴隷制）か奴隷制初期に相当する。氏族組織はまだ強固に存在し、家長は奴隷主となり、奴隷を搾取することによって生産から脱離した公子が出現していたが、家族はまだ完全に生産から脱離しておらず、これと周公が無逸篇で憂慮しているところの状況と一致しており、彼は無逸篇中で諄々と若年の公子たちが生産から脱離してはならないことを誡めているのである(11)。

殷を制覇した周では殷の民を農業労働に投入した。王から氏族の長に任された労働力を従え、自らの農地に使役することで氏族の長は奴隷の所有者となった。この時、農耕を離脱する家長が見られたので周公がそれを誡めたということである。農耕を陣頭指揮する姿が周の理想とする家族の在り方であったのであろう。

このような中国側の古代社会認識に対し、わが国における東洋史学の到達を『中国史の時代区分』(6)として論じられてきた西嶋定生『中国古代の社会と経済』(12)に見ると、中国史の上限として設定された殷・周時代の構造を奴隷制とするのか封建制と見るかは異説に満ちているが、そこでの社会生活の単位は邑と呼ばれる集落で、

邑の大事を決定する際には、いずれも社において盟あるいは祈がなされた。社の祭には邑人が会集して楽舞宴飲し、その祭肉は邑人に均分されたようである。（中略）

邑の周囲には郊・牧・野・林などと呼ばれる耕地、牧地、林野があり、耕地は田《でん》と呼ばれ、邑の共有地であった。すなわち、周代でも耕地はそれぞれ邑の名称を冠して、たとえば宋田、邾《ちゅ》田、曹田、衛田などと呼ばれ、個々人のあるいは家を単位とする耕地所有の表現は見あたらない。つまり当時の耕地は邑人すなわち氏族共同体によって共同体的に所有されていたと考えるべきである。牧地、林野、水沢等もおそらくは何等かの共同体

的規制のもとで共同的に使用されていたのであろう[12]。

このような邑が相互間に氏族連合して原始的な国家を形成したのが殷であり、支配形態としての国家構造を強化したのが周王朝であるとした。すなわちこの時、

殷王朝の支配していた邑をあらためて周王室の支配下に編成するためには、新しい支配の組織が必要とされた。この目的のために実施されたのがいわゆる封建である。

従来の儒家的な見解から脱却した近来の研究によると、封建とは周王室が新しく自己の支配圏内に入った各地にその分族をその地の支配者として派遣設置せしめたことであり、その分族の中心となったものがいわゆる諸侯であったという。その際、従来殷王朝に従属していた有力な邑の支配者も、改めて周の支配下に服属することによって諸侯としての身分を獲得した[13]。

ここから国としての邑は支配者としての周王室の分族により治められ、共同体を構成してきた氏族は被支配者として田を耕作する民として位置づけられることになる。かくて邑の田とともに人も周王朝一族の共同体的支配のもとにおかれ、これが、

「普天の下、王土に非るなく、率土の浜、王臣に非るなし」（『詩経』小雅北山）といわれる王土思想、王臣思想が観念化されてきたのであろう[14]。

と分析されていた。

大塩により理想国家とされていた殷や周においても近代歴史学から見たとき、人類史の発展段階としての専制的な王の下で、土地・人民を分与された氏族的な国家連合として存在するものであった。しかしこのような知見は大塩の問うところではない。大塩にとっての関心は、儒教的な三代の治における為政者の人民への在り方であり[15]、三代の治で展開されたとされる井田制と十分の一税に見られる農耕民への緩やかな政治の仕組みにあった[16]。

2 『洗心洞劄記』における孔孟学の言説

大塩は自らの学問を孔孟学と称したように、大塩学の包括的な陽明学的儒教論の中で、孔孟思想のどのような言説に着目していたかを一瞥しておきたい。云うまでもなく『洗心洞劄記』「後自述」の冒頭において、太虚の実体的存在について集中的に言及し、その体現者としての顔子と孔子の違いについて、

顔子の屢しば空なるは、心屢しば太虚に帰せしなり。而も猶ほ一息《いっそく》有り。聖人は則ち始めに徹し終りに徹し、一太虚のみ。(17)

とあるように『論語』から「空」概念を引き出し、それが太虚に通ずるものであることを立証しようとしていた。そしてこの太虚こそが儒教道徳の最高形態である仁の淵源であることを『論語』から引き出した。

故に孔子曰く、「仁は遠からんや、我れ仁を欲して斯に仁至る」と。……夫れ仁は虚より生ず。故に仁は即ち虚、虚は即ち仁、固より二有るに非ざるなり。故に今太虚を挙ぐれば、則ち仁は其の中に在り。(18)

太虚と仁が一体のものであることが示され、ここから儒教を学び行なう「文行忠信」とその教えを示した「詩書執礼」もみな人が太虚に帰する道筋であり段階であるとした。そこで人が太虚に帰すために、

人心の太虚に帰するは、亦た独を慎み己れに克《か》つよりして入る。(19)

とあるように『大学』『中庸』にある「君子は其の独を慎む」や『論語』顔淵篇の「子曰く、己に克ちて礼に復るを仁と為す」から受容したもので、聖人をめざす人間の在り方として私欲に打ち克ち自らを無の立場におく心の在り方が学ばれていた。具体的には、

心に意《い》必固《ひっこ》我《が》有れば則ち虚に非ず。虚に非ずして四書五経を見れば、則ち一も行ふべからざるものなり。(20)

と『論語』子罕篇にある、自らの心にとらわれる在り方から聖人の心に接近する克己が選ばれた。そのためには聖人の何物にもとらわれない「意必固我」の四を絶つために、

孟子曰く「我れ善く吾が浩然の気を養ふ」と。その浩然なるものは、太虚に非ずして何ぞ。(21)

孟子も「其の気たるや至大至剛、直を以て養ひて、害《そこな》ふことなければ則ち天地の間に塞《ふさ》がる」(22)と述べるように、心を太虚に通わせる気を心中に満たすことであった。そしてこのようなのびやかな何ものにもとらわれない気性こそが太虚そのものであるとした。そして『易』『書』『詩』『礼』『春秋』においてもその到達点では、みな太虚の徳に外ならないとし、とりわけ『書』においては、

偏無く陂《は》無く、王の義に遵《したが》へ。好みを作《な》す有る無く、王の道に遵へ。悪みを作す有る無く、王の路に遵へ。偏無く党無く、王道蕩蕩たり。党無く偏無く、王道平平たり。反無く側無く、王道正直なり。其の有極に会し、其の有極に帰す。(23)

とあるように、王道もまた太虚の徳たるもので、これまた浩然の気に発するものとした。

政治としての王道は不偏不党な公正なる立場を堅持することにあった。しかもその指標とする所は『大学』三綱領に示された「明明徳」であり「親民」、「止至善」においてであった。この親民についても、

「民を視ること傷《いた》めるが如し（視民如傷）」の四字は、前には明道先生に崇ばれ、後には敬軒先生に崇ばる。而して其の出処を尋ぬるに、孟子に出づと雖も、而も又た左伝の逢滑の語なり。春秋の世は乱ると雖も、猶ほ先王の余風の在る有り。(24)

と親民観を古代政治の重要なキーワードとして受け取っていたことがわかる。(25)このように『劄記』を読み進むと最後は三代の治であり、周官制度への歴史認識が浮かび上がってくる。例えば、

「一利を興すは一害を除くに如かず、一事を生ずるは一事を省くに如かず」と。……嗚呼、政の道は、実に其

の害する者を去るに尽く。故に鄭声《てい》を放ち佞人《ねいじん》を遠ざくるは、亦た只だ人心を害する者を去るのみ。漢唐の中主に至つては、茫乎《ぼうこ》として斯の義に暗し。姑息因循、呴呴《くく》の小愛を施して、以て民に沢み物を潤ほすと為す。嗟乎、此れ漢唐の人為の三五の天徳に及ばざる所以なるかな(26)。

政治というものは新しい事業で民に利をもたらすよりは、民の困っていることを取り除く事の方が重要である。それ故、孔子も鄭の淫らな歌謡を追放して佞人を遠ざけた『論語・衛霊公篇』のように、人心を害するものを除去したのである。しかし漢唐の中流の君主はその意義がわからず、小利を分け与えることで満足した。これでは三皇五帝の太虚としての徳には及ばないとしたように、三代の治に対して絶大な信頼を寄せていた。同様にそこで行なわれた周官の制度についても、大坂の治安をあずかる与力として公正にして厳格な法制度への熱い思いを寄せていた。即ち、

周官大司寇《だいしこう》の職は、五刑を以て万民を糾《ただ》す。故に野に惰農《だのう》無く、軍に怯兵《けふへい》無く、郷に悪人無く、官に貪者《たんしゃ》無く、国に暴客《ばうきやく》無し。此れ成周《せいしう》の治まりて強き所以の一端なり。而して漢唐に至りては、暴を糾すの刑有りて、其の余の四刑は、愿《げん》を上《たつと》ぶの法と与《とも》に索然《さくぜん》として尽きぬ。而るに国の富強を欲するも得べからざらん。何ぞ況んや三代の治をや(27)。

とあるように、成周には公正を旨とする司法をつかさどる大司寇の職務があり、その厳格にして私心のない運営が国の繁栄を支えていた。それだけに大塩も自らの職務と対比してその重要性を再確認したのであった。

さて『剳記』の中で大塩は孔孟思想の核心的部分は余すことなく受容していたが、その上で自らを孔子の門流として位置づけたとき、孔子から見ていかなる儒教観の継承者であるべきかが問われ、孔子の門人として恥じない心性の兼備が求められていた。『剳記』の中において二度にわたって孔子に応える大塩の心性が示されていた。そのひとつが、

己れに反みて之を独知に問ひ、則ち未だ嘗て進み取ること狂者の如く、為さざる所有ること狷《けん》者の如きの志有らざるは、恥と謂ふべし。而して日に書を読み理を譚《かた》るも、究竟《くつきやう》して郷愿《きやうげん》に終らんのみ。(28)

己を省みて心中の良知を尋ねてみると、人として目指さなければならないことにはひた向きにすることや、してはならないことは絶対に拒否する志が無いようでは恥ずかしいことだ。そんな気持ちでいくら書を読んでも、結局はそこらにいる偽君子にしか過ぎないものだと、『論語』子路篇を介して自らの志を示していたのである。今ひとつが、孔子の優れた教えがなぜ春秋の時代に人々の受け入れるところではなかったかという疑問について、

夫れ天下の大、四海の広にして当時何為れぞ其の門に入り其の教を受くる者乃ち少なきや。是れ吾れ疑ひの心に解けざる所以なり。論孟を熟読して、然る後に其の疑ひ始めて釈然たらん。子曰く、「中行を得て之に与せずんば、必ずや狂狷か。狂者は進んで取り、狷者は為さざる所有るなり」と。又た曰く「郷原は徳の賊なり」と。(29)

これに続いて大塩は孔孟の言を引いて諄々と郷原批判を展開した。

而して古の人、古の人と曰ふは、是れ誰ぞや。踽踽《くく》涼涼たるは、是れ誰ぞや。然らば則ち狂狷は晨星より鮮《すく》なし。而して郷原は即ち天下滔滔として皆是れなるのみ。孔子は道を開き教を立て、特に其の晨星よりも鮮なきの狂狷を取る。(30)

知識をもてあそぶだけの訓詁注釈の学を排した大塩の『劄記』から、大塩思想の生の形の形成過程がわからないなどとする研究者もあるが、このように大塩思想を読めば大塩が孔孟学という儒教の鉱脈から、その最もブリリアントな原石を思想体系として掘り当てた思想家であったことがわかる。それ故、わが国近世儒教思想の中で孔孟思想を受容した最高の著作として存在するものであった。

3　大塩にとっての三代の治

大塩は『檄文』において堯舜の時代には復しがたくとも三代の治への回復は実現したいと念願していたように、儒教史で云われた中国古代国家としての夏殷周で行なわれた三代の治を理想とした。それについて『劄記』では、三代の治や周官などについて概念としては示されていたが、具体的な内容まで立ち入ってはいなかった。それに対して『古本大学刮目』では、大塩の政治思想を展開するものであっただけに、三代の治について「詩に云ふ。ああ前王を忘れず。君子はその賢を賢とし、而してその親を親とす、小人その楽を楽とし、而してその利を利とする、此れを以て世に没るも忘れざるなり」に対する諸家の注に関連して、大塩も『刮目』における最長の補注を試みていた。それによると古代政治においても理想となしえない悪政として、

太康《たいこう》の逸予《いつよ》盤遊《ばんいう》は、色荒《しよくくわう》 禽荒《きんくわう》し、峻宇《しゆんう》に彫牆《ちようしやう》す。夏《か》の桀《けつ》の武傷荼《ぶしやうと》毒《どく》、殷《いん》の紂《ちう》の沈湎冒色《ちんめんぼうしよく》、宮室の台榭は陂池《ひち》に侈《い》服《ふく》す、此れ皆な民の膏血《かうけつ》を剝《は》ぎ、以て独り楽しむは、民の其の楽を奪ひ、其の利を失ひ、父子は相見えず、兄弟妻子は離散す。故に万生予て仇とす。故に百姓は無辜《むこ》を上下の神祇に告ぐ。故に億兆を夷人とし、離心離徳す。太康や、桀や、紂や、心の良知を梏亡《こくばう》す。故に人の悪《にく》む所を好み、人の好む所を悪まば、災ひその身に及ばん。[31]

夏の太康は気ままに女色や飲食にふけり、建物に贅を尽くし、また桀は武人に害毒を流して傷つけた、そして殷の紂も女色に溺れて高楼を池の堤に移すなど財を乱費した。これらは王一人の楽しみのために庶民を苦しめるもので、そのために民心も離反して王の徳を失うことになった。王といえども良知を失うとその災いはその身に及ぶことを歴史の教訓として大塩は指摘した。

ここから周の始祖・后稷《こうしょく》から文王、武王に至るまで、みな明徳を明らかにして民に親しみ至善を尽くし、自らは身を修めることを治国の要とし、自らこれらの教えを奉じ且つ自らを戒めたとする〈三代の治〉の具体的描写が始まるのであった。即ち、

心は功康功田に用ひ、敢て遊田に盤《ばん》せず、庶邦《しょはう》に惟《た》だ正に之を供するを以てす、惟《おも》ふに是民にいたる愛、故に或は以て宮室を微とし、墳墓の族、兄弟の聯り、師儒の聯《つらな》り、朋友の聯りは衣服を同じくす。而して万民を安んじ、或は以て幼を慈しみ、老を養ひ、窮を振ひ貧を恤《あは》れみ、疾を寛やかにし、富に安んず、而して万民息して、其の楽しむ所を得ざること莫らん、此れ所謂其の楽を楽しむ也、三農九穀を生み、以て賦《ふ》を制し、而して斂《かん》を薄く令めん。別けて鄭康成《ていこうせい》の云ふ所の賦は無し。故に万民其の利する所を得しめん。此れ謂ふ所の其の利を利するもの也(32)。

周の諸王たちは農耕を奨励し功績あるものに田地を与え、自らはそこで狩などをして独り占めはせず、その地を一族の邦に与えて民の生業が成り立つようにした。従って宮廷は質素にし王を中心にした交友の間でも衣服を同じくして華美を避けた。それによって民を安んじるために老をいたわり貧窮を助けて暮らしに余裕を持たせて、それぞれが楽しむ所を得るようにした。此れが楽を楽しむということで、そこから三王のもたらした黍・稲・麦・大豆などの九穀に租税の制度を定め、しかもその取り立ての割合を低くさせた。とりわけ鄭康成の言ったように貢物の制度はなしにしたので、万民にも利が還元されたと云うのである。

ところでこれら周の君主は、春秋戦国期の覇者のように誠意のないままに一国を法によって治めるだけの為政者像とは異なる資質の持主であった。

且《まさ》に周公、成王を輔け、以て天下を治めんとす。賢を親しみ利を楽しみ、文武を興して異を無くし、善く其の志を継ぎ、善く其の事を述べ、周家歴世の実践の道を、公に著し、周官法度と為すなり。而して亦皆其の慎独

誠意より来たる。而して良知を致すの外別《わけ》て慎独誠意の功有らざる也。嗚呼、古の聖人良知を致すのみ。（同上）

周公は兄・武王の幼少の子を助けて天下を治めた。彼は道理をわきまえた賢人の言葉に耳を傾け民富のあることを喜び、文武を奨励して誤った考えをなくし、良く先王の志を継いでその事績を顕彰し、周家代々の政治を記録して『周官』として編纂して、周の法律にしたと云うのである。大塩が政治の聖典として絶対視した『周官』はかくして成立したのである。

ところがこの『周官』の評価をめぐって同じ陽明学の流れをくむ王竜渓（一四九八〜一五八四）は聖法を以て格套と為すとしてありきたりの行為とした。また王安石（一〇二一〜一〇八六）の手法は親賢楽利や真誠惻怛《そくだつ》の意ではなく、周官に托して賖斂《しやれん》国服つまり庶民が利益を上げたものを税として納めさせるもので仁政に反するとした。王安石は商鞅《しようおう》が秦の法制をさらに厳しくすることで富国をはかったように、苛政に追随するものとして論難した。

また竜渓に対しては、

良知を致さず、而して徒らに聖人の良法善政に倣ふは、則ち亦た大いに世を害なふ(33)

と格套論を批判した。そして大塩はここで良知に依拠する王陽明（一四七二〜一五二八）の言を引き、

「唐虞以上の治は、後世も復す可からざる也。之を略して可なり。三代以下の治は、後世法る可からざる也。之を削りて可也。惟だ三代の治は行ふ可し。然り而して、世の三代を論ずる者、其の本を明にせず。而して徒に其の末を事とす。即ち亦得べからずや」と。其れ三代の治は行ふ可しと曰ふは、則ち王子の志。周官在るを断じて識る可し。周公、三王を兼ねて思ひ、夜を以て日に継ぐを、幸ひにして之を得て云ふ。則ち三代の礼楽刑政、統括して皆な周官に在り。故に其れを三代の治と曰ふ。則ち蓋し周官を指す。又識可し。(34)

三代にわたっておこなわれてきた礼楽刑政がまとめられて『周官』となり、それ故三代の治とは『周官』に定めら

れたことを実行することでにあった。そして陽明によって行うべしとされた三代の治の為政者の心性について、大塩はさらに加注して、

又按ずるに明徳を明らかにするは、則ち親賢楽利ならざるなし。親賢楽利は便ち是れ親民の実の事。而して仁也。周官の総要にして、亦此れ在るのみ。横渠先生謂ふ所の、民に相ひ趨《おもむ》くは骨肉の如く使《せ》しめ、上の人は赤子を保つ如く、人を謀るに己の如く、衆を謀るに家の如く、則ち民を自ら信ず。是れ周官の田制を賛へるの言にして、究竟《ひつきやう》是れ経の親民二字に帰さん。而して楽利の事也。周官昔の大儒の尊ぶは、此れを以て也。(35)

為政者が『大学』で云う明徳を明らかにすることが親賢楽利で、この親賢楽利を実現させることが民に親しむの真である。それを一口に言えば仁であり、この仁こそが『周官』の要である。張横渠（一〇二〇～一〇七七）の注もそのことを云わんとしていた。このように大塩の『古本大学刮目』において三代の治、即ち民生を軸にした仁政と云う政治の内実が明らかにされたのである。それ故、仁政から逸脱した幕藩体制も政治の原点に回帰することが求められたのである。

4　大塩孔孟学の核心

『洗心洞箚記』に見られた孔孟思想の言説については、すでに第2章において述べたところであるが、その中で大塩思想を決定づけたものを改めて検証するとき、それは云う迄もなく太虚の思想であった。

道の大原は天より出づ（『漢書』董仲舒伝の語）。而れども由《ゆう》よ徳を知る者は鮮《すく》なし（『論語』衛霊公篇の語）、と。則ち道徳は乃ち聖学の極致たり。而して天の太虚は又た其の原本たること、居ながらにして知るべきなり。(36)

道の根源は天からもたらされたものである。しかし子路よ「徳の本当の姿を認識しているものは無い」と孔子が云

った。それは道徳が聖人の教えの到達点であり、天の太虚こそが道の根源であることを知らないからである。だから平素からそれをよく認識しなければならないと大塩は注釈した。また大塩は、

夫れ仁は虚より生ず。故に仁は即ち虚、虚は即ち仁、固《もと》より二有るに非ざるなり。故に今太虚を挙ぐれば、則ち仁は其の中に在り。夫《か》の文行忠信及び詩書執礼の如きは、要は皆亦た太虚に帰するの途逕階梯《とけいかいてい》のみ。[37]

と、社会生活上の最高道徳である仁が公正無私の虚から生まれることを明らかにした。そしてそこに至るための要訣として、

而して訣とは何ぞや。孔子の空空《くうくう》（『論語』子罕篇）、顔子の屢空《しばしくう》（『論語』先進篇）、是れのみ。[38]

ある時、孔子のところへ相談にきた村人に自分は何の先入観も持ち合わせない白紙＝無の立場であることを「空空如たり」と公正無私を表明した言葉であり、今一つは顔回の人となりに対して「回や其れ庶《ちか》からんか、暫し空なり」と太虚に帰した顔回の心性をほめた言葉である。

大塩はこの二つの孔子の言説から儒教こそが空概念としての太虚を、思想の中に導入した先駆的営みとした。そしてこの人知を超えた空概念としての太虚こそが、人間社会を形成する民に公正無私の立場から仁をもたらす実体的存在であることを開示するものであった。当然、大塩は朱子学的五倫も太虚に非ざれば皆虚偽とまで極言した。

そしてこの太虚の思想を継承したのが孟子であった。『劄記』においても、

孟子の「万物は皆我に備はる」（尽心篇・上）の説、心太虚に帰す者ならずんば、安《なん》ぞ分明に其の義に通ぜんや。[39]

「万物は皆我に備はる」とは現代風に言えば「万物のすべてを人間は認識することができる」という意であろう。しかしそのためには心を太虚に帰さなければ、その意味をはっきりさせることは出来ないと云うことである。心に何のわだかまりもない公正無私な無の立場に立たないと、物事の本質が見えてこないというのである。

さらに大塩は孟子の言葉を引いた。

> 心太虚に帰せざれば、則ち必ず物有り。物有りて動かずと謂ふ者は、便ち是れ告子《こくし》の強制の道にして、孟子の云ふ所に非ざるなり。孟子の動かざるは、即ち太虚を以てするなり。火に入つて熱《や》けず、水に入つて濡《ぬ》れず、何ぞ況んや区区たる富貴貧賤にして、而も之を動かすに足らんや。(40)

人間の心に太虚を取り戻さないと、必ず世間の物事にとらわれてしまう。世間の慣習の中にあっても心が動揺しないというのは告子流の無理に心を抑え込むもので、孟子が「公孫丑上篇」で云う不動の心ではない。孟子が心を動揺させないのは、心を太虚に帰しているからである。太虚の心はもはや自然がもたらす脅威からも侵されることはなく、まして俗世間の富や地位にも心を動かされるものではない。

孟子の言説から太虚の心としての不動心、それは公正無私な無の立場への大塩の共感であった。ここから大塩は聖人の心境に接近するために、気質の転換を日常生活の課題とした。そしてその工夫として孟子に倣い「浩然の気」(41)を求めることにつとめた。

大塩が孔孟思想から学んだ核心はまさに太虚の思想そのものであった。この確信から自らの学問を陽明学といわず、敢て孔孟の学とした所以は正にここにあったのである。

おわりに

大塩が古代中国の夏殷周三代の治や周官の制を理想の政治として認識したのは、『大学』に示された三綱領八条目、即ち、

> 大学の道は明徳を明らかにするに在り、民に親しむに在り、至善に止まるに在る。

天下に普遍的な大いなる学問の道は、英邁な徳を天下に示すことで、そのために庶民のおかれた状況を自ら認識し、

その時に考えられる最善を尽くすことにある。

これを実行に移すためには、

物を格して后に知に至り、知に至りて后意誠なり。意誠にして后心正しく、心正しくして后身修まる。身修まりて后家斉ひ、家済ひて后国治まる。国治まりて后天下平かなり。

の八条目の要件が達成されねばならないとされていた。そしてこの八条目を解読するキーワードとして、朱子学では格物致知の優先を説き、陽明学では正心誠意が八条目を貫徹するものとした。つまり『大学』で云われていることは為政者としての王の有るべき姿であった。王は常に庶民の代理人として正心誠意に庶民の暮らしが成り立つように、最高の英知を発揮してそれを実現させる、最高の徳を顕わす仁政の実現者であった。そのために為政者としての公正無私な心性が求められた。それが太虚の思想であった。この太虚の思想こそは三代の治を行なった聖王の心であり、その業績を後世に伝えようとした孔孟を先頭とする聖人君子の教えであった。そして大塩はこの東アジア的な儒学の珠玉を掘り当て、その再生に向かって時代を駆け抜けようとしたのである。

大塩思想は為政者に政治の原点を自覚させることで、幕藩体制の改革を求める思想であった。しかしそれがかなわなかったので自ら孔孟学の真義を貫いたのである。およそ歴史に目を閉ざすテロ史観などとは無縁の近代をめざす救民の思想であった。

註

（1）拙稿「大塩思想の原点としての『孝経』」『大塩平八郎と陽明学』和泉書院・二〇〇八

（2）古代伝説国家の夏についても発掘調査が進められ、二〇一二年にその実像が明らかにされた。

（3）鬼頭英一訳、ヘーゲル『歴史哲学講義上』p.171・春秋社・一九四九

(4)『同上』p.172～173
(5) 飯田貫一訳、マルクス『資本制生産に先行する諸形態』p.24・岩波書店・一九四九
(6) 鈴木俊・西嶋定生『中国史の時代区分』東京大学出版会・一九五七
(7) 野原・佐藤・上原共訳、郭沫若『中国古代の思想家たち上』p.6・岩波書店・一九五三
(8)『同上』p.15
(9)『同上』p.16
(10)『同上』p.17
(11) 中村篤二郎訳、李亜農『中国の奴隷制と封建制』p.22・日本評論新社・一九五六
(12) 西嶋定生『中国古代の社会と経済』p.25～26・東京大学出版会・一九八一
(13)『同上』p.34
(14)『同上』p.38
(15)『洗心洞箚記』下巻・一二三条、『佐藤一斎・大塩中斎』（日本思想大系46）・岩波書店・一九八〇
(16)『孟子』滕文公篇
(17) 前出『洗心洞箚記』上巻・七条（但し一部の読み下し文は森田による）
(18)「後自述」『同上』p.365
(19)『同上』上巻・一四条
(20)『同上』上巻・四一条
(21)『同上』上巻・五四条
(22)『孟子』公孫丑篇上
(23) 前出『洗心洞箚記』上巻・五四条
(24)『同上』上巻・一二四条
(25)『同上』下巻・六三条においても、朱子の新民観に対する批判を展開するなかで、親民観の原義を確認していた。
(26)『同上』上巻・一六〇条

(27)『同上』下巻・二三条
(28)『同上』上巻・六五条
(29)『同上』上巻・一五一条
(30)『同上』
(31)『古本大学刮目』『日本倫理彙編3』p.333・育成会・一九〇一
(32)『同上』p.333
(33)『同上』p.334
(34)『同上』p.334〜335
(35)『同上』p.335
(36)「後自述」前出『洗心洞劄記』p.363
(37)『同上』p.365(但し一部、読み下し文は森田による)
(38)『同上』p.365
(39)『同上』上巻・一八条
(40)『同上』上巻・二〇条
(41)『同上』下巻・四五条

第5章　大塩平八郎『檄文』の思想

はじめに

大塩の『檄文』に込められた思想については、これまで救民のために腐敗した現状の打開をめざす大塩陽明学思想の発露とする評価がなされる一方で、幕藩体制擁護の思想として近世朱子学と体質を同じくするものとして評価されてきた。なぜ大塩にとって重要な檄文をめぐってこのように対立する解釈がなされてきたのか、その問題点を明らかにして両者の思想的系譜をたどりながら、改めて檄文に見られる思想的背景を明らかにしてみたい。

1　『檄文』の思想

「四海こんきゅういたし候ハバ天禄ながくたたん、小人に国家をおさめしめば災害並至と」[1]で始まる『檄文』冒頭の言説は、云うまでもなく『古本大学』最終章のもので、大塩の政治学を述べた『古本大学刮目』の政治思想が檄文に投影されていたのは当然のことであった。それ故ここで指摘されていた幕閣官僚批判は、江戸・大坂を問わず広く幕府中枢に対する批判であった。

しかし徳富蘇峰は『檄文』の対象を「大阪の町奉行と大阪の金持ち」だけに限定した。それは大坂で起こされた事件として直接の攻撃対象は大坂城代であり町奉行であったが、大塩の意図は体制そのものの腐敗を問題にしていたのである。『建議書一件』の存在はそのことを何よりも明確に物語るものであった。

また蘇峰は大塩の乱を学者としての意識的行動ではあるが、本質は農民一揆と同然のものと認識するなかで、

> 固《もと》より檄文の中には、神武帝御政道とか、天照皇太神とかの文句あれども、彼は楠公を以て自から擬したのでなく、湯武を理想とした。即ち『民を弔ひ君を誅す』が、彼の目的であつた。此処に君とあるは、徳川幕府の主宰者たる将軍でなく、寧ろ其下にある吏僚を斥《さ》したることは、改めて理る迄もない(2)。

と断定し、大塩が天照皇大神や神武帝に言及したことも幕末の主体的な尊王論とは異なる古代の理想化で、大塩が本当に理想としたのは儒教的聖人としての湯武であることから、彼の民を弔い君を誅すとは徳川将軍そのものではなく配下の官僚層であると矮小化した。

蘇峰はさまざまな事例を挙げて論じているが、思想史的分析のない事実の経過からの断定には誤りがある。例えば『古本大学刮目』を注意深く読むと、明らかに為政者としての君主が批判され(3)、それに対して君主に仕える官僚層は小人として区別されていたように、君を誅すとは為政者としての最高責任者である将軍でなくて誰であろうか。しかし蘇峰のこのような見解が岡本良一にもそのまま継承されていた。即ち、

> 檄文を精読すれば、激越な批判の対象になっているのは、つねに政治の要路にある役人、すなわち上は老中から下は町奉行の下僚に至る官僚たちであって、けっして幕藩制度そのものでもなければ、将軍でもないことが容易に看取できる(4)。

同様に天皇観についても、

> また檄文には天照皇太神・神武帝がうやうやしくかつぎ出されてくるが、これとてもけっして言われるように彼の尊皇心を証明するものではない。もし彼に熱烈な尊皇精神があったとするならば、彼の手に成ったかずか

ずの著作のなかには、当然それを思わせるべき何らかの言辞があってしかるべきであろう。(5)

と、大塩思想に尊王心は無縁なものとしているが、これまた蘇峰以来の解釈を踏襲する以外の何物でもなかった。そのうえで岡本は大塩が天照皇大神を『檄文』に持ち出されたことに関して、

思うにこれは、当代の儒者たちが仰いで精神的祖国としたところの、隣邦中国の理想境ないしは聖人・賢人を本地とし、垂迹説を儒教的に解釈したところからきたものと考えることはできないであろうか。それによって、天照皇太神は堯舜に比定せられ……堯舜＝天照皇太神となり、「中興神武帝御政道」の「気象に恢復」したいという表現のもとに、神武帝御政道は三代の治に比定せられて、到達しうべき理想境として現実の追求目標にされたと考えたい。(6)

と、儒教的垂迹説として天照皇大神を堯舜と同じ古代の聖王とし、神武帝をその理想を再現した三代の治と位置づけていたように、古代政治の理想化とする点では蘇峰と同じ視点であった。そのうえで両者は大塩に尊王論が欠落しているとした。

それでは大塩に尊王の精神が欠落していたかと云えば必ずしもそうではない。幕府内に聖人の再来が期待できなくなったとき、大塩は天皇への改革者としての期待を募らせていたことが『洗心洞詩文』（拙著『大塩思想の可能性』所収）のなかに窺える。例えば、

臘月《ろうげつ》野外《やがい》ニ口号《こうごう》ス、愛宕《あたご》鞍馬《くらま》ノ諸嶺《しょれい》ハ雪中《せっちゅう》ニ埋《うも》レ故《ゆえに》句中《くちゅう》之《これ》ニ及《およ》バン
橋柳《きょうりゅう》 糸《いと》ヲ生《う》ミ岸梅《がんばい》蕾《つぼ》ム
回陽《かいよう》未《いま》ダ解《と》カズ我《わ》ガ心憂《しんゆう》
帝城《ていじょう》 遥《はる》カ雪山《せつざん》ノ下《した》ニ在《あ》リ
貧窶《ひんろう》ニ貴富《きふ》ノ裘衣《きゅうい》無《な》カラン（詩文番号36）

出来るものなら天皇にお会いしたい。それゆえ雪の積もる冬、愛宕鞍馬の山に登り遥かに御所を拝する大塩に、尊王の精神が欠落していると云えるのであろうか。大塩は幕府に代わる政治改革者としての聖人像を天皇にも期待したのである。これから見ても幕末尊王論から大塩を切り離す蘇峰から岡本に至る立論は成り立たないのである。

『檄文』をめぐる今ひとつの批判は、大塩が民衆の味方ではない偽善者とする宮城公子説があった。宮城編の『日本の名著27・大塩中斎』によると、

大塩が農民の窮状を憐れみ民衆教化に腐心したことをもって、大塩が愛民主義者とするのはあたらない。実はこの愛民主義には隠れた別の一面があるのを忘れてはならない。「蒼生菜色飢饉之時、一方一村落成共孝悌之道を心得躬行為致置候ハバ、心得違も不法仕ものも自ら少く」(天保四年十二月付、大溝藩藤田小太郎等宛書簡)(7)飢饉で民衆の青白い顔が見られる時、民衆の心得違いや不法、つまり騒動や百姓一揆をなくすために孝悌の道を説くことで不法者を防止することが出来る。つまり騒動や百一揆をなくすために孝悌の道を説く可しと大塩が大溝藩士にすすめたというのである。

このことは民衆からみれば、単に法度や法令という外的規制によってのみならず、子が親に懐かれるように生命の一体性において、為政者に包摂されることとなるのはいうまでもない。大塩は騒動や百姓一揆を道徳的に規制するため、親子関係の道徳としての孝を説くことで民衆の騒乱を事前に排除しようとしたというのである。

しかしこの書簡はそのような民衆の抑圧を示唆するものではなかった。書簡を注意して読むと次のように述べられていた。

……この節畿内侯家藩臣重役の内、憤発入門、良知を致すの学に志し候向き出来、近衛殿領地摂州伊丹豪富の者、ならびにその地一同良知を信奉仕り候様相成り、弟子ども教授に遣わし御座候につき、蒼生菜食飢餓の時、(8)

とあるようにここで云う孝悌の道とは良知を致す学の別言で、大塩学においては孝は至徳要道の位置にあり仁その

ものであった。(9) それ故、為政の立場にあるものが体得すべき資質であるところから「畿内侯家藩臣重役」が率先して入門したのであって、決して民百姓の親への世俗的孝養を説くことで、一村の飢饉が克服されるなどと述べるような腐儒ではなかった。為政者が自分の親に孝養を尽くす心で民百姓に仁政を布くことこそが、農民騒擾を回避させる道としたのがこの書簡の趣旨であった。従って民を思う心において大塩には少しのぶれもなかったのである。

なお宮城は大塩が天保四年の飢饉に際し、しばしば摂河の村々を巡回したことを、

> 大塩を、不穏な状況を示す各地の農村へ足繁く駆り立てたものである。(10)

と、あたかも農民に騒擾事件を起こさせないために視察したかのような記述であるが、彼の書き残した『洗心洞詩文』では農民の心情にふかく同情して、

> 蘋花《ひんか》ノ蒲剣《ほけん》　風《かぜ》ニ戦《おのの》キ開《ひら》ク
> 識可《しるべ》シ依然《いぜん》と祖税《そぜい》ヲ催《うなが》サル
> 蛩虫《きょうちゅう》草《くさ》ニ鳴《な》ク声《こえ》尤《もっと》モ切《せつ》
> 訴《うったう》ル似《ごと》シ　農人《のうじん》荒耗《こうもう》ノ哀《あわ》レヲ（詩文番号81）

と詠んでいたように、大塩の視察は悪天候に悩む農民生活への憂慮であった。彼の庶民を詠んだ詩文には官僚的傲慢の一かけらもないのが特徴である。『檄文』はまさにこのような農民のおかれた逆境に対して為政者として本来あるべき仁政の回復を求めて、幕藩体制の社会腐敗を告発する思想宣言であった。それは大塩の眼前にあった天下り官僚の腐敗攻撃に始まり、その背後にそれを許容した体制批判であったことを見逃してはならない。

しかしこれまで大塩の乱を地方の事件として押し止めようとする根強い風潮があり、それを支えたのが蘇峰のイデオロギーであり、岡本・宮城らの偏見史観で正当化されてきたことは明々白々である。

2 『檄文』の歴史観

大塩が事件を起こすにあたって彼をつき動かした歴史観について検討してみよう。およそ『檄文』には三つの歴史思想が認められた。まずその一つが冒頭に述べられた、

> 四海こんきゅういたし候ハバ天禄ながくたたん、小人に国家をおさめしめば災害並至と、昔の聖人深く天下後世人の君、人の臣たる者を御誡被レ置候ゆへ、東照神君にも鰥寡孤独《くわんかこどく》において尤もあわれみを加ふへくは是仁政の基と被二仰置一候、然るに茲二百四五拾年太平の間に、追々上たる人驕奢とておこりを極、大切の政治に携候諸役人とも、賄賂を公に授受とて贈貫いたし[1]

とある、小人による国家財政の支配が国を傾けるとする『大学』最終章の、財用の道において指摘された儒教的歴史観がそれであった。為政の掌に携わる官僚から下級の役人に至るまでが賄賂にまみれていた、幕藩体制社会の腐敗が極点に達していたことが儒教的仁政の立場から告発されていたのである。それ故、大塩の『古本大学刮目』を政治学の書として位置づけたのは、このような儒教的政治原理が述べられていたところからである[11]。

『古本大学』が理想とした政治は堯舜に始まり周公に至る中国古代国家であった。大塩はこの三代の治への回復を理想とした。しかし檄文では自らの非力を告白して湯王武王の勢位なく、孔子孟子の道徳もなければと、地方役人としての限界と聖人としての徳の欠如について言及し、そのため堯舜、天照皇大神の時代に復しがたくとも、せめて過重な負担の年貢諸役からの軽減による次善の策として、却って神武帝御政道の通り寛仁大度の取り扱いにいたし遣すという現実的に見て達成可能な目標を提示した。

ここでこれまで政治の理想としてきた三代の治に代わる第二の歴史認識として神武帝の政道が掲げられた。

日本の歴史に聖人を求める視点については頼山陽との接点を考えなければならない。大塩のこれまでの著作においてはその殆どが中国の事例を挙げて論じられてきたが、この『檄文』において初めて『日本書紀』の事例が掲げられた。これは『日本外史』を書いた山陽から『日本政記』の開巻に述べられた神武帝の論賛からの示唆が考えられる。

　文政末年から天保にかけての二人交友関係からみて『日本外史』を介した論議の中で、山陽の神武帝評価がそのまま大塩にとっての聖人像となったと推測される。このように二人が聖人像を共有することで山陽史学と大塩の陽明学が共通の目標を見い出していたといえよう。『日本政記』において、

　旧志に称す、帝の徳は明達豁如《くわつじよ》たりと。帝、新たに諸県を得、これが首長を署《お》くに、皆疇昔《ちうせき》の兵を抗し刃を反《かへ》せし者、仍りてこれを用ひ、変更する所なし。その恩に感じ、力を民に効《いた》し、民も亦これに便安《べんあん》すること、知る可きなり(12)。

とあるように、神武の為政者としての公正な識見が評価され、ともすれば後世の庸主が自分との親疎で忌みはばかったのとでは大違いであると、政治の公に対する私の在り方が批判されていた。それはまた東照公への大塩の尊敬と山陽の評価においても共通するものがあった。例えば家康の人を用いるうえでの反省として、

　凡そ天下の乱は、主将の欲を縦にして宰臣の権を専らにするに起こる。民の膏血を浚へて、之を府庫に盈つるを、目して能臣と曰ふ。是れ君の為に怨みを蓄ふるのみ(13)。

や、また朱子学的な為政者への一方向通行の忠概念に対して、家康の認識として山陽が示したものは、

　凡そ所謂忠とは、豈独り徳川に忠なるのみならんや。乃ち天に忠なるなり。我もまた天に忠なる者なり。故に天、之に授くるに大柄を以てす。然れども自ら其の柄を有し、驕奢怠堕、以て生民を虐せば、則ち天将に之を奪はんとす(14)。

このような山陽の歴史観は大塩の『大学』から学んだ歴史認識と齟齬するものではなかった。それ故、乱に際した『檄文』において庶民の親しむ天照皇大神の血を引く神武帝の明徳や天意に従う公正無私の家康像は、二人の歴史認識において共通する重要な文脈であった。

そして第三の視点が天の戒めとしてあった災異説である。即ち、

人々上を怨さるものなき様に成行き候得共、……人々の怨気天に通し、年々地震火災山を崩、水も溢るより外、色々様々の天災流行、終に五穀飢饉に相成候、是皆天より深く御誡の有かたき御告に候へとも、一向上たる人々心も付ず、(1)

云うまでもなく災異説は中国前漢の武帝の時、儒教が国教化されるなかでその中心人物である董仲舒により主君の失政に反省を求めるため、天人合一観のもとに導入されたのが災異説であった。(15)それは自然界において発生する洪水、旱魃、日食、地震などによる自然災害に見られる異常現象を、君主が天意に外れた行為をしたときに現われるとして警告するもので、さらにその過ちを続けた場合は天責を受けて国を滅ぼすとする思想であった。この災異説はすでに我が国においても奈良時代の『続日本紀』に見られた歴史認識であったが、大塩はこの天責論を掲げたのである。ちなみに菊池容斎の描く大塩の肖像画のそばに渾天儀が描かれている。それは自然の異常現象を誰よりも早く察知するための天体観測のためのものであった。およそ大塩はこのような歴史観の上に立っていたのである。

3　事件の目的

仁政回復の為に天意を受けた事件という歴史観からみて、大塩が乱を起こした理由は明白であるにもかかわらず、これまでその直接の動機につては大坂という地方的都市での事件とする見解が幅をきかせてきた。しかし近世社会

という全体構造の中で考えたとき、大塩の乱は単に地方の事件としては済ますことが出来ない。そのような歴史の歪曲に異議を申し立てなかった大塩研究の在り方が問われねばならない。

事件の目的を幕府の根幹から切り離したのは徳富蘇峰の『近世日本国民史』であった。彼は『檄文』から、

此にて見れば彼の対象は、役人と金持だ、平たく詳《つまびらか》に云へば、大阪の町奉行と、大阪の金持町人だ。彼等の行為が、人民に不利であるから、天に代りて人民の為めに、誅戮を加ふると云ふことだ。而して大名の倉米や、金持の穴倉に貯へたる金銀や、悉く之を人民に分配するから、いざ大阪に騒動起りたりと聞かば、直ちに駈け付けよと云ふに止まる。此れが果して彼の本音とすれば、大塩は決して幕府顚覆を心掛けたのでなく、皇政復古の運動を開始したのでもない(6)。

と、大塩の乱の評価を貶めた。大坂の町奉行や大商人から金品を取り上げ貧民に分配して救済するだけでは、反幕府行動ではなく単なる地方事件にしか過ぎないというのである。大塩が幕府中枢の人物ならいざ知らず大坂の町与力出身の下級役人であったことを思うとき、直接的には幕府顚覆の計画などは立てようもない行為であることは分かりきったことである。大坂に天下ってきた官僚と天下の経済を掌握する大商人は、単なる地方都市の事件の対象ではない。天下り官僚は江戸にもどれば権力の中枢に進出する幕閣官僚層である。そのために大坂で必要な金銭を調達することは幕閣官僚層にとって必要悪であった。それを批判し告発することはもはや地方的事件ではない。幕藩体制そのものの構造的在り方を問うものであった。

貧民層への金銭の分配は、我が国でも中世末の戦国期における合戦で、それに従軍する雑兵に戦利品の略奪を許した歴史もあるように、不正の蓄財に対して飢饉に苦しむ貧農層を初めとする都市下層民に、当座の生活費として略奪させるのが乱の手法であって、そのことを以て乱の性格を矮小化することは歴史の性格を見誤るものでしかない。

大塩の乱のめざすところはあくまでも道理や天意にもとる、支配の在り方そのものに反旗を翻すものであった。

しかし蘇峰はその現象面からしか大塩の乱を認識しようとはしなかった。

蘇峰が『近世日本国民史』の「文政天保時代」を書き上げたのは大正十五年のことであった。彼は大正期の社会運動の高まりの中で、社会主義的潮流への違和感を持ちはじめていた。それはすでに森鷗外の歴史小説『大塩平八郎』に見られた思想でもあった。(17)

鷗外もこの小説のなかで事件の性格について　門人宇津木静区に次のように語らせていた。

先生はざつとこんな事を説かれた。我々は平生良知の学を攻《をさ》めてゐる。あれは根本の教だ。然るに今の天下の形勢は枝葉を病んでゐる。民の疲弊は窮まつてゐる。草妨礙《くさばうがい》あらば、理亦宜しく去るべしである。天下のために残賊を除かんではならぬと云ふのだ。

そこで其の残賊だがな。……先ず町奉行衆位の所らしい。それがなんになる。我々は実に先生を見損なつてをつたのだ。先生の眼中には将軍家もなければ、朝廷もない。先生はそこまで考へてはおられぬらしい。

鷗外のこの断定が蘇峰にもそのまま引き写されていたのである。そしてこのとき鷗外は平八郎が当時の社会秩序を破壊して望みを達せようとした、平八郎の思想は未だ醒覚せざる社会主義である、と大逆事件と合わせて社会主義思想への危惧を表明していたのである。そこから救民救済としながらも権力の中枢から離れた大坂町奉行を対象とする事件として、大塩事件の中途半端さを強調して見せていたのである。

このような鷗外以来の地域権力を相手とした事件とする、歴史の矮小化を踏襲したのが蘇峰であり、岡本の『大塩平八郎』であった。岡本は『檄文』を精読すれば、激越な批判の対象になっているのは、政治の要路にある役人、すなわち上は老中から下は町奉行の下僚に至る官僚層で、幕藩制度そのものでもなければ、将軍でもないことが容易に看取できると主張していたように、大塩が非難したのは目の前の奉行関係の人間だけで、幕閣中枢には及んでいないとするものであった。

しかし『大塩平八郎建議書』を見れば勘定奉行の矢部定謙や同じく勘定奉行にまで昇進した内藤矩佳をはじめ、文政九年に大坂城代であった宮津藩主松平宗発のような幕閣中枢の人物までも告発されていたことがわかる。[18]

大塩の『檄文』を精読すれば、その冒頭に四海困窮していれば天禄が長く続かず、小人に国家をおさめさせれば災害が並び至る、と昔の聖人が天下後世の人の君や人の臣たる者を誡しめられたので、東照神君も身寄りのない者などに仁政をしかれたが、その後太平の世になれ従う中で上たる者が驕りを極め、政治を任された官僚層が賄賂を公然とやり取りすることが社会の退廃の基となったと大塩は指摘していた。ここで君とはだれを指す言葉であろうか。その君に政治を委託されたのは幕府中枢の官僚層ではなかったのか。大塩は事件の性格上、大坂の現状も述べる必要があった。そこで大坂城代や町奉行とその配下の悪徳について触れる必要があった。そしてこれらのものを攻撃の対象にしたが、その背後にある幕藩体制について決して肯定するものではなかった。

それではなぜ、大塩は簒奪者であることを自ら否定したのか、彼は自らの行為を一揆・蜂起とは違う政治改革としながらも、

我等一同心中に天下国家を簒盗いたし候慾念より起し候事にハ更無之、日月星辰の神鑑にある事にて、詰る処は湯・武・漢高祖・明太祖民を吊、君を誅し、天罰を執行候誠心而已にて[1]

とあるように幕藩体制の打倒ではなく、「君を誅し天罰を執行」するとあるように家康によって始められた仁政の回復がその狙いとする所であった。そのため儒教精神を忘れた将軍をはじめ君側の奸を批判の対象にするものであった。

この家康の昔に帰ることを熱烈な幕藩体制の擁護者と見るか、庶民生活の改善を軸とした公正な政治改革者と見るかは『檄文』の思想を通した歴史認識の問題である。[19] 試みに近世幕藩体制下において政治の中枢部で、大塩に類する行為があったか否かを考えても、大塩の乱の政治的性格を矮小化させてはならない。庶民の生活を政治的に公

正に位置づけ、政治権力の肥大化の抑制を自覚することはまさに近代化に向けた精神的営みであった。

おわりに

大塩の『檄文』について大塩事件を軸に歴史研究を進める大阪の大塩研究会は『大塩平八郎を解く』において、檄文には大塩の挙兵に際しての、政治革命と窮民の思想が余すところなく述べられ、その名文は読む者の心を打って止みません。

大塩はこの訴えを農民、とくに小前百姓に至るまで呼びかけていますが、こうした政治改革や救民を目的とした挙兵に、下々の人民へ決起を呼びかけたのは、歴史上大塩が初めてではないかと思われます。(『大塩平八郎を解く』)[20]

と、『檄文』が救民を対象とした政治革命としてとらえられ、その決起にこれら最底辺の小前百姓まで大塩によって参加が呼びかけられた歴史的意義が述べられていた。

このように「大塩研究会」では事件を幕藩体制への転換をめざす政治革命と位置づけられていたが、大塩の意図は仁政の回復としての政治改革というべきではなかったか。もし革命であれば大塩が否定した天下国家を簒盗することになるのではないか。簒盗するのでなければ政治を東照宮の昔に返して仁政を敷くことではなかったか。そうであれば天命を革めるというのではなく、政治の不公正を改めるのが大塩の立場ではなかったか。

ちなみに孟子の王道論によると力により仁を行なうのが覇であり、そのために覇者は大国を我がものとしなければならない。それに対して徳によって仁を行なうのが王者で、王は大国を持つ必要がないとされていた。[21]

その意味からすれば、大塩は覇者でもなければ王者でもないことを告白していたように、自らの立場を自覚するなかで捨て石になって仁政の回復を期待する狂狷《きやうけん》であった。しかし大塩のめざす改革も幕藩体制の転換がない限り実現する可能性は極めて乏しかったことも事実であった。だからこそ大塩思想は近代に向けて時代を切り拓こうとしていたのである。

これらの経緯からしても、改革への協力者として村々の小前百姓が呼びかけられたのではなかったことがわかる。それ故、小前百姓はあくまで事件当日大坂に駆けつけ、大坂の豪商から奪った米と金の配分を受けるものとして位置づけられ、事件に直接参加する同盟者ではなかったことも押さえておくべきであろう。

乱に参加したのは陽明学に開眼した門人を中心としたものに限定することで、百姓一揆との違いも強調された。その際、被差別部落の者たちが乱に参加を要請されていたのは、政治改革において身分的解放の可能性が示唆されていたことが『史記』樊噲伝を媒介に共通認識として存在していたからである(22)。

しかし全体としては下級武士と富農層からなるエリート集団による決起であったことは間違いない。その意味からいえば鷗外の言うような米屋壊しの乱でもなければ百姓一揆とも異なる、思想集団による「君を誅し天罰を執行」する政治的抗議を宣言するものであったと云えよう。

為政者の私利私欲への自省は大きな政治転換なしには受け入れられないものである。『檄文』は政治の私物化から政治の公共性が問われていたのである。それはまさに頼山陽の『日本外史』が追及した課題でもあった。大塩もこの問題意識を共有していたのである。『檄文』の恣意的解釈は克服されねばならない。

註

（1）『檄文』幸田成友『大塩平八郎』附録p.33以下参照・東亜堂書房・一九一〇
（2）『近世日本国民史・文政天保時代』p.349～350・民友社・一九三五

（3）『古本大学刮目』の「仁者ハ財ヲ以テ身ヲ発ハス、不仁者ハ身ヲ以テ財ヲ発ハス」の条に対する後素の按語を見よ。『日本倫理彙編3』p.426以下参照・育成会・一九〇一
（4）岡本良一『大塩平八郎』p.105・創元社・一九七五
（5）『同上』p.107
（6）『同上』p.107～108
（7）宮城公子編『日本の名著27・大塩中斎』p.46・中央公論社・一九八四
（8）相蘇一弘『大塩平八郎書簡の研究・第三冊』p.654・清文堂・二〇〇三
（9）拙稿「大塩思想の原点としての『孝経』」『大塩平八郎と陽明学』所収・和泉書院・二〇〇八
（10）前出・宮城『大塩中斎』p.46、同『大塩平八郎』p.151参照・朝日新聞社・一九七七。同様の誤りは荻生茂博『近代・アジア・陽明学』p.218～219、ぺりかん社、二〇〇八、においても繰り返されている。
（11）前出『大塩平八郎と陽明学』
（12）『日本政記』（日本思想大系49）p.11・岩波書店・一九八〇
（13）『日本外史』（全訳詳解漢文叢書2）p.1424・至誠堂・一九二六
（14）『同上』p.1425～1426
（15）赤沢・金治・福永編『思想史』（中国文化叢書3）p.94・大修館書店・一九九七
（16）前出『近世日本国民史・文政天保時代』p.349
（17）拙稿「大塩研究からみた鷗外歴史小説『大塩平八郎』」『大塩思想の可能性』所収・和泉書院・二〇一一
（18）仲田正之編校訂『大塩平八郎建議書』p.13・文献出版社・一九九〇
（19）大塩の乱で徳川家康を祀る川崎東照宮が焼かれたことは、大塩にとって乾坤一擲の済世への決意であった。それ故、自らの行為が仁政に結びつかなかった場合は、幕府の崩壊も止むなしと考えたのであろう。
（20）『大塩平八郎を解く』大塩研究会編・一九九五
（21）重沢俊郎『中国四大思想』p.54・日本科学社・一九四八
（22）「大塩平八郎の被差別民観」前出『大塩平八郎と陽明学』所収参照

第6章　大塩の天文学的関心

はじめに

菊池容斎の描いた大塩平八郎の肖像画を見ると渾天儀と象限儀を前にして描かれている。これを見てもわかるように大塩が天文学に深い関心を持っていたことは、彼の詩文や門弟の記録などからも窺える。大塩は天文学の研究者ではないが、天体の運行に強い関心を持っていたことは間違いない(1)。大塩について公正な研究として定評のあるのが幸田成友『大塩平八郎』であるが、大塩の天体観測が為政者批判のためであるならば、それは少し時代錯誤ではないかと暗に批判していた。即ち、

文政の末から天保に亙り、天屢《てんしばしば》この土に災を下したは檄文にある通りだ。即ち文政十一年には九州に大水があるし、天保元年・三年・四年及び七年は風雨時を得ずして諸国凶作となり、四年七年は殊に激しかった。天災の降下を以て上役人の不徳を戒めるものとするのは古い支那流の考で、その当否は弁ずるまでも無いが(2)、

自然と社会を二分する認識論はデカルト以来の近代合理主義で、幸田の歴史観もそれに従っていた。それ故、天災を単純に為政者の責任に帰すことはできないとするのは当然であった。しかし長期にわたる災害については為政者の適切な救済策がない場合、それは為政者の不徳の問題として人災たりうるものである。しかし時代は近代化に向かって進みつつも、いまだ前代のベールを脱ぎ捨てるまでには至っていなかった。

大塩の天文学への関心については、近年、相蘇氏により取り上げられ、天災異変や凶作、飢饉を「天の怒り」と考える大塩は、天体の異常現象を天の意志の現われと考え、それを知るため日常的に天体観測を行っていたのである。(3)とその目的が説明されていた。しかし大塩思想との関わりにまでは触れられていない。

そこでなぜ大塩が天文学に関心を抱くようになったのか、その時代背景とさらに大塩思想そのものから考察することにしたい。

1 近世大坂の天文学

大塩の天文学への関心は彼の思想とも関係はあるが、その前に大塩の生まれ育った大坂が近世における天文暦学研究の中心であり、さらには洋学研究においても商人の町としての好奇心に満ちた雰囲気が、博物学の木村蒹葭堂（一七三六～一八〇二）やエレキテルの研究をした山片蟠桃（一七四八～一八二一）などの優れた人材を生み出した土地柄であったことも指摘できよう。

その中心にあったのが豊後杵築藩の儒者の子として生まれた侍医の麻田剛立（一七三四～九九）で、自分の志す天文研究のために脱藩してまで大坂に出て、ここで束縛されることなく天文暦学の研鑽に没頭した。そこから『崇禎暦書』『暦象考成』などを著わし、中国天文学の伝統を継承しながらも西洋天文学をも参酌し、暦学に数学的合理主義を導入して実証性を高めようとした。(4)

この麻田の高弟にケプラーの天体論を導入し、これまでの円軌道の惑星運動を楕円軌道とすることで、より正確な天体運動の把握に努めた高橋至時（一七六四～一八〇四）と、自ら天体観測するために観測に必要な測定器類の改良開発に貢献した富裕商人出身の間重富（一七五六～一八一六）・重新（一七八六～一八三八）父子があった。このように大坂は東西の知識を駆使した最先端の実証的な天文学研究の地であった。

ところで近世社会における天文学的関心はもっぱら正確な暦を作ることにあった。しかもそれを主管するのは古来より為政者の支配下におかれていた。古代社会には日嗣皇子として天皇の最重要な職務であったが、それが平安期になると官制に従い土御門家の職掌になり、陰陽頭・陰陽博士・天文博士などとして暦の作成に関与した。さらに下って近世になると天皇に代わって政治権力を行使した幕府の職務として継承されるようになった。

まずその始まりは天文暦法家の渋川春海（一六三九～一七一五）が幕府への再三にわたる上表により、これまで手の付けられなかった改暦事業に着手した。それによると元代に作成された中国渡来の授時暦を、彼我の経度差を修正しただけの中国暦法を踏襲した貞享暦（一六八五年実施）の完成であった。そして春海はその功により幕府天文方に任ぜられた。

しかしその後、貞享暦にも不備があるところから改暦事業に着手したのが、蘭書の解禁を行なった徳川吉宗であった。吉宗は西洋天文学への強い関心から、長崎の西川如見（一六四八～一七二四）の子・正休（一六九三～一七五六）を天文方として招いて改暦に当たらせた。しかし吉宗の没後、改暦権を失った陰陽頭土御門泰邦により西川正休は失脚させられ、事業も頓挫した。そしてなんの改良もないまま宝暦暦（一七五五年施行）が出された。その結果、四十年の間に三度も暦が天体の運行に先立つという齟齬をきたし、官暦の権威を失墜させた。

もはや官に人材はなく、大坂の麻田門下だけが天文暦学の名声を欲しいままにしていたので、幕府は麻田に改暦事業を託した。しかし麻田は高齢のため門弟の高橋至時と間重富を推挙した。

かくして寛政七年（一七九五）に出府した二人は、直ちに清朝の梅文鼎が書いた西洋天文暦法を記す難解の書『暦象考成後編』から『暦象新書』八巻を作成し、我が国初の西洋天文学を取り入れた寛政暦（一七九八年施行）を完成した。そしてさらにラランデの蘭書から直接コペルニクスの天体観やケプラーの惑星の楕円軌道説を学び、実証的観測を深めるなかで天保暦につなげていった。このように大坂は天文学と暦学に関するかぎり一番優れた研究の地であった(5)。このような近代的天文学の展開に大塩は身近に接して啓発を受けていたのである。

2　間重新との関係

宝暦六年、間重富は大坂長堀富田屋橋北詰の地に豪商の第六子として生まれたが、長兄らの早世により間家七代目を継いだ。そのため幼名は孫六郎と呼ばれ、字は大業、号して長涯と称した。彼の天文学への関心は、算学や漢学を修めるなかで幾多の暦書を読むことで麻田剛立の門に入る前から開始されていた。そして三十歳頃にさらにその蘊《うん》を究めるために先事館に入門したといわれている。因にこの頃の天体観測記録が残され、それによると、

天明六年丙午正月元旦ノ日食ハ官暦ニ皆既ト記ス、此食大坂ニ於テ実験スルニ、月体小ニシテ日体ノ周辺ニ寄ルモノノ如シ(6)。

とあることからも、この頃すでに天文暦学への専門家になっていったのであろう。

当時、西洋天文暦学に関心のあるものは、中国にもたらされたイエズス会士系の西洋天文学の知識を媒介にした、中国暦の背景にある天文学的知識に関心が集まった。そのため『崇禎暦書』や『暦象考成』上・下編が読まれたが、ケプラーの楕円軌道説などを取り込んだ『暦象考成後編』は稀覯本でなかなか入手できなかった。しかし重富の物心にわたる努力により入手できたので、麻田一門の西洋天文学に関する新知識は大いにあがった。そしてこれが寛政の改暦に大きく貢献することになったことは云うまでもない。

天体観測を重視する麻田派の一員として重富の観測記録も寛政元年（一七八九）十月朔日の日食分から残されて

いたように、自らも観測するために観測器具について色々と改良工夫を加えた。そして『ラランデ暦書訳解』（文化元年）、『垂球精義』（文化二年）など多くの著作を残して重富は文化十三年（一八一六）にこの世を去った。

この父の天文暦学を継承したのがその子・確斎コト重新で、時に三十一歳のことであった。重新もすでに一流の天文観測者で幕府からも天文暦学御用を命じられた。重新はその著『彗星概説』（文化八年）において、

如此ニ古測ヲ記スモノ西洋ノ精密タル所以ナリ、此ノミヲ以テモ天学ハ本邦漢土ノ如キモ、彼ノ窮理ニ及ヒ難キユヘニ、多ク准スルモノアリ。然ドモ徒ニ彼説ニ従フモノニアラズ。本邦ニ於テモ自己ニ測記ヲ製シ、術理ヲ校正シ、其理ノ解シ難キニ於テハ常ニ之ヲ思ヒ又之ヲ思ヒ、其思ヒヲ積ノ久キ終ニ氷解スルコトアリ。既ニ氷解ニ至テハ西洋説ニ符号スルモノアリ、又偶々西洋ニ勝ルモノアリ。(7)

と、西洋天文学への賛意と自らの観測技術の精度を自負する心意気に満ちた文章を記していた。このように観測に関して誇りをもつ重新は、当然、父に劣らず私財を投じて観測機器の開発に努力した。そのなかから優れた望遠鏡製作の技術者としての国友籐兵衛を育てた。

重新は文化五年、文政十年そして天保四年と出府した。この最後の出府は、かつて父と共に寛政の改暦に携わった盟友高橋至時の子・景保の関係した、シーボルト事件の後であったので蘭学者はその連座を恐れた。そしてその帰坂に際して大塩平八郎とは何かと語りあったらしく、大塩の佐藤一斎宛の手紙に、

間生も何ニ歟嫌疑を恐居ル躰ニ相見申候(8)

と述べられていたように、江戸での蘭学者に対する警戒心から重新もなにかと重苦しい雰囲気につつまれた。

それにしても大塩と重新の関係は学問を越えた信頼関係にあった。例えば天保四年の重新出府の際に大塩は『洗心洞劄記』を、また翌五年には『劄記付録』及び『儒門空虚聚語』などを佐藤一斎に謹呈するのに重新に託していたように、両人は密接な人間関係で結ばれていた。

二人の関係はそれだけに止まらない。天保六年（一八三五）五月に大塩の『増補孝経彙註』が間確斎蔵板にて書林から出版されていたのである。(9) 続いて六月に『洗心洞箚記』が天文堂間五郎兵衛版として出されていた。(10) ここまで来れば間確斎コト重新は大塩を学問的にも支援していたことが分かる。それはすでに文政十年、重新が江戸に行った時に大塩のために佐藤一斎の『愛日楼集』を送ったり、また大塩に依頼された『黄石斎九種』など大坂で手に入らない陽明学関係の書籍類の購入に何かと奔走し、入手した書籍を大坂に直送するなど、学問のためには援助をおしまない心の広い学究であった。

このように重新が大坂の優れた天文暦学の先学なるがゆえに、大塩も何かと天体観測に示唆を受けていたのであろう。そのことは文政十年（一八二七）八月の確斎宛の書簡においても、

御帰坂之後万謝、且司天台中之奇事をも可承候(11)

とあるように、天体観測について大変関心をもっていたことが分かる。大塩が何時頃から天体観測をしたのかは定かではないが、重新との関係抜きには考えられず、そのなかで大塩なりの関心から天体観察が始められていた。

文政九年の冬のこと、大塩は野鴨一匹を重新に送っていた。大塩肖像画に描かれた渾天儀と象限儀も、このような交流のなかで重新から入手したものであろう。そこに描かれた渾天儀は、明らかにケプラーの楕円軌道説を取り入れた天体軌道を示す楕円の輪が描かれ、西洋流の渾天儀であることを窺わせる最新の観測器具であった。

3　大塩の天文観

『続日本紀』の伝える奈良時代の天体観は、天上の異常が地上の社会的異変を予知するものとして、為政者の政治的行為への反省や禁欲を求める政治批判とされた。天の調和を破る異常現象は地上の社会秩序の混乱を映し出す

ものとして畏怖された。これが古代の災異説であった。異常現象を天の怒りとする考え方は前近代社会では避けて通れない認識パターンであった。否、前近代だけではない、科学の発達した今日でも地球温暖化にともなう様々な異変にたいして、我々は禁欲をともなう厳しい反省を求められていることを自覚するとき、それを天の怒りとするか自然現象として受け流すかは、社会的人間としての自らの生き方の問題である。災異説は形を変えて為政の掌にある者のみならず地上のすべての人間に問いかけているのである。

このように考えると幕藩体制下の近世末において、大塩が天体観測で何を知ろうとしたのかは大変興味ある課題である。ところでこれまでの大塩の天文観については相蘇説の域を出ることはなかった。

近代以前のわが国の天文学は中国式であった。ヨーロッパの天文学が天体の動きの法則性を求めることを第一義とするのに対し、中国天文学は天体の動きは「天に書かれた文」、つまり人間に対する天の意思表示であるという考えが根底にある。天体になにか日常と異なった現象（天変）が起きれば、人間の社会に支配者の交代や戦争、飢饉などの事件が起きる前兆と考えるのである。従って中国天文学では天体の運行の法則性を利用した正確な太陰太陽暦をつくることが大きな目的であったが、法則と異なる現象から天の意思を調べて読み取ることも重要な職務であった。(12)

幕藩体制下において中国から学んだ天文学に、天体観測から正確を期す天文暦学と、天体の異常現象から為政者の交代や戦争などを天の意志として予測する、天体観の二つの流れが存在していたことが指摘され、その上で大塩が選んだのは天災異変や凶作、飢饉を「天の怒り」と考える後者の立場で、それを知るために日常的に天体観測を行なっていたのである。

実際、天保七年（一八三六）五月十三日付けの伊勢の儒者・平松楽斎宛書簡では「東都三月十三日に公侯争一件」を天象に即して説明し、更に前年に彗星（ハレー彗星）が「西北より出、南へ流没」したのは「彼の但州弑奪

（千石騒動のこと）の咎徴《きゅうちょう》にて畏るべし畏るべし」[13]と記していたように、天の異常を発見することで地上の異変が「天の怒り」であることを確認していた。年月は定かではないが、『洗心洞詩文』（詩文番号71）にも「白日青天ニ墜星ヲ看ル」と詠んでいた。

確かにその通りで、天の予知を誰よりも早く知ることで眼前に展開されている災害の意味を読み解き、それによって為政のあり方を正そうとした。その意味からも大塩の天文学的関心は整然たる天空の秩序を解析するものではなく、異常を見つけて社会に警告を発する危機志向の天文学的関心であったと云えよう。

ところがこの秩序整然たる天に異常が発生するということになれば、それは地上の何らかの異変を示す兆しとして受け止めざるをえない。文政・天保期にかけての日本列島には長期にわたって異常気象が襲っていた。次々と眼前に発生する異変に対して天の啓示を受けることを、なにか呪術的な認識と見ることは近代合理主義の奢りであろう。

ちなみに大正十二年八月の関東大地震について、内村鑑三をはじめいかに多くの知識人が「天譴」と認識していたかを喚起しておきたい[14]。

異常事態が頻発する状況のなかで、地上を支配する天の動向は幕藩体制と云う制度疲労した社会秩序の下での道徳的腐敗に対して、道理の根源にある天が沈黙を守ることはないとするのが大塩の立場であった。それ故、天体観測といえども彼の学問体系と無縁な趣味の領域ではなかった。

いまだ誰もが経験したことのない、そして当時の学問では捕捉できなかった小氷河期[15]という異変のなかに投棄されたとき、大塩が天文学にその解答を求めたことは鋭い感性であった。それが間確斎という天体観測の第一人者との出会いにおいて刺激され、大塩は天体観測に取りつかれたのである。

人間社会の危機は社会のなかからだけ噴出するのではなく、その社会を包含する自然も異変として暴威をふるうものである。その暴威の兆候を探るために大塩は天体観測に乗り出したのである。そしてこのような大塩の天体観測に確信を与えたのが、明末清初に大塩が尊敬する『孝経集伝』を著わした黄石斎や『明儒学案』の著者である黄宗羲らにより天文学が重視されていたことであった。それは危機の時代を真摯に受け止める人間認識の共通する現象であった。そのなかで大塩の場合は、天から与えられた示唆に対して民を救済することが大塩の天体観の根底をなすものであった。

4　天体と太虚

「アメリカ科学アカデミー紀要・電子版」によると「太陽活動は二〇一三年をピークに数十年の停滞期を迎えることが予測されており、地球がミニ氷河期に入る可能性もある」[16]と予告されている。かたや我が国でも奈良県の室生寺にあった樹齢三百九十二年の杉の古木が台風で倒れたのを機に、東京大学大気海洋研究所と宇宙線研究所とが合同で年輪を解析した調査報告によると、十七〜十八世紀に太陽活動がきわめて弱くなった時期の樹木中の炭素から宇宙線を測定したところ、宇宙線量が一〜二割増加し、北半球の気温が摂氏〇・五度下がっていたことが判明した。それは幕藩体制下の文化・文政〜天保期に相当し、間違いなくミニ氷河期であった。太陽の活動が非常に弱った時は気温が摂氏〇・七度まで下がったそうである。

同時代の人々にとっては、災害が頻発してその辛酸をなめたことが記憶として残るだけで、その災害をもたらした原因としてこのような知見は知る由もなかった。しかし災害の渦中にあって庶民の生活を憂慮するものとして、その原因の追求は避けることのできない課題であった。まして経世済民の学を自覚するものとして手をこまねくことは出来なかった。そこから漆黒の闇を覆う天は、まさに地上のすべてを包含する生命の根源とする大塩にとって、

この時吾れ自然の声を聞き、吾が性を知る[17]

天の存在は絶対であった。その天を秩序づける天体こそは、人間存在を含めた地上のすべての物事を現象せしめる実体として存在するものであった。天は地に対する対概念として存在し、その実体は空漠たる虚なる空間ではなく天体の存在する場である。それゆえ大塩は異変を現わす天体観測を日課としたのである。従って大塩における天は抽象的な概念ではなく、きわめて具体的な実体概念として存在していたと云えよう。

さて大塩といえば、その機軸概念として太虚の思想があった。その太虚の意味するものは地に対する天でもなければ、天帝（上帝）のような人格神の投影でもなく、また『易経』的な抽象的論理で構成された概念としての大極でもない。空や虚などの仏教的な用語も避け、大いなる虚としてすべてを包含し広大無辺の働きをする実体としての太虚が選ばれ、それは非人称的な合理主義的概念であった[18]。この太虚の現象は、

三七（上）春夏秋冬は太虚より来り、以て万物に終始して循環すること息まず、毫も跡無きなり。仁義礼智は此と一般なり。故に心虚なれば之を天と謂ふ[19]、

太虚は四季の推移とそれによってもたらされた気象の変化として、万物に行き渡って循環して休みなく動いている。しかし太虚の本体は姿を見せない。人間の徳としてある仁義礼智は表に現われるが、それをつかさどる本体としての良知は人には見えない。そこから人の心も人欲に乱されなかったら善悪を超越した虚の世界となり、それは天の太虚と同じ働きをするところから天の道理と一体化する。大塩は天なる太虚と心中の虚が人為を介入させない公正無私であるとき、これを心即理と認識した。かくして大塩は云う。

一（上）天は特《ただ》に上に在りて蒼蒼《さうさう》たる太虚のみにあらざるなり。石間の虚、竹中の虚と雖も、亦た天なり。況《いは》んや老子云ふ所の谷神《こくしん》をや。谷神とは人心なり。故に人心の妙は天と同じきこと、聖人に於て験《けん》すべし[20]。

このように大塩は天の太虚を心中の虚と同一化することで、太虚の哲学的普遍性を主張した。ところで太虚の本

体はその姿を見せないとしながらも、大塩に質問が寄せられ、それに対して、

一六六（上）或るひと太虚の気象を問ふ。曰く、「天は則ち仰視《ぎやうし》すれば、即ち太虚なり。人は則ち言ひ難し。言ひ難きに非ず、其人未だ嘗て見ざるが故に言ひ難きなり。然れども古人に於て或は之を見る。能を以て不能に問ひ、多を以て寡に問ひ、有れども無きが若《ごと》く、実《み》つれども虚《むな》しきが若《ごと》く、犯《をか》せども校《こう》せずとは、是れ乃ち太虚の気象なるか」と。[21]

大塩は天を仰いで見えるのが、それが気からなる太虚の姿であると答えていた。つまり天空に輝く星を含めた天体こそが太虚の姿であるとみた。しかし人心の太虚については、そのような心の虚を誰も見たことがないのでその姿は表現しにくいのである。しかし古人にはそのような姿を現わす人物が存在していた。それは物事を為す力があり財があれば、それがない人々のために尽くし、自らはそのような力があっても無きが如く振る舞い、他を攻めて負けた相手を罪人にしない、周公のような聖人こそがその姿ではないかと答えた。そして大塩はそれを晴天のきらめきにも例えた。

三一（下）晴夜に起き、仰いで天文を観る。乃ち知る、古聖賢の文章の、法有りて参錯爛燦《さんさくらんさん》、明白神奇なるもの、咸《あまね》く這箇《これ》に則りて来れるを。[22]

このように天こそは古聖賢の文章のように道理に基づき理路整然と展開されているように、それは太虚の姿と変わることがないと大塩は見ていたことに注目したい。

姿や形、色や匂いを現象させないと云う太虚にもかかわらず、大塩は天体観測のなかで天体こそが太虚の相を表わすものとしたことはうなずける。人は星座のきらめく漆黒の天球を仰いだとき、自らの微小さを実感して果てしもなく続く広大な天球の神秘に触れ、人・物をはじめ森羅万象を包含する宇宙を体感することで、存在そのものの根源としての大いなる虚を実感するものである。大塩とてもそのような体験から天体こそ太虚の姿と認識したのは

当然である。

このように見てくると大塩の天体観測は太虚そのものから、その異変を察するための重要な認識手段であったといえよう。整然と秩序正しく循環するはずの太虚に異変を見ることは、世俗社会への重大な危機に対する暗示であった。その意味でも大塩の天体観測は大塩の学問と深く結び付いていたといえよう。

おわりに

菊池容斎筆の大塩平八郎像に描かれた渾天儀と象限儀は、大塩が間確斎から譲り受けた天体観測器を珍物として描かせたものではない。それは当に目に見える太虚としての天空がそこに示されていたといえよう。大塩の天文への関心は彼の『洗心洞詩文』（『大塩思想の可能性』所収・和泉書院・二〇一一）のなかにも詠まれていた。文政年間（二年、八年、十三年）に彗星が現われていた。それを大塩は、

憂慮《ゆうりよ》ハ親《したし》キト雖《いえど》モ未《いま》ダ知《し》リ易《やす》カラズ
病軀《びようく》ト貧業《ひんぎよう》ハ飴《やしな》イ含《つつ》ムニ似《に》ル
星有《ほしあ》リ彗《ははきぼし》ノ如《ごと》ク東方《とうほう》ニ出《い》ズ
俯《ふ》シテ妖祥《ようしよう》ヲ考《かんが》ウルモ寐《いね》ズノ時《とき》（詩文番号16）

世の中のことで心を痛めても身近なことでもなかなか分からないことが多い。それにしても自分の病身と恵まれない仕事は、互いに影響しあって何処かで関係があるのだろうか。夜空に東の方から彗星が現われるようになった。これは吉凶の何れの方を現わすのだろうか、うつ伏して考えるのもなかなか寝つけない時のことである。病身気味の大塩は彗星をみてその吉凶を考えるとなかなか寝つけない、と世の中の憂慮を詠んでいたのである。

また文政八年（一八二五）の中秋の名月のとき、

偶《たま》マ同朋会《どうほうかい》ス是《こ》ノ仲 秋《ちゅうしゅう》
簾前《れんぜん》ノ桂影《けいえい》　西《にし》ニ流《なが》レテ謾《あざむ》ク
各《おのおの》　霊台《れいだい》ニ認《みと》メン別《べつ》ニ月有《つきあ》リ
寧《いずくん》ゾ児女《じじょ》ニ随《したが》イ南楼《なんろう》ニ上《のぼ》ランヤ（詩文番号34）

たまたま洗心洞の仲間が集まって仲秋の名月を観賞した。簾の前の月影はまるで川のように西に流れて人の目を欺く。天体観測用の物見台から眺める月は、全く別の世界のようだ。それにしても私は、どうして子供や女の後ろから南の楼に登らなければならないのだろうか。いや今夜は仲秋の名月をみて人の心を映し出す明鏡即ち太虚を教えるためなのだ。

大塩は月を一点の曇りない人心を映しだす明鏡即ち良知として非常に重視した。そのために児女を引き連れて南楼に上り月を見たのである。今ひとつ詩文を紹介しよう。梅雨に入ったのに雨がなく梅雨明けま近になって長雨となった時の心境を、

黄梅《こうばい》ノ時節《じせつ》　日星鮮《にっせいあざ》ヤカ
時過《ときす》ギ還《めぐ》リ看《み》ル雨《あめ》ハ川《かわ》ニ似《に》ル
黔首《けんしゅ》知《し》ラザル奇正《きせい》ノ道
慢《あなど》ツテ駭惑《がいわく》ヲ懐《ふところ》ニ仰《あお》イデ天《てん》ヲ疑《うたが》ワン（詩文番号107）

梅が黄色に色づく季節だというのに、空が晴れて太陽と月が鮮やかに輝き雨が降らない。しかし時が過ぎ、再び降り出した雨は川のような大雨になった。庶民は物事に奇と正のあることを余り知らない。だから少し見くびって驚いたり戸惑ったりして、長雨が続くと空を仰いで天の神に不信をいだくのだ。天は我々人間の都合とは異なる道

理に従い、季節を動かしているのだ。だから心を無にして太虚に迫らないと本当の天の意図が分からないのだ。

ここで地上に気象の変化を持たらす天とは、まさに太虚そのもので、その太虚に向かって不信を表明する農民に太虚の現象に奇正のあることを諭すものであった。天のもたらす異常を、天に恨むのではなく、天の営みを受け止めることで、民を基本とした人間社会に公正無私の王道を実現させることが大塩陽明学の帰結であった。それを誰よりも先に予知するための天体観測であった。その意味からも大塩の天体観測は暦学天文学より更に一歩進んだ農耕生活者への危機を読み解くことで、持続的生活安定策を政治的に形成させようとする一つの自然と社会を結ぶ認識を打ち出そうとするものであったと云えよう。

註

(1) 相蘇一弘『大塩平八郎書簡の研究・第一冊』p.94〜95・清文堂・二〇〇三
(2) 幸田成友『大塩平八郎』p.180・東亜堂書房・一九一〇
(3) 前出・相蘇『大塩平八郎書簡の研究・第一冊』p.94
(4) 中山茂『日本の天文学』p.121〜122・岩波新書・一九七七
(5) 渡辺敏夫『天文暦学史上に於ける間重富とその一家』p.13以下参照・山口書店・一九四三
(6) 「論日食皆既見微光之有無」『同上』p.52
(7) 『同上』p.173〜174
(8) 前出・相蘇『大塩平八郎書簡の研究・第二冊』p.641
(9) 「佐藤一斎宛」『同上・第三冊』p.941
(10) 「斉藤拙堂宛」『同上』p.965
(11) 『同上・第一冊』p.97
(12) 『同上』p.94

(13) 『同上・第三冊』p.1010
(14) 清水幾太郎「日本人の自然観」『近代日本思想史講座3』p.21以下参照・筑摩書房・一九六〇
(15) 山本武夫『気候の語る日本の歴史』p.134・そしえて・一九七六、及び安田喜憲『気候と文明の盛衰』p.295以下参照・朝倉書店・一九九〇
(16) 朝日新聞、二〇一〇・十一・九
(17) 『洗心洞箚記』『佐藤一斎・大塩中斎』（日本思想大系46）・岩波書店・一九八〇
(18) 白川静『孔子伝』p.92以下参照・中公文庫・一九九一
(19) 前出『洗心洞箚記』上巻・三七条p.379
(20) 『同二』上巻・一条p.370
(21) 『同上』上巻・一六六条p.437
(22) 『同上』下巻・三一条p.469

第7章　大塩平八郎と黄道周

はじめに

中尾捨吉編の『洗心洞詩文』に、大塩が「友人宅ヲ訪イ架上ノ書ヲ抽《ぬ》クニ、適《たまた》マ黄道周ノ列伝ナリ。読ミテ泣涙シ之ヲ賦ス」とあるように、王陽明の学派に属する明末の学者であり政治家でもあった黄道周が、時の天子・康熙帝に政治の在り方について上疏することでその怒りを買い、杖刑の上に官位の剝奪まで受けた。この事件に大塩は痛く心を寄せて詠んだのが下記の詩文であった。

崇禎《すうてい》スル天子《てんし》ハ康熙《こうき》帝《てい》
一廃一劉《いっぱいいちりゅう》　讎《あだ》ニ肯《がえん》ゼズ
人々如《ひとびとしか》リ良知《りょうち》ヲ致《いた》シ尽《つく》ス
豈《あ》ニ当年黄道周《とうねんこうどうしゅう》ヲ弗《のぞ》カザランヤ（詩文番号27）

黄道周の崇めでた天子は康熙帝であったが、その帝により一人の大臣が廃され、いま一人は死に追いやられたのは敵対する両者を許されなかったからだ。ともあれ人は良知を致し尽くすことが何より大切なことである。それにしてもどうしてその時に、黄道周が官位まで剝奪されねばならなかったのだろうかと、黄道周は私利私欲のない誠実な学者であるにも拘わらず罪されたことに、大塩は大きく心を動かされたのである。(1)

それは大塩思想の核心を形成した明の江元祚が刻した今文《きんぶん》『孝経彙註』に、黄道周の『孝経集伝』が増補されたことからも、黄道周への尊敬は極めて熱いものがあったと云えよう。それにしても黄道周のどのような思想と人柄に大塩は心をひかれたのであろうか。黄道周の生きた明末清初から尋ねてみたい。

1 『明史』列伝に見える黄道周

黄道周は天啓二年（一六二二）の進士に優等で合格して翰林院の庶吉士に取り立てられ、さらに経筵《けいえん》のために編修する展書の官に改められた。ところで故事を調べるには必ずかしこまって取り扱うが、この時に宦官魏忠賢(2)と目を接することに違和感を持つようになった。官について未だ幾ばくもしないうちに母に死なれ喪に服した。それをすませた崇禎二年（一六二九）、元の官に復し間もなく右中允に取り立てられた。この間、大臣職の銭竜錫の死罪をめぐってその罪を減ずるために三疏して公正な処置をとった。

ところが崇禎五年（一六三二）、道周は病を口実に休職を申し出た。その際、皇帝に政治を私する宦官批判の疏を奉ったことから黄道周の官位剝奪事件に発展した。それによると、

> 臣幼き自《よ》り易を学び、天道を以て準と為す。上下の二千四百年の載籍、その治乱を考ふるに、百に一つ失《あやま》らず。陛下御極《ぎょきょく》の元年、正に師の上九に当たり、其の爻に云ふに、「大君に命有り、開国の承家は、小人を用ふる勿れ」と。陛下、賢才を思ひ得るに遽《すみやか》ならざれば、小人懲《こ》りず不易絶《たえ》ん。蓋し陛下に大君の実有て、而して小人の命の心を懐にせん。(3)

黄道周は明末清初の不安定な社会状況の中で、『易経』に造詣を深めて時代の変遷を観察するとき、君臣について述べられた書籍には殆ど誤りはないとまで確信を持つようになっていた。その爻から皇帝として国家を新たに経営

するためには積極的な賢才の登用が必要で、小人を用ゆれば不易が絶えてしまうと進言した。

臣の入都以来、見る所、諸大臣皆な遠猷《えんいう》無く、苛細《かさい》を尋ね動く。朝宁《てうちよ》を治めん者は、督責《とくせき》を以て要談と為し、辺疆《へんきやう》を治めん者は、姑息《こそく》を以て上策と為す。仁義道徳の序は、則ち以為《おもへらく》は迂昧《うまい》にして経ならず、刀筆簿書を奉じて、則ち以て通達と為す。而して知務の一切を磨勘《まかん》するも、則ち終年葛藤して一意調はず、而して株連《しゆれん》四起す。（同上）

自分が宮廷に入ってそこで見たものは、諸大臣には抜本的な計画がなく極めて小さな事に心を配るだけで、朝廷の政治は施政の監督だけで事を済ませ、異民族の侵攻に対する辺境防備も場当たり的な対応を上策としてお茶を濁している。また道徳的秩序の在り方についても実情に合わないだけでなく、その認識についても関心が乏しく、もとより聖人の教えを心とせず、これまでの官の記録や報告書を以て法令としてきた。このようになされてきた職務をいくら再検討しても、年がら年中、方向性は見いだせず、芋づる式に四方八方で問題を噴出させるだけである。そして黄道周は言葉を続けて、

陛下は綱紀《かうき》の整頓を欲せられ、外患を斥譲《せきじやう》するに、諸臣之に用ふに滋章の法令を以てするも、縉紳摧折《しんしんさいせつ》す。陛下、弊を剔《てき》し奸を防がんと欲して、一を懲し百を警す、諸臣之に用ひて以て借題の隙を修め、市権の怨みを斂めん。且つ外廷の諸臣、敢て陛下を詆《あざむ》くは、必ず拘攣《こうれん》守文の士に在らず。而して権力謬巧の人に在り。内廷の諸臣敢て陛下を詆くは、必ず錐刀泉布の微に在らず。而して阿柄神叢の大に在り（４）。

陛下は内政外交にわたって安定を求められ諸臣もそれに従うが、地方に勢力を持つ郷紳層がこれを打ちこわしている。陛下は弊害を除去し奸を防ぐために警告を発するも懲罰をひかえられ、役人もそれに従い、懸案の事項を埋め、商業活動上の怨みを収めようとした。とりわけ表向きの朝廷内の諸臣にあって陛下の意に背くものは、法や制度にかかわる文官ではなく、権力を巧みに誤らせる人物の存在である。朝廷内の諸臣で陛下を欺くのは武人や財政を与

かる下級の役人ではなく、陛下の足下におもねる宮廷の基本的な在り方そのものに原因がある、と指摘した。すなわち宦官・魏忠賢による政治支配に対する批判であった。

黄道周の意見を一言で表現すればそれは、仁政の回復として「周礼の昔に帰る」ことにあった。しかし帝は黄道周の言を喜ばなかった。それでも彼の指摘する葛藤株連については具に述べさせた。

邇年《じねん》、諸臣の心計営み目する所、朝廷の為に一実なきは、其の人を用ひ事を行ふに、推求するに報復を過まらざるのみ。前歳春月より以後、盛に辺彊を談ずるは、実は陛下の辺彊の為に非ず。乃ち逆璫《ぎやくたう》の為に辺彊を翻すなり。去歳春月以後、盛に科場を言ふは実は陛下の為の科場に非ず。乃ち仇隙《きうげき》の為にして科場を翻すなり。此れ所謂、「葛藤」「株連」に非ざるか。（同上）

最近の重臣たちの心の有りようは朝廷にとっては何一つとして実がない。その場の対応を誤らないようにするだけである。辺彊の派兵も宦官に逆らうためであり、科場問題も官僚間の対立が原因で国家の方針からではない。一連の出来事は葛や藤の蔓のように根本は同じところから生じた政治腐敗である。その原因が、

三十年来、門戸の禍を醸成し、今また縉紳の稍や器識有る者を取り、網を挙げ阱《せい》を投げ、即ち緩急安《なん》ぞ一士を得るの之れ用か。(5)

それはここ三十年来の傾向としてある門閥支配の弊害である。最近地方の縉紳の中から人物と見識あるものが取り立てられているが、これで時の間に合うというものであろうか、と疑問を呈した。そして黄道周の言わんとしたのは、

天下をかく総べる人才は、廊廟に在らず、則ち林藪に在り。（同上）

と恵世楊ら数名の名前を挙げ、併せて宮廷を腐敗させた責任者として、

語るに皆な大学士周延儒・温体仁を刺《そし》る。帝、益懌《よろこ》ばず、斥けて民と為す。（同上）

黄道周の上疏は何ひとつ取り上げられることなく官位を剝奪された。

崇禎九年（一六三六）ようやく元の官位に復したその翌年、旱魃に苦しみ物忌みして夜を過ごす百姓のために、諸臣をしり目にまた上疏した。そこでも、

陛下は寛仁弘宥《こういう》にして、身を重きに寄せるに任せ罔效《まうこう》七八載に至るあり。権を擁し自若の者は、積漸《せきぜん》以て来るに、国に是非なく、朝に枉直《おうちょく》なし。……上催科を急がば、則ち下賄賂《わいろ》を急がん。上鍥覈《けつかく》を楽しめば、則下巉険《ざんけん》を楽しまん。上告訐《こくけつ》を喜ばば、則下誣陥《ふかん》を喜ぶ。当《まさ》に此れ南北の交訌《こうこう》するは、市井の細民の為には奈何《いかん》ぞ。

（同上）

と朝廷の無神経な徴税の在り方をなじった。即ち権力にあるものは網ですくい取るように船七、八艘もの穀物を徴収して積み上げているのに、国家としての適正な判断も朝廷としての仁慈もない。国家が徴税を急ぐと下々では税の軽減を求めて賄賂が横行し、上が厳しい収穫調査を行えば、下では取り立てを防ぐ高い壁が築かれる。上が大声で徴税を求めると下では欺きと偽りが広がる。このように対立していては貧しい庶民に何がもたらされると云うのであろうか。

そして黄道周はこのような時にこそ、仁を体して奸を拒んだ東林党の人材が必要であるとし、追放されて野にある高潔の士の名前を呼び上げた。しかしここでもまた帝の怒りを買い厳しくとがめられた。

そこで道周は再度、病を理由に辞職を願い出たが、それも許されなかった。道周の立場は上疏しても取り上げられず、名は閣臣に列せられながらも帝に用いられることもなく、帝はもっぱら楊嗣昌、陳新甲、方一藻ら五人を用いた。そこで道周は三疏を草して楊嗣昌らを批判した。それは『孝経』の解釈をめぐり、国家の綱常のために作為のない心からするもとしていたが、帝から、

爾が一生の学問は、佞《よこしま》を成すに止まるのみ。(6)

と叱正された。この時、帝は兵事を憂えて嗣昌を破格に重用せんとし、そのため経の立場を守る道周は帝意を失うことになった。しかしその後も二人の対立が続く中で帝の怒りがやがて頂点に達し、両者が削籍されることになった。この事件を回想して詠まれたのが、先の『洗心洞詩文』（詩文番号27）での泣涙詩であった。

黄道周は邪にくみし政を乱すとして刑部の獄につながれた。もっともこの時、道周への措置に異議を唱える官僚に詞連編修の黄文煥、東部主事の陳天定、工部司務の薫養河、中書舎人の文震亨、戸部主事の葉廷秀、監生の涂仲吉らがあり、彼らも連座して獄舎につながれた。

道周が追放されて二年が過ぎた崇禎十五年（一六四二）の夏、帝は諸臣を召して追放した二人についての人品を質した。それに対して諸臣は黄道周を「読書好学の人」と評し、科挙の官としてその復帰を期待した。もっとも嗣昌はこの間に死没していたので、道周だけが呼び戻されて故官に復帰を許された。

やがて毅宗帝は李自成の反乱で北京を陥れられて死に追いやられ、その後さらに清が李自成を倒して北京を都とした。明朝が危機に瀕するなかで跡を継いだ福王は、黄道周をその学徳から重用した。しかしこれが権力者鄭芝竜との間に対立を生み、清との国境問題で行きづまるなかで、道周は自ら立って江西に行き失地の回復を図らんことを期した。この時、道周に呼応して遠近から九千人余の義旅が集まったが、間もなく清の大軍に遭遇して敢えなく敗北して捕らえられ、江寧に護送されるも囚服のなかで著書に従い刑死に臨んだ。

少年期、郷里にあった銅山の石室に坐臥したことから、

故に学者称して石斎先生と為す。天文暦数皇極の諸書に精《くは》し。著す所は『易象正』『三易洞璣《さんえきどうき》』、及び『太函経』にして、学者窮年その説に通ずる能はず。而して道周推験を以て治乱に用ひん。歿後、家人その小冊を得ん。自ら謂ふに丙戌に終へんと。歳六十二、始めてその信の能く知り来るなり。(7)

凡そ以上が『明史』の語る黄道周伝であった。これから見て明末清初と云う混沌とした政情にあって、確たる政

治指針を欠くところからその打開のために着目したのが、歴史的体験としての『易経』が示唆する卦辞《かじ》であった。その予言的認識は一歩誤れば欺言として受け止められ、混沌の中で選択を迫られる為政者にとって混乱を持ち込むものとして、そのために黄道周の上疏は尽く拒否された。

まして為政者と結びつく特権階層の利害と不可分に進められた不公正が存在する限り、政治の公正を求める東林党を追放した魏忠賢に象徴される宦官政治は許すことができなかった。黄道周が事ごとに疏を多発した背景には、このような政治腐敗が宮廷内に蔓延していたことを物語るものであろう。

大塩平八郎にとって黄道周のこのような公正な政治への挑戦は、自らにとっても決して他人事ではない歴史的事件であった。黄道周への共感は、このような歴史に立ち向かう学者としての心性に対する尊敬心以外の何ものでもなかった。

2　江元祚『孝経彙註』への増補

大塩にとって自らの思想的原点としての『孝経』への開眼は、明の江元祚が今文『孝経』に漸朱鴻・孫本・虞淳熙らの注書を復刻した『孝経彙註』に接した時からであった。そこに、

> 孝を以て万善を貫き、良知を以て孝を貫き、太虚を以て良知を統べる、而して天地は聖人の易簡の道、是に於いて偶ま之を獲ん、(8)

ことを発見し、それが王陽明・楊慈湖・羅近渓の説く孝の説を根底にしていることを確認した。さらにその上に黄道周の『孝経集伝』を読み、朱孫虞三氏の孝経観と齟齬しないところから、それを新たに増補したのが『増補孝経彙註』の成立であった。従ってこの増補のなかでの黄道周の注釈を大塩自身が選択したものだけに、そこには黄道

周を通した大塩の孝経観がにじみ出ていた。

まず『彙註叙』において道周の人となりや学について、

　而して黄公の如きは、則ち真に能く諸の君に移して忠、故に其の悪を匡救《きやうきう》し、遂に中心に蔵する所の愛を以て献身殉難《じゆんなん》せん。名を後世に於いて揚げ、以て父母を顕し、実に明一代の孝子忠臣に有らんや。……而して其の学の淵源は、亦姚江《えうかう》より来たる。(9)

真《まこと》をもって人と交わり社会の悪を糾し救い、天子への敬愛の心をもって宮廷で身を捧げたが、それが災いして罪された明代随一の孝子であり忠臣であると評された。

　この黄道周の学もやはり王陽明の学統を受け継ぐものであったが、黄公の『孝経集伝』は大分の物であったので、その中の小伝の方を選んだ。それはまだ我が国において紹介されたことのない貴重な注釈書であった。

　まず開巻の「先王に至徳要道《しとくえうだう》あり、以て天下を順にす」において、

　天下の順《したが》ふは、其の心に順ふのみ。天下の心に順ふは、則ち天下皆な順はん。心に因りて教を立つ、之を徳と謂ふ。其の本を得るを、則ち至徳と曰ふ。心に因りて治を成す、則ち道と曰ふ。其の本を得るを、則ち要道と曰ふ。道徳の本は、皆な天に於て生ず。天の命ずる所に因り、以て其の民を誘ひ、民に強ひる有るに非ざる也。(10)

天下の政治には為政者の心の在り方が問われてる。民のことを思えばみな従うものである。そのような為政者の心を人倫の教えにした時にそれを徳と云う。その徳を人倫関係のすべてに及ぼせば至徳と云う。それを政治に及ぼせば道と云い、その道の心を物事のすべてに据えれば要道と云う。道徳の心はみな公正な天から生じたもので、天の声が民を誘うもので、決して強要されるものではない。黄道周の『孝経』への熱い思いが語られていたと云えよう。

　この補注に対して大塩は、

　後素謹んで按ずるに、至徳要道、二有るに非ざる也。皆其の本を指す。本亦天に生じ、天に生まるるは、学ば

ず慮《おもんぱか》らずの良知良能に非ずして何ぞや。而して良知を致し、則ち良能其の中に在り。朱氏（漸朱鴻のこと―筆者注）黄氏の説、未だ之を破るの説非ずと雖も、然れども隠然と言表に顕はさんや。（同上）

大塩は黄道周の注釈に心から賛意を表した。

ところで『孝経』と聞けば、われわれは短絡的に親子を軸とした家族道徳の経典と思いこむ儒教経典への無理解がある。それは大日本帝国憲法下において儒教思想を忠孝道徳として、イデオロギー的に利用したことと無関係ではない。しかし『孝経』は親子関係の家族道徳を説くだけの経典ではない。親の慈愛を受けて誰からも教えられず、また学ばずして育まれた自然感情としての孝のもつ人間的資質は、国家を経営する為政者にとっても必要不可欠な人倫的資質として価値づけられた。このように孝徳をもった為政者の在るべき心性を説いたものが『孝経』であった。従ってそれは民に忠を求めるだけの片務的なものではなく、為政者自身の心性を問う双務的なものであった。

経文「国を治むる者、敢て鰥寡《くわんか》を侮らず、而して況んや士民に於いてをや。……」に対して、

道周曰く、国を治むるに而《すなは》ち士民を侮らず、則ち驕り溢るるは過り也。驕り溢るるは富貴の過り也。驕溢は長く存せず、富貴も長く保たず。故に社稷《しやしよく》を失ひ、人民の怒りは比比なり。[11]

国家を治める者は士民の暮らしを軽視してはならない。国の財政を乱費すると富は続かず国家を破綻させる。そうなれば民の怒りを各地で頻発させるのだ。『易経』の爻卦から歴代の王朝史の興亡盛衰を学んできた道周にとっては当然すぎる注釈であった。

「父子の道は天性なり、君臣は義なり、……」の経文については、

父子の道は君臣の義にして、父母之を生み、君に親しく之に臨むなり。言ふは父の上に天を配し、下に君を配するは、聖人に非ざれば則ち其の義を得ざる也。[12]

親子関係の道徳から君臣関係の義が生まれるのは、言わんとする所は父との関係は天がもたらしたものであり、君

との関係は地が生み出した関係であるということで、聖人の教えがないとその意義が伝わりにくいと、父子関係における人間関係の根源性と世俗における君臣関係の比重について述べられていた。

経文「詩に云ふ。淑人《しゆくじん》君子は其の儀に忒《たが》はず。と」。

これは『詩経』の曹風《そうふう》・鳲鳩《しきう》篇の句で、徳を備えた淑人・君子のような人はその行ないには道に違うことはない、と云う意味であるが、この句の注釈について道周は、

君子にして以て人を淑《よし》とし、俗に善を思ふを、礼に非ざれば何を以てせんか。礼儀はこれ人身に在るは、以て天地を動かす所以なり。孝子は仁の人なり。必ず礼を謹み、礼を謹んで後以て身を敬すべし。身を敬して後以て天に事ふべし。伝に曰く、大いなる哉聖人の道。洋々と万物を発育す。天を極るに峻なるも、優優大いなる哉。礼儀三百、威儀三千、それ人を待つて而して後に行はん。故に曰く、苟も至徳ならざれば、至道は凝《しこ》らざらん。至徳は、孝敬之を謂なり。(13)

これに対して、

後素謹んで按ずるに、黄氏の淑人君子の釈は、乃ち朱孫及び孔安国・鄭康成等の古註と微かに異なる。而して全く詩の本文其の儀は忒《たが》はず、是れ四国を正し上に従ひ来たり、相較ぶるに旨は一層深し。然り而して邢疏《けいそ》に曰く、「義は君主の威儀と差《ちが》はず、法則は人と為りて取る」と云ふ。然り則ち亦た黄氏の創説に非ざる也。(同上)

大塩は道周の注釈が江元祚本の注釈や古註とわずかに異なる所があるが『詩経』の本義とは違わず、それよりもいっそう上代以来の注釈に従いながらもより深い意味をくみ上げていると賞賛していた。続く経文「子曰く、孝子の親に事ふるや、居して則ち其の敬を致し、養ひて則ち其の楽を致す。」に対する注釈は、道周の『孝経』解釈としても重要なものであった。即ち、

黄道周曰く、曾子曰ふ、「人は未だ自ら致す者に有らざる也」。子夏曰ふ、「君に事《つか》へて能く其の身を致すは、身を致して以て君に事ふ、心を致して以て親に事ふ、両者は天地の大義なり」。致して之を知り、慮らずして知る、之を良知と謂ふ。致して之を能くし、学ばずして能くす、之を良能と謂ふ。故に五を致すは赤子の知り能うところ。学問を仮らず、而して之を学に問ふは、大人も尽くす能はざる有る也。仁義礼楽信智は、則ち皆な此れより始まる也。(14)

黄道周はここで良知良能の根源的由来を述べ、なおかつ人間がそれに到達できないところから学に問う必要を説いていた。それに対して大塩は、

後素謹んで按ずるに、黄氏の良知を致すの義は、此に於いて始めて発し見《あら》はす。而して仁義礼楽智信は、則ち皆な此れより始まるの説、性は天道と与に明らかなるは非ざるより、孰《いづ》れも能く之を信ぜん哉。（同上）

後段の仁義礼楽智信が良知より発するとする説は、大塩の場合は孝の至徳要道として説明されていたが、孝が良知良能であるところから良知より発するとする説も、人の性が天道とともに明らかなように、良知から発するとするのも信じるに足るものであると注した。さらに大塩は語を続けて、

又按ずるに、良知良能は本二に非ず。故に李彭山曰く、「良知良能は本一体也」と。先師嘗て曰く、「良能を知るは是れ良知なり、良知を能ふは是れ良能なり、此れ知行合一の本旨なり」と。但し発端よりして言ふは、則ち明覚の幾《ちかき》を以て主と為す。故に曰く、「知は行の始めにして、極め致すよりして言ふ」と、則ち流行の勢ひを以て主と為す。故に曰ふ、「行ふは知るの終りなり」と、知行を以て先後を分くるが若しと雖も、而して知は行の始を為し、行は知るの終りを為す。則ち知る所は即ち是を行ひ、行ふ所は即ち是を知る也。然らば則ち知能は一ならん。而して致さざれば則ち固より有りと雖《い》はん。而して有るも無に同じ。故に孝を尽くさんと欲する者は、宜しく深く是の五致の蘊《うん》を味わふ可き也。(15)

大塩はここで良能を知るものが良知であり、良知を可能にするものが良能であるところから良知良能が一なることを説き、知行が合一されることで良知が実現される陽明学的知の構造を明らかにした。そのために黄道周が孝を自らの生活の基軸に据える者に勧めた「五つを致す」についての奥深い意義を強調した。

経文「親に事ふる者は、上に居て驕らず、下たるも乱さず、醜に在るも争はず、……」において道周は、

是の若《ごと》きは何ぞや。身を敬《つつしむ》の謂なり。身を敬んで後、人を敬す。人を敬して後、天を敬す。(16)

と、敬のもつ人間関係の意義を説くなかで『孝経』に関連して、

又曰く、『孝経』は其れ兵を辟《さ》くる為に作らんか。兵は刑と与に辟けん。孝治乃ち成る。兵刑之を生ずれば、皆争ひを始めん。孝を為すを以て仁を教へ、弟を為すを以て譲を教ふ。何ぞ争ひ之有らん。伝に曰く「堯舜天下を帥《ひき》ゐるに仁を以てす。而して民之に従ふ」と。桀紂天下を率ゐるに暴を以てす。而して民之に従ふ。其の令する所は其の好む所に反す。而して民従はず。……(17)

道周の補注について大塩も、

後素謹んで按ずるに、驕らず乱れず争はざるは、皆五を致の上に従り礱磨《ろうま》し来たる。亡なり、刑なり、兵なり、全て五致を知らざるに在り。五致を知るを要す。一言以て之を蔽へば、止まつて知る在るのみ。(同上)

と為政者が国を亡したり民に刑罰を科したり兵を起こすことを避け、仁政をめざすには五の心を致す必要を指摘した。それにしてもやがて大塩自身が乱を起こすことになったのは、良知良能を致す事がなかったためであろうか。

3 『孝経集伝』の魏忠賢批判

道周は再三皇帝に疏を奉り、そのために官位剝奪の刑まで受けた。そこで経文の「子曰く、五刑之に属するに三

千」の項を見てみよう。

黄道周曰く、兵を用ひて後に法あり。法用ひて後に刑あり。兵刑雑じり用ふ。而して道徳乃ち衰へん。聖人之を禁《いさ》める也。曰く、「之を示すに好悪を以てす。之を示すに好悪を以てすれば、則ち猶未だ禁めること有らざるがごとき也」と。刑して後に此れを禁めるに、周礼の司徒は六行を以て民に教へん。司寇は五刑を以て其の不率を匡《ただ》さん。是に於いて不孝の刑、不友の刑、睦《むつ》み媚《とつ》がざる、任《はら》み卹《あはれ》まざる刑有り。此の六者は、刑の能く禁ずる所に非ざる也。刑の能く禁ずる所は、寇賊姦宄《こうぞくかんき》のみ。然らば其の習ひ寇賊姦宄たる者、刑も亦禁ずる能はざる也。必ず之を以て六行を禁ず。則ち是れ民の性を束ね、而《すなはち》之を法とす。民の生を束ねて之を法とするに、陽に竊《ぬすみ》有らず、必ず陰に敗《やぶれ》有り。是に繇《もちふ》は堯舜の礼楽、法の名を与に争ひ鶩《はせ》ん。(18)

人々が叛いたときに兵を送って鎮圧し、その後に法で取り締まり、最後に刑罰が加えられる。しかし権力や刑罰で取り締まれば道徳は衰えてしまうので、聖人はそのような行為を諫められた。何故なら刑罰を科すに当たっては人間の感情が表に出て、反省を促すことにはならないからだ。その点、周礼では孝・友・睦・媚・任・恤の六つの善行が民に教えられ、それに従わないもののなかで、群れをなして悪事を働く賊と心が悪く邪《よこしま》なものが一方で取り締まられる。しかし法の力によれば人が見ているところでは悪事は生じないが、誰も見ていない陰の世界では人は悪事を働くものである。そこで自らを律する堯舜の礼楽か、他に律せられる法の支配かが問われる。ところで先の道周の注釈の続きは、

争ひ鶩《は》すれば必ず絀《しりぞけ》られん。然して且つ夫子、猶を刑法を言ふは何ぞや。夫子の言、蓋し墨子の為に発する也。……夫子逆に後世之を礼楽で治め、必ず墨子に於いて人を知る。墨子の徒は必ず君を要すも、聖を非《そし》り、孝を非る説有り、以て天下を爍《あぶ》り乱《みだ》す。聖人其の礼を行ふを得ず、人主其の刑を行ふを得ざらしむ。刑衰へ礼息む(19)

ここでは墨子の兼愛主義が批判されていた。それに対して大塩はもっぱら後段の墨子を批判した道周の視点に注目

し、その注釈を意表としながらも卓見とした。即ち父の存在を否定し孝を無視する墨子の兼愛説は、大塩の立場からすれば許しがたい邪説であったからである。

道周がしばしば疏を奉ったのは、危機の時代でありながら小人の宦官魏忠賢の支配による政治腐敗への批判にあった。その意味でも天子への諫諍《かんそう》章の注釈は興味ある項目であった。事実ここでの注釈は本書中で最長の文章であるだけでなく、その内容は陽明学的精神から出た臣下の在り方を説いた圧巻であった。

黄道周曰く、古の礼と為すは、未だ諫諍の礼有らざる也。史は書を為し、瞽《ご》は詩を誦し、士は諫を箴《いまし》め、大夫は規《のり》を誨《をし》へ、士は言を伝へ、官師は相ひ規《ただ》す。(20)

春秋の古代においては諫諍の制度はなかった。記録を書くものは書物にしるし、楽官は詩に詠い、士は諫《いさ》めいましめ、大夫は法規を教え、士は天子の言葉を伝え、大夫同志は互いに規しあった。従って諫諍の礼はなかった。しかし、

天子に過り有れば、史必ず之を書く。史の義は過りを書き得ざれば則ち死せん。宰は必ず膳を撤《をさめ》る。宰の義は膳を撤るを得ざれば則ち死せん。是れ則ち諫諍の礼と謂ふべし。然り猶是れ史宰の事なり。天下の諫を司る者、独り史宰のみか。伊訓に曰く、「臣下匡さざれば、其の刑は墨」と。(同上)

しかし天子に過りがあれば史官は必ずそれを記すのが義務であるのに、それが出来なければ自ら命を絶たねばならない。同じように宰人は天子の前から食膳をきまりよく引き下げる職務があるのに、それが滞るようではやはり命を絶たねばならない。これはいわば諫諍の一つの相であるが、天子を諫めるのは史宰だけでない。すべての臣下の職務である筈で、それが出来なければ臣下の不忠として墨の刑に相当すると、伊訓に言われていた。

然れば則ち君父皆な聖明の者也。而して亦不義有るは何ぞや。曰く、聖明も之を過る。義において裁かざれば、則ち亦不義の者有らん。裁いて後、之れ顕はる。裁いて後、之を安んず。然れば則ち親を顕はすは、之れ親を

安んずると別有るか。曰く、親を安んずるは当に日びの事にして、親を顕はすは異日の事なり。（同上）

そうであるならば君父は皆な優れた聡明さを備えるものである。にも拘わらず人の守るべき道に外れるのはどうしてだろう。これは聖明な天子と云えども過ることがあるからだ。そのような時には道理の立場から裁かなければ、不義がまかりとおることになる。そのような事態を義の立場から判断を下せば、すべてのことが明るみに出て政治を安定させることができるのだ。そうすれば親の名を高めることが出来る。このように天子に義を尽くす事と親への孝とは区別さる可きものであろうか。まあ云ってみれば親を安心させるのは日々の事であるが、親の名を顕わすのは後日の事である。

黄道周はここで『孝経』に云う親への孝の延長線上に天子への義があり、この天子への義を果たすことが真に親の名を顕わす孝そのものであることを、危機に向かう明末の官僚社会に向かって再確認させたのであった。それは自らの諫諍体験を交えて人間としての孝の意義を説くものであった。

劉生曰く「王臣の蹇々《けんけん》、躬《みずから》之の故を匡《ただ》さん」と。人臣蹇々する所は、難を為す。而して其の君を諫むる者は、身の為に非ざる也。将に以て君の過りを匡し、君の失を矯《ただ》さんと欲せんとする也。君に過失有らば、危亡の萌し也。君の過失を見て諫めざれば、是れ君の危亡を軽んずる也。君の危亡を軽んずるは、忠臣たるに忍ばざる也。三諫して用ひざれば則ち去る。去らざれば則ち身亡ぶ。身亡ぶは仁人の為《と》らざる所なり。是の故に諫めに五有り。一を正諫と曰ひ、二を降諫と曰ひ、三を忠諫と曰ひ、四を戇諫《たうかん》と曰ひ、五を諷諫と曰ふ。孔子曰く「吾その諷諫に従はんや」と。夫れ諫めざれば則ち君を危める。諫めるは則ち身を危めん。其の君を危ぶんで与に寧ぞ身を危めん。身を危めて用ひざれば、則ち諫むるも亦た功なからん。（同上）

劉生が云うには王臣たるものが忠義を尽くすときは、自ら事の成り立ちを質さなければならないと。臣下が忠義を尽くす所では難題が待ち受けている。その時、天子を諫める者は個人の利害の為ではない。天子の過失は国家を危め滅ぼしかねない。それ故、天子の過失を諌めないのは国家を危め亡すことに冷淡であることで、忠臣たるものにはその過ちを見て見過ごすことはできない。それ故『孝経』に在るように三諌して用いられなければ致仕して去らねばならない。そうでなければ自らの身を滅ぼしてしまうことになる。

そこで天子への諌め方が問われる。それには正しいことを云って諌める正諌や力でもってする降諌など五つの方法があるが、孔子はその中で、単刀直入ではない遠まわしに諌める諷諌に従うとしていた。それは身を危めても用いられなければ、諌めた効果がないことになるからであると道周は注していた。

さらに大塩にとってもまた諌争は重大事項であるところから『論語』幾諌章および『礼記』内則において事が尽くされているので、本注釈と合わせてその経文を参酌するよう念を押して注記していた。

すでに述べたように黄道周も奉疏という形で諌諍をしばしば行なったが、大塩もまたそれに劣らず大坂東町奉行所の長官に訴えて貧民救済をはかってきた。そしてその最後に『建議書一件』を幕府老中宛などに提出して乱に及んだ。近世幕藩体制下での政治的告発を伴う建議は、非違に類する行為として身を危険にさらすものであった。その意味でも『孝経』にある父・君への諌争は身を滅ぼす危険な行為として、近世朱子学はその人倫的政治的意義を敬遠してきた感が深い。しかし大塩はそこに仁政に向けた政治的可能性を見い出したのであった。その先達こそが黄道周その人であったのである。

4 『明儒学案』の黄道周

『明史』列伝に見られた黄道周像に対して、大塩もそれから多く学んだ『明儒学案』での道周観について述べておきたい。天啓壬戌（一六二二）に進士に合格し庶吉士に選ばれたが、間もなく母に死なれて喪に服した。崇禎庚午（一六三〇）元の官に復した。しかし小人の銭竜錫に恨まれ、道周を陥れるために袁崇煥の国境警備のことにかこつけ、下獄させて死に至らしめるか否かが論じられた。このとき、

先生、疏頌《そしょう》の冤《うらみ》に抗するも、詔三級を鐫《けづ》り去る。陛辞《へいじ》するに、因に言ふ「易数に皇上は御極の元《はじ》め、師卦《しか》は上九に当る。国を開き家を承くるに小人を用ゆる勿れ」と、首輔温体仁を諷すを以て籍を削られ民と為る。(21)

これが道周の最初の追放であった。しかし道周は従容として事態を受け入れていた。丙子（一六三六）に再び右中允に返り咲き、以来、上言するのに喜怒を慎み人を裁くに刑罰を省いた。やがて翰林院侍講学士に進み経筵《けいえん》に列するようになった。

上の経筵に御し、保挙の考選に孰れが人を得ると為すかを問ふに、先生対《こた》へて「樹も人、樹木の如し。須らく之れ数十年を養ふべし。始めて任用に堪へん。近来の人才、遠く古に及ばず。況んや摧残の後、必須深く培養を加ふべし」（同上）

人も樹木と同じで時間をかけて教育しないと役立つものではない。とかく最近の才ある者は昔の人に比べると決して十分ではない。まして人を押しのけて地位に就いたものは、それなりの厳しい指導が必要である。

上又問ふ、対へて曰く。「立朝の才は心術に存せん。治辺の才は形勢に存せん。先年督撫するに未だ要害の形勢を構へず、浪《みだ》りに剿撫《せうぶ》を言ひ、寇団《こうだん》に随ひ走り、事既に効かず。輒《すなは》ち謂ふ兵餉《へいしやう》足らずと。其の実、新旧の餉約千二百万、四十万の師《いくさ》を養ふ可し。今寧んぞ錦三協の兵僅か十六万を、別け求め以て勦寇《せうこう》の用に供するを煩とせざるが似き也」と。（同上）

朝廷で大切なことは為政に携わる者の公正な心の在り方であり、国の護りに携わる武人の才は形勢をよく察知することである。先年全軍を総べ治めたが要害も構えず、相手の出没に応じて敵から掠め取ることだけを国境警備と云うのは、もはや有効な戦術ではない。そして兵と食糧が足りないという。そのくせ四十万の兵を養うのに千二百万

の食糧を費やしている。どうして陛下の十六万の兵を分け、外敵を打ち滅ぼすことが煩わしい事なのだろうか。

未だ幾ばくもせざるに楊嗣昌入閣の情を奪ふ、陳新甲も情を奪ひ宜しく大総督に起つ。方《まさ》に一藻遼を以て和を撫議せん。先生具に三疏に分けて之を劾するに、江西布政司知事庚辰、江西巡撫解学竜を謫し、地方の人才を疏薦す。先生輔導の任に堪へんと謂ふ。上其の朋比を怒り、先生を逮へ解撫に及び、之に廷杖す。（同上）

それからまだ時がたたないのに楊嗣昌は内閣の一員になることに心を傾け、陳新甲は心に帰した大総督になった。しかし遠方から文書で和議を謀るだけで事態は何も解決されなかった。そこで先生は具体的に三疏に分けて今日に至った経緯について告発した。それによって江西に派遣されていた庚辰や解学竜らが追放され、その代わりに地方の人士が推薦され登用された。しかしこれらの人物を役人に止めるには問題が多すぎると、人事の恣意性を批判した。そのため逆に天子は東林派に怒りを表し、道周を捕えて鞭打の刑に処した。

これに対して前節でも紹介したように黄道周の人柄を慕う葉廷秀や涂仲吉らが上書したがみな廷杖を受け、道周とともに追放された。こうして公正な政治をめざす東林派の人々が宮廷から姿を消すことになった。明朝は今まさに内外において大きな政治的危機のなかにおかれていた。そのなかで、

先生、獄中に在るも、同獄の者多く問学に来る。偵事の上聞するに黄文煥・陳天定・文震亨・孫嘉績・楊廷麟・劉履・丁董、河田を養ふ詔に連詞し、鎮撫司上使して雑を治め之くも、連なり及ぶ者、既に承らず、戟手して詈る者有るに至る。諸人みな刑部を返さん。而して先生を改めて北の寺に下す。当に是の時、告訐《こくけつ》公行し、小人創るに福党の説と為し以て激するに上怒り、必ず先生を殺さんと欲す、而る後ち已む。司寇劉沢深く擬《はか》り、烟瘴に遣戍を再奏するも允されず。宜しく出山を興さん。天下皇皇以て先生の出るを之れ望まん。（同上）

黄道周が左遷された先では道周の学を慕うものが集まったので、その動向を探索するものからの報告によると、黄文煥などそのグループは水路や田地など農業基盤整備の必要を訴え、鎮撫司が上使としてこれを治めようとしても

承知せず、手を振り上げて罵る者さえいる有様で、人々は刑部の役人を追い返した。そして道周に難が及ばないように北の方の寺に送った。この間に朝廷内では道周らのグループに対して牢獄党を結成するものとして非難し、天子も怒って道周を殺そうとまでした。また法を司る大臣劉沢は悪疫の多い南の国境警備に送ることを提案したが、之ばかりは許されなかった。

そして天下も慌ただしくなり道周の復帰が望まれた。辛巳十二月（一六四一）経筵が開かれたその席上で、

講官不学を嘆き、宜しく興進して曰く「惟ふに黄道周、識は偏たると雖も而して学に長ぜん」と。次輔蔣公、因みに言ふ「道周貧且つ病ひ、近戍《きんじゅ》に移すを乞ふ」と。（同上）

かくして道周は再び宮廷人として復帰することになった。このように見てくると、道周は民生安定のために役人の公正な在り方を問い続ける、儒教的仁政に思いを致す官僚であったことがわかる。自己の利害を考えることなく孝の精神に立脚した他者へのまなざしは、彼の再三にわたる上疏に見られたように、揺らぎのない心性の持ち主であったことが伝わってくる。『洗心洞詩文』に見られたあの大塩の共感もまたここにあったことは云うまでもなかろう。

おわりに

『洗心洞劄記』上巻一八〇条で展開された大塩の明代思想史論のなかに、

文成の学、之を当時に伝へし者は、鄒文荘（東廓）の若《ごと》き、欧陽文荘（南野）の若き、羅文恭（念庵）の若き、皆粋然として疵無き者なり。沿ひて鹿忠節・蔡忠襄・孟雲浦・黄石斎に及びては、謹んで宗旨を守る。而して蕺山《しふざん》劉先生（劉念台）は闡揚洗滌《せんやうせんでき》し、尤も厥《そ》の成を集め、実に有明一代、道統を扶翼し、名教を主持するの帰

と為れり。(22)

とあるなかに、黄道周は王陽明直系の弟子として位置づけられていた。そしてその学識として、黄石斎・劉念台の二賢は、共に良知の学に私淑す。石斎は止まるを知るを以て学と為し、念台は独を慎むを以て聖功と為す。各おの天下の乱に当りて人臣の節を守り、奸臣の間に周旋し、善類の危を扶持す。各おの斥られて民と為ると雖も、起復して社稷と存亡を同じくす。石斎は執へらると雖も、敢て奴児に降らず、幽室囚服の中に於て、従ふ所の門人の趙士超等四人と、講習吟咏すること常の如し。而して遂に共に殺さる。(23)

大塩が『孝経彙註』に黄石斎の『孝経集伝』を補注した意味は、『彙註』に寄せる大塩の優れた陽明学的知見として、また佐藤一斎などに比べても遥かにすぐれた注釈書としての完成度をめざすものであったことがわかる。そして『増補孝経彙註』によって『孝経』そのものの儒教文明史的意義が再び問い直されようとしたと云えよう。

註

(1) 拙著「洗心洞詩文―その時代と詩想―」『大塩思想の可能性』p.195～196・和泉書院・二〇一一

(2) 『明史』巻三〇五・中華書房。魏忠賢は「宦官伝」にのる人物で、大塩も『洗心洞箚記』上巻・一八〇条（日本思想大系46）p.455において批判していた。

(3) 「列伝」第一四三「黄道周」前出『明史』巻二五五・p.6592

(4) 『同上』p.6593

(5) 『同上』p.6594

(6) 『同上』p.6598

(7) 『同上』p.6601

(8) 『増補孝経彙註』『日本倫理彙編3』p.549・育成会・一九〇一

(9) 『同上』p.549
(10) 『同上』p.555
(11) 『同上』p.580
(12) 『同上』p.590
(13) 『同上』p.592
(14) 『同上』p.593
(15) 『同上』p.593〜594
(16) 『同上』p.594
(17) 『同上』p.595
(18) 『同上』p.595〜596
(19) 『同上』p.596
(20) 『同上』p.605
(21) 「諸儒学案・八」『明儒学案』p.463・国立編訳館出版・一九七九（原文を読み下す）
(22) 前出『洗心洞劄記』p.448
(23) 『同上』p.453

第8章　黄宗羲『明儒学案』の陽明学的認識と大塩思想

はじめに

黄宗羲（一六一〇〜九五）の手になる明代儒学史『明儒学案』は、陳白沙に始まり王陽明を軸として形成された時代思想を客観的な視点から公正にとらえた力作として評価の高いものであり、大塩にとっても明代思想を理解するうえでこの上もなく信頼すべき基軸文献として受容したところである。

この『学案』のなかで明末清初の社会的・国家的動乱期の最後の思想家としてあったのが劉念台（一五七八〜一六四五）で、著者の黄宗羲にとっても陽明学の流れをくむ劉念台こそ父の遺言に従う師と仰ぐべき人物として存在していた。このように姚江《ようこう》の学こそが『明儒学案』の主題として、黄宗羲自身もそれを継承することを師の言説を借りて述べたものであった。

明末の政治的混乱から清朝政権に移行するなかで朱子学一尊化が支持される一方、良知の学としての陽明学に逆風が吹いた。そのなかで、陽明学の学統を守ったのが劉念台直伝の弟子黄宗羲であった。

その意味でも大塩にとって寛政異学の禁の冷めやらぬなかで、中江藤樹以来の学統を再興するものとして、黄宗羲の立場に自らのおかれた思想状況と共通するものを感じていたのであろう。加えて私情をたくましくする魏忠賢などの宦官政治に対して、公正を主張した東林党の巨魁を父に持つ黄宗羲の正義感も、大塩にとって共感し且つ自らを奮い立たせるものがあった。

さらに『明儒学案』の著者としての学問的見識への尊敬心も大塩は忘れていなかった。大塩はこのように国境を越えた中国の学者から大きな影響を受けながら、自らの人間性を形成していったと考えられる。

大塩が乱を起こしたことから、思いつめるとそれにまっしぐらに突き進む精神的に偏りのある人格とする説をなすものがあるが、彼は明末清初の時代を生き抜いた東林党と云う正義派学者の気概に学んだことを忘れてはならない。わが国の中国思想史研究者の間には東林党を陽明学の批判者として、朱子学への回帰を張する嫌いがあるが、(1)それは大塩の『明儒学案』理解と異にするもので、大塩は東林党をば陽明学的精神を継承するものとして認識した。それは東林党が政治の公正を求める心情において、朱子学とは異なる誠意の学に意義を求めた所からもうかがえよう。

1　『清史稿』のなかの宗義

黄宗羲は王陽明と同じ余姚の人で、明の御史黄尊素の長男として生まれた。父は東林派の中心人物として、宦官魏忠賢と結託した天啓帝の乳母客氏を弾劾したために獄死を余儀なくされた。しかし崇禎帝が即位して魏忠賢の罪が裁かれ父の冤罪も晴らされた。そこで宗羲は父を死に至らしめた関係者を追及するために、具疏してこれらの者を法廷に引きずりだし、獄官許顕純と崔応元に対して、前者には隠し持っていた錐で刺し、後者に対しては殴りつけてその顔のひげを引き抜き、それを獄門前の父を含めた東林派殉難者の慰霊に捧げた。また拷問をかけた獄卒葉咨・顔文仲の命をも奪った。このように黄宗羲の悪に立ち向かい成敗する姿勢にはきわめて厳しいものがあった。

この間、科挙の学に宦官の影響力のあることに義憤し、その改革を主張した。また父の教えに従い、学問するためにはよく史実に通じる必要がある所から、手始めに明代の著名人物の伝記集である『国朝献徴録』を読むことにした。以来、自家の蔵書を読み尽くすと名のある蔵書家を尋ね、

則チ之ヲ同里ノ世学楼鈕氏、澹生堂祁氏、南中スレバ則チ千頃堂黄氏、絳雲楼銭氏ヨリ鈔《あつ》ム、且夕続テ南雷ニ於イテ鈔堂《せうどう》ヲ建テ、以テ東発ノ緒ヲ承ケ、山陰ノ劉宗周ト蕺山《しふざん》ノ道ヲ倡《とな》フ。(2)

とあるように博学に心がけるなかで銭緒山を承けて劉宗周の学を目指したように、王竜渓や王心斎らの王学左派に見られる安易な自我の現成を批判した。

崇禎十一年（一六三八）に南都で阮大鋮の出馬に反対する張り紙がなされた。それは東林派として顧憲成の孫である顧杲を支援するためであったが、この事件で大鋮に恨まれ、黄宗羲をはじめ関係者は命まで脅かされて宗羲自身も身を隠した。

しかしこの時、清軍が南下して明朝が崩壊するさなかのことで、宗羲は明朝再建のために魯王の立てた監国のために里中の子弟を集めて奔走した。このような身辺の慌しい中でも、監国魯元年に大統歴を編纂した。清朝は勝国として明の遺臣に対して命に従わないものを記録して追跡した。しかし宗羲はなおも変名して監国に尽くし、その再建のための援軍を日本の長崎に求めたりしたが事はうまく運ばなかった。

丙申（一六五六）、ついに魯王もたおれ宗羲の望みも断たれたので故郷に帰った。このように明国の滅亡に遭遇して宗羲も翻弄され、国家の滅亡という悲哀を心に深く刻むことになった。ここから宗羲の生きた明末史への反省を込めた著述活動が始まった。

丙午（一六六六）の歳に詔があり博学鴻儒が求められるなかで、その一人として再三にわたり招聘されるも固辞して受けることをしなかった。この間、宗羲の著わした著書として『易学象数論』六巻、『孟子師説』二巻、『明儒学案』六二巻、『今水経』一巻、『四明山誌』九巻、『明史案』三四四巻、『明夷待訪録』一巻、『大統法弁』四巻、

『交食法授時暦』一巻、『授時法仮如』一巻、『西洋法仮如』一巻、その他詩文など多数に及んでいた。

このような著作の背景にあった思想は云うまでもなく、

宗羲ノ学ハ蕺山《しふざん》ニ於テ出デ、誠意慎独ノ説ヲ聞クニ、縝密《しんみつ》平実ニシテ、嘗テ明人ノ講学ニ謂フ、語録ノ糟粕ヲ以テセズ、六経ヲ根柢ノ束書ト為ス。而シテ游談ニ於テ事ニ従ヒ、故ニ学ヲ問フ者、必ズ先ヅ経ヲ窮メ、経ハ経世ノ所以ヲ術《すべ》ン。迂儒ハ必ズ読史ヲ兼ネ為サズ。読史ハ以テ証理ノ変化無キコト多カラズ、多《まさ》ニ而シテ放心ヲ求メズ、則チ俗学ト為ス。故ニ上下古今ノ群言ニ穴ヲ穿チ、自ラ天官地志ヲ九流百家ノ教ニ精研セザル無シ。(3)

宗羲の学問は劉宗周から出たもので、誠意・慎独の説は慎み深い中にもわかりやすく誠があり、誰かの注釈で済ませるのではなく必ず六経に根拠を求めるものであった。そして自分の意見を述べるなかで事に対処した。それ故、宗羲に従って学問するものは経を窮めた。それは経に経世の大切なことがすべて備わっているからである。世事に疎い学者は史書を重視しない。史書は道理を証明するのに例外を作らない。その上に心を広く開け放すことも求めない。結局、歴史を読むことを俗学としてしまう。そこで宗羲は古来の歴史書の言説に学び、さらに天文地誌に関しても諸説から学んでよく精査することで、混乱した時代において聖人の教えからの逸脱の無いよう誠実に自らの心を慎んだ。

2 『洗心洞劄記』における宗羲と時代認識

『劄記』上巻の最終条一八〇において明末清初の朱王学の動向が論じられるなかで、宗羲は明末清初の最後の陽明学派を代表した劉宗周に続く人物として位置づけられていた。

而して蕺山《しふざん》劉先生は闡揚洗滌《せんやうせんでき》し、尤も厥《そ》の成を集め、実に有明《ゆうみん》一代の道統を扶翼し、名教を主持するの帰《き》と為れり。而して之を近くして文成を宗述する者は、孫蘇門・李二曲・黄黎洲諸先生の若き、率ね皆修持すること邃密《すいみつ》にして、経済は通明なり。侍御、尽く挙げて之を貶抑《へんよく》せんと欲するも亦た能はざるなり。[4]

蕺山先生（劉念台）は陽明学の宗旨を明らかにして逸脱を浄化し、陽明学説を集大成した実に明一代の陽明学の伝統を伝え、名分の教えとしての儒教を担って立つ中心人物となった。そしてこの王陽明の教えを祖述したのが孫・李・黄の諸先生で、みな道を修めることにおいて奥深い所まで詳しく体得し、国を治め民を救う道を明らかにしていた。それに対して陸隴其があれこれと陽明学を批難するが到底その目的を果たしていない。

明末清初の陽明学の道統を担う人脈として劉念台・黄黎洲（宗羲）が存在するなかで、陸隴其の陽明学批難が陳清瀾の『学蔀通弁』や近年の呂晩村あたりの言説に振り回されていることから、陸隴其の学者としての在り方に大塩が疑問を投げかけていた。さらに『劄記』を読み進めると、

黄黎洲は、諱は宗羲、字は太冲。其の道徳功業は、皆載籍に炳燿《へいえう》せり。閲する者は之を知らん。然り而して載籍は浩瀚《こうかん》にして、閲する者も亦た罕《まれ》なり。況んや学の姚江《えうかう》に属せる者は、禁じて之を称せざるをや。故に予《わ》れ明史・明史藁・南彊繹史及び学按等の書に就きて、諸君の道徳功業を採りて略述す。小子之を聴け。[5]

ともかく宗羲の学業・功績は書物に記録されて輝いている。しかし著作は多岐にわたり読む者も稀で、まして陽明学派に属するものは清朝治下では禁じられて取り上げられることがなかった。だからこれらの人物の道徳的功績を略述すると、大塩は門人に述べていた。

かくして鄒東廓・欧陽南野・羅念庵・鹿忠節・蔡忠襄・孟雲輔・黄石斎と王門の学流の特徴と人柄について述べ、黄石斎に於いて、

而して其の門人三十又五人は、其の間忠臣と為り、義士と為り、逸民と為り、皆学ぶ所に負《そむ》かずして、能く門下に光《かがや》く者なり。而して孫蘇門・李二曲・黄黎洲の三子は、皆節を丘園に全うし、奴児の官職を受けず。嗚呼、

此れ皆良知の余沢に非ずや。(6)

外敵の侵入に身を挺した黄石斎の門人から優れた人物が続出し、また明朝末路のなかで苦闘した黄宗羲ら三子も明朝に殉じて隠棲し、清朝の官職を拒否したことは陽明学で学んだ良知の発露とは云えないだろうかとした。

このような亡国の危機にある明末において一貫して外敵の危機に身を挺したのが、王陽明以来の陽明学派の人々の良知の学であることを大塩は立証しようとしていた。即ち、

奴児胡虜の猖獗《しやうけつ》すること久し。其の種類を呑噬《どんぜい》すること、始めて神宗本紀の万暦十一年夏五月に見ゆ。而して清の三朝実録に曰く。……則ち明を滅ぼすの謀は、一朝一夕ならざること則ち見るべし。而して陽明子、年二十九の時、嘗て辺務を陳言するの疏を上《たてまつ》れり。これ既に予め夷狄の中国を奪ふこと金元の如きの勢を恐れしなり。(7)

ヌルハチ初め清朝を打ち立てた北方民族の活発な活動は長期にわたり、領土を侵した進出者の種類は神宗本紀にも記載され、清朝側の実録にも明の滅亡には彼らなりに多くの犠牲を払ったことが述べられていた。それ故、王陽明もつとに辺境防備の必要を進言したのは心ある官僚として当然のことである。ところが、

君相如し其の策を用ふれば、則ち豈に其の国を奪ふこと易易《いい》ならんや。其の之を用ひざるの故を以て、侵淫《しんいん》して遂に金元の勢を成し、而して流賊の王嘉允《おうかいん》・高迎祥《かうげいしょう》は延綏《えんすい》に起れり。実に崇禎元年なり。(8)

君主や宰相が王陽明の献策を取り上げていたら、国を奪われることもそんなに簡単ではなかったはずである。しかし献策が取り上げられなかったので金元の勢力が次第にはびこり、流賊の王や高が陝西の延安から起こった。それは崇禎元年のことだった。

王陽明の良知が無視さることで、取り返しのつかない大きな過ちが国家に生ずることになった。個人の生死を省みない救国的行為と為政者の親民の為に至善を尽くさない、良知の欠落を大塩は明末清初の政治史のなかに学んで

いた。学ぶことはそれだけではなかった。外敵との関係だけではなく内部からの危機も忍びより、それが政治の崩壊をもたらした。

而して魏忠賢の党の喬応甲《けいおうこう》・朱童蒙《しゅどうもう》の其の禍を醸《かも》せしこと、即ち史伝に載せたり。又た之に加ふるに劉懋《りゅうぼう》の駅站を減ずるを以てし、盗賊飢民は紛《ふん》として起り、救治すべからざるに至る。此れ西土の人、皆知る所なり。況んや朝廷の権は内豎《ないじゅ》に帰し、奸を懐《いだ》き寵《ちょう》を固むるの徒は依附結納し、主の明を擁蔽《ようへい》するをや。厳嵩父子の悪を済《な》す、荘烈帝は之を除くと雖も、而も周延儒・温体仁は私を懐き党を植《た》て、忠と邪と倒置す(9)。

宦官魏忠賢の党派が政治を腐敗させたことは『明史』にも載せられていた。また劉懋が宿場の数を減らしたので盗賊や棄民が各地に紛れ込み、手が付けられないようになったことも中国の人であればよく知っている。いずれにしても政治が公正の原理から逸脱し、民がないがしろにされているところに問題があると大塩は見た。それが朝廷内にはびこる宦官政治の実態であった。

よこしまな心で寵愛されることをもとめる連中が徒党を組んで取り囲めば、君主の明眼も覆い隠される。明代の奸臣厳嵩父子は時の帝の手で除かれたが、周延儒と温体仁は私心を懐いて党派を作り、忠臣と見せかけて邪悪な行為に及んだ。之では明朝も滅亡するのは当然である。

ことがこのように立ち至ったのも、その始まりは立派な学者の追放からであった。

楊忠愍の刑に遭ひしより以来、天下の名賢は皆閹人《えんじん》の為めに斃る。是に於て元気は尽く澌《つ》き、国脈は絶ゆるに垂《なんなん》とす。亡びざるを欲するも得んや。然り而して士類は各おの上は天を怨まず、下は人を尤《とが》めず、只だ忠を尽くし節を殫《つ》くし、数年の間、彼を防ぎ此を禦《ふせ》ぎ、戦ひて没するの外、縊死《いし》・投繯《とうくわん》・入水して、降を売る者は更に多きこと無し。宋末と大いに反するものは何ぞや。此れ又た豈に良知の教の人心を維持せるに非ざるか。噫《ああ》、孰《たれ》かその明季の喪乱を致すと謂はんや(10)。

楊忠愍が宦官魏忠賢によって除かれてから東林派の正義の士が次々と刑に処せられて姿を消した。その結果、政治に公正が失われ亡国の道を歩むようになった。しかし政治に正義を求めた東林派は誰をも怨まず、数年の間は内外の敵と戦い最後に戦で倒れるか自ら命を絶ち、決して敵の軍門に降る者はなかった。これは宋の末路とは全く異なる状況で、明末には良知の教えが人心を支えていたからであろう。それなのに明末の争乱を生じさせたのは良知の学であるなどと云って、誰が非難できるだろうか。

この歴史観察は大塩にとって極めて重要な時代認識であった。それは大塩自身にとっても寛政異学の禁をうけて朱子学などから批判された陽明学の良知は、現実の政治腐敗に対しては誰も声を挙げない幕藩体制の危機を認識するものであった。それは黄宗羲がその父の殉じた東林派を支援することで、自らを全うしたあり方に示されるように、その思想と行動は大塩にとっても、良知心学の徒としての出処進退を厳しく問われるものであった。かくして『剳記』上巻一八〇条は、明代陽明学史を受けた大塩が高らかに陽明学徒を宣言するものであった。

3　『明儒学案』に見られる黄宗羲の思想

大塩が中国明代の学術史として受容した儒学認識は黄宗羲の『明儒学案』に依拠していた。云うまでもなく宗羲は本書において、明代学術が陳献章（白沙）に始まり王陽明に至って大成された陽明学を軸に展開されていることを明らかにするものであった。このような宗羲の該博な学識とすでに述べた誠実な人柄への尊敬から、大塩は『学案』に述べられた思想評価に厚い信頼をよせ、そこから大きな影響を受けたことは云うまでもない。

それでは宗羲が陽明学の流れをどのように認識していたのであろうか。この点についてはすでに岡田武彦『王陽明と明末の儒学』や同じく岡田編の『陽明学の世界』所収論考及び山井湧『黄宗羲』（人類の知的遺産33）などが述べた所である。

まず明代の詩文について工夫はあるも宋代のものには及ばないが、理学に関しては前代より優れていたことをもって明代儒学の特色とした。と云うのも、

明の学術有るより前は、先儒の成説に習熟し、未だ嘗て身を反りみて理会するに、隠所に至り推見することあらず。所謂此れ亦た朱の一述、彼れ亦た朱の一述のみ。(11)

とあるように、すべては朱子学的枠のなかでしか認識されなかった。この惰性化した認識による現実対応の矛盾を打破せんとしたのが、

有明の学術、白沙が端緒を開き、姚江に至り始めて明か(12)

と云われたように、明代の学術は陳献章（白沙、一四二八〜一五〇〇）に始まり王陽明（王守仁、一四七二〜一五二八）によって確立された陽明学であり、さらにその門下により展開された明代学術としての陽明学的解釈史であった。黄宗羲の『明儒学案』はまさにこのような明代学術の主流としての陽明学史を記述するものであった。

当然その中核をしめたのが王守仁の学で、朱子学的な訓詁注釈の学を絶ち、心に反求して其の性に覚めるところの良知に立脚することで、それは天の道としての誠の現われであるとした。当然、先行の「朱子ノ説トハ牴触ナカラズ」とあるも朱子学への反措定として存在するものであった。すなわち、

姚江（王守仁のこと）無かりせば則ち古来の学脈絶えしならん(13)

とあるように、陽明学は朱子学の形骸化を救うものとして儒教思想の主体的活性化をめざす認識論として登場するものであった。

従って黄宗羲は王守仁を極めて高く評価し、そのなかで心即理説・知行合一説・致良知説をいずれも基軸概念として認めた。特に朱子が心外の天地万物にそれぞれ理が存するとして、事物としての天地万物を窮めることを説き、

また「知」を知識と解釈して足が地から離れた朱子学の欠陥を補って、我が心の天理を事々物々のなかに実現してゆくという実践の工夫を強調した功績を称揚した。(14)

それに対して陽明学を分岐させた『天泉問答』の「善なく悪なきは心の体、善あり悪あるは意の動く、善を知り悪を知るは是れ良知、善を為し悪を去るは是れ格物」の解釈について黄宗羲は、

先生の所謂吾が心の良知を致すは事事物物においてなり。四句の本是れ学者に病なく錯を会し文を致す。彼の善なく悪なきを以て性と言ふは、謂はば善なき悪なきは斯《すなは》ち至善たるの一善なり。而るに善あるの善、善なきの善あるは乃ち性種を断滅するなからん。彼の良知を求むる処に発用在るは、已発を認め未発と作し、教ふる人の着力の上に和を致す在り。……義説を得て之に存して後、先生の弊なきを知るなり。(15)

王陽明の良知は物事の一つ一つに対して良知を致すもので、四言教は先入観なく学ぶ者に入り混じった概念を整理して優れた格言にしたもので、善なく悪なきをもって性というのは人の至善を示すものである。それに対して善あるの善や善なきの善を云うものは性の根源性を断ち切るものである。良知を求める所に良知が現われるとすることは、既に現われた良知を未だ現われざる未発となし、教えるものの力を注ぐところに従うもので、これでは良知の内実が逆に問われることになる。その意味でも黄宗羲は王陽明の教えを受けてその認識に従うなかで、先生の教えには何の瑕疵もないことを確信した。

このようにして形成された陽明学もやがて門人たちにより継承されるなかで、四言教をめぐる良知の理解などで対立が生じ、黄宗羲はそれらを門人の集まった地域と伝・再伝の時間軸および思想傾向から浙中王門学案、江右王門学案、南中王門学案、甘泉学案、止修学案、泰州学案、諸儒学案、東林学案、蕺山学案に区分して論じた。

それによると王門のなかで江右（江西省域）に継承された学が最も高く評価されていた。

姚江の学、これ江右その伝を得んと為す、東廓・念庵・両峰・双江その選ぶところなり。再伝して塘南・思黙、

　みなよく陽明の推原の為に未だこの旨を尽くさず。この時越中に流弊錯出し、師説を挟み、以て杜学の者これを口にす、而して江右独りよくこれを破り、陽明の道を頼み以て墜さず。蓋し陽明一生の精神、倶に江右に在り。またその感応の理は宜なり。[16]

それに対して陽明の出身地である浙中（浙江省域）の門人は、龍場から帰ったばかりの時の地域の郷士が中心で、その中で傑出していたのが銭緒山と王竜渓であった。また南中（湖南地域）の門人には王心斎・黄五岳・朱得之・戚南玄・周道通・馮南江があり、陽明の死後に銭緒山と王竜渓が講学所を開設してそれぞれ門人を教育したところである。

　やがてこの王竜渓が中心となって「善なく悪なきは心の体」をめぐる陽明の認識論を拡張しようとしたのが泰州学案であった。黄宗羲はその逸脱を快しとせず、

　因みに泰州竜渓にして漸くその伝を失ひ、泰州竜渓時々その師説を満たさず、益ます瞿曇《くどん》（仏教のこと―筆者註）の秘を啓き、而してこれを師に帰さん。蓋し陽明に躋《のぼ》つて禅と為す。然り竜渓の後、力量竜渓に過ぎる者無きは、また江右を得て之を正し救ひ為さん、故に十分決裂に至らず。[17]

と竜渓による陽明学の禅宗化を批判した。しかも陽明にとって竜渓は直伝の弟子でありながら、泰州学案は相伝の弟子李見羅一人の事しか記載されていない止修学案の後におかれていたことから見ても、黄宗羲のいわゆる王学左派に対する評価が窺えよう。

　その証は王学左派のなかでも重要人物であった李卓吾に至っては、その逸脱ぶりから完全に学案小序の人物紹介からも除外されていた。このように黄宗羲は王学の正統性を立証するために自らの師である劉宗周（念台）のために蕺山学案をたて、明末における王学修正派の存在感を示すことで『明儒学案』を締めくくった。[18]

　最後に東林学案のことを述べておきたい。すでに述べたようにわが国の東洋思想史では顧憲成を先頭とする東林

派の思想は、陽明学を批判する朱子学への復帰として位置づけられてきた。それに対して黄宗羲はどう見たのであろうか。そのひとつは国政の根本にかかわって清義をなす思想集団として位置づけ、いま一つは顧憲成の言として、

先生近世の学者を深く慮るに、楽に趨き、易きに便《したが》ひ、冒すに自り然るを認む。故に思はず勉めず、当下《とうか》せば、即ち是れ皆な其の源頭を究めしむとす。果たして是れ性命の上を透し来たり得るや否や、……而して陽明の無善無悪の一語において、難を弁ずるに天下の教法を壊し為すを以て余力を遺さず。(19)

近頃の学者は儒学上の言説を主体的努力をぬきに安易に理解し、それによって即座に道が開けて道理の源にたどり着くとする。果たしてこのような認識で人のもって生まれた性命まで貫き得ることが出来るのであろうか。……それにしても王陽明の善なく悪なきは心と体という言説は、儒教の教えを誤まらせることに口実を与え過ぎたと責めたように、東林学派は王竜渓や李卓吾など良知現成派の恣意的解釈に厳しい批判の目を向けるなかから、朱子学的格物認識を重視するようになった。ここからわが国では東林学派を陽明学からの離脱として位置づけれるようになった。

しかし黄宗羲は東林学派と云えども陽明学を通過した朱子学として、その折衷学的な新たな傾向に着目していた。そして『学案』の最後に自らの師でもあり、王陽明の正統に従う良知修証派の思想を継承する劉念台思想をもって締めくくった。このように見てくると大塩にとって『学案』はまさに壮大な明代陽明学思想史として読まれていたことがわかる。

おわりに

姚江の学は明末になると陽明学的認識論の分化により、内部対立が生じていた。黄宗羲も師説を守る良知修証派

や静座瞑想を重視する止修派に比較して、良知現成派にはきわめて批判的であった。そのため陽明直伝の弟子からなる学派には江右王門、浙中王門などと王陽明との絆が示されていたが、王竜渓や王心斎の属する泰州派においては陽明とのつながりが外されていた。それどころかこの派を代表する異端的存在の李卓吾に至っては、泰州学案小序のなかからも除かれていた。

その点、大塩はたとえ王陽明からの逸脱があったとしても門流に相違ないところから、『古本大学刮目』において李卓吾を「王門親炙私淑」の人として位置づけ、「詩ニ言フ、邦畿千里」に関連する注として卓吾の言説を取り入れていた。(20)

それは良知に至る工夫を語ることなく、仏教思想と融合化する陽明学的認識論の拡散という歴史的状況の中にあった黄宗羲と、陽明学思想そのものを排除することで、朱子学的権威を打立てようとした同党異伐を戒める大塩の儒学認識との違いであった。それ故、良知をめぐる認識において王竜渓ら泰州派の弊害を指摘するも、それによって泰州派を軽視したり否定するようなことは大塩の選ぶところではなかった。

例えば『洗心洞劄記』において大塩は上に阿《おもね》る陸稼書《りくかしょ》批判に関連して、

> 且つ竜渓・心斎・近渓末流の弊は固《もと》より多しと雖も、然れども之を以て少《おと》るとすべからず。孔門に在りて其の正宗を伝ふる者は、顔と曾との二人のみ。子夏・子路等の再伝は、皆弊有らんも、之を以て子夏・子路等を罪するは、則ち亦た刻《こく》ならずや。故に吾れ二王と羅との三子を恕《じょ》するは、此を以てなり。然らば学者真修の工夫を要《もと》むるに、則ち竜渓の精微、心斎の超脱、近渓の無我と与《とも》に無かる可からざる也。(21)

と述べるように、大塩は黄宗羲のように王陽明との差異を強調してその逸脱を批判するのではなく、陽明学の求める私心を去った公正な心で物事に対する王道論＝公共性の論理から見る大局的判断を下す人であった。その意味でも大塩における『明儒学案』の受容は明代学術の動向を主体的にかつ公正に把握していたことが窺える。

ところでわが国東洋思想史学ではあたかも二つの陽明学が存在したかのごとく主張する向きがあるが、(22)思想形成の基盤を異にしても陽明学が明末の政治危機に対応する思想であったように、大塩陽明学も幕藩体制の内部崩壊からの打解をめざす歴史的転換期の思想として受容された点では、陽明学の内包する思想史的意義が発揮されたことに注目する必要がある。

註

(1) 荻生茂博『近代・アジア・陽明学』p.173、p.201・ぺりかん社・二〇〇八
(2) 「儒林伝」『清史稿』p.4・大同印書館・一九三七（原文を読み下す）
(3) 『同上』p.5
(4) 『洗心洞箚記』上巻（日本思想大系46）p.448・岩波書店・一九八〇
(5) 『同上』p.449
(6) 『同上』p.453～454
(7) 『同上』p.454
(8) 『同上』p.454～455
(9) 『同上』p.455
(10) 『同上』p.455
(11) 「姚江学案」『明儒学案・巻十目』（原文を読み下す）
(12) 岡田武彦編『陽明学の世界』所収、柴田篤「良知現成の思想」p.283
(13) 註（11）に同じ
(14) 山井湧『黄宗羲』（人類の知的遺産33）p.57・講談社
(15) 「江右王門学案」前出『明儒学案・巻十目』

(16)「姚江学案」『同上・巻十六目』
(17)「泰州学案」『同上・巻三十二目』
(18)前出・山井『黄宗羲』p.57以下参照
(19)『明儒学案』巻五八―四
(20)「引用姓氏」『古本大学刮目』『日本倫理彙編３』p.187、及びp.352参照・育成会・一九〇一
(21)前出『洗心洞劄記』p.456以下参照。（但し一部の読み下し文は森田による）
(22)溝口雄三「二つの陽明学」『理想』572号・理想社・一九八一

第9章　東林党・顧憲成への大塩の視線

はじめに

わが国の中国思想史研究において東林学の創始者・顧憲成は、王陽明の四言教を批判し王竜渓の良知現成説の逸脱を指摘することで、王陽明の思想より朱子学に軸足をおく朱王論的存在として位置づけられ、さらには、

……中斎の思想は東林を範としていた。幕末社会に於ける中斎の活動の思想的位置を考えるに際しても、東林派の社会的位置は看過できない(1)。

と認識されてきた。この東林派の思想傾向に対して大塩も、

王心斎聡明にして、人を導くの志、その工夫において切なり。故に只良知を語り、而して格物の工を語らず。……心斎之を知らざるに非ず。王子の格物は愚夫婦を導くに害を以ての故なり、知らざればその王子の格物を語らず。而してその弊将来において蜂起す、東林諸公之に起ち之を救ふに至る。遂に世に王子の致良知を諱ましむ。豈に心斎罪なしと謂はんや(2)。

と述べるように、陽明学左派に見られた良知をめぐる奔放な解釈に非を唱えた東林党の学に賛意を表していた。

しかし東林派を支持することは、大塩にとってもその機軸概念の解釈をめぐって朱熹の認識論を混在させるところから、限りなく朱子学的認識への接近とする解釈を誘発させた。

にも拘わらず大塩の陽明学認識は明末清初の朱王が混在し陽朱陰王化するなかで、大塩陽明学の構築に違和感なく受容できるものは幅広く取りいれ、清朝初期の陸稼書に見られた朱子一尊の立場からする陽明学批判に対しては同党異伐を戒めた。そこから例えば静座により寂然不動の体を我が物にする静の哲学に関心を向けたからと云って、

　中斎の学は、まごうことなく王門帰寂派の思想を継いでいる[3]。

とする短絡的な解釈もなされてきた。学問を始めた者が自らの心を見つめる手段として静座に集中することが、良知を見いだすためのひとつの工夫とされるならば、大塩は敢てそれを否定することをしなかった。何故なら大塩は自らの学を孔孟学と規定したように、陽明学的方法を軸としながらも朱子学的認識との接点も無視しなかった。大塩の異学に対する立場は老子や仏教などに対しても、その道に合するものは儒道として偏狭な態度をとらなかったのがその特徴である[4]。

従って東林派の学風が朱子学に依拠するところがあるにしても、大塩の見方はあくまでも陽明学的認識を受容するものとしていた。その理由は近世社会の朱子学が儒教本来の仁政思想に背を向け、自己抑制的な礼教的世界に埋没した教養主義に対する無力感があったからであろう。

それに対して東林派の学は、身を在野においても政治の腐敗を糾す正義論にあったところから、大塩も東林派の行動に民を思う儒教精神を見た。このような東林派の中心的存在であった顧憲成についての大塩の評価を明らかにするのが本稿の課題である。

1　『明史』列伝の顧憲成

顧憲成は字を叔時と云い、無錫の出身であった。万暦四年（一五七六）の郷試に一番で合格し、八年に進士とな

り戸部主事を授けられた。たまたま大学士張居正が病となり朝廷の役人が集まってその平癒を祈願した際、憲成はそれに参加する意思がないのに同僚により署名されたのを快しとせず、自らの手でその記載を削除した。このように憲成は権力者に媚びへつらうことを快しとしなかった。張居正の没後にようやく吏部主事に改められたが、そこで三年間の休暇を乞い、再度の出仕に際しては天子に差し出された封書を調べる験封主事に補された。

万暦十五年（一五八七）は都の役人にとって三年に一度の考課の歳で、都御史辛自修は財政を掌り、工部尚書何起鳴は天子の相談役であったが、自修は執政の意を誤ったとして責任を問われた。給事中の陳与郊はこの間の言行から自修を攻め起鳴をかばった。その結果、二人は辞職するなかで、御史を責め起鳴を糾すべしとするものが四人いた。しかしそれでは公平でないとして憲成は上疏したが、その言葉が政治の領分を犯すとして厳しくとがめられ、桂楊州の判官に左遷された。

しばらくして処州推官を経て泉州推官に補されたが、この間も公正潔白の精神を第一としたことで名を知られた。やがて宮廷に帰り吏部考功主事に擢《ぬきん》じられ、さらに歴院外郎についた。時に三皇子を共に王に封じる詔が出され、それに対して憲成を筆頭にして同官を束ね、その時期尚早を上疏して遂に詔を撤回させた。

万暦二十一年（一五九三）に京を視察したところ、吏部尚書孫鑨と考功郎中趙南星らは私人を執政から尽くしりぞけた。憲成もそれを支持していたが、南星が役職から斥けられるに及び、憲成も辞職を願ったが許されなかった。やがて文選郎中に移ったが推挙する所はおおむね執政に与かるもうまくゆかなかった。その理由は輔臣王錫爵との対立であった。吏部尚書に錫爵が羅万化の登用を策した際も憲成はそれに反対して陳有年を立てたが、後廷の閣臣が推す万化が選ばれた。しかし王錫爵が推廷の代表者たることは政を誤ると憲成は批判の手を休めなかった。そこで憲成はことさらに大学士王家屏を挙げて対抗したが、帝意に逆らうとして削籍された。これを機に憲成は再び廷臣に戻ることはなく在野において東林党の活動に専念した。

その間の事情を『明史』は、

憲成既に廃れるも、名益ます高し、中外に無慮百十疏を薦め推すも、帝悉く報はず。三十六年に至り、始めて南京光禄少卿に起つも、力辞して就かず、四十年家に於いて卒す。天啓の初め、太常卿を贈らる。魏忠賢政を乱し、其の党石三畏、之を追論し、遂に削奪さる。崇禎の初め、吏部右待郎を贈らる、諡は端文なり。(5)

と伝えていた。以上は宮廷人としての憲成像であるが、彼をそのようにつき動かせた思想について『明史』の語るところを更に述べてみると、

憲成の資性人に絶し、幼にして即ち聖学に志有り。削籍に曁《およ》び里に居し、益ます研究に覃精し、力めて王守仁「善無く悪無きは心の体」の説を闢《ひら》かんとす。邑に故《もと》と東林書院有り、宋の楊時道を講ぜし処なり、憲成弟の允成と之を倡修《じやうしう》し、常州知府の欧陽東鳳と無錫知県の林宰、之が為に営構す。(6)

憲成は幼くして孔孟の学を志し、削籍後はますます研さんに励むなかで、陽明学の云う四無説には疑問を呈していた。その中で宋代から村にあった東林書院を弟と修復し、常州や無錫の地方官の支援も得て学校にした。そして、

落成し、偕《とも》に同志高攀竜、銭一本、薛敷教、史孟麟、于孔兼の輩其の中で講学す、学ぶ者涇陽《けいよう》先生と称す。当に是の時、道を抱く士大夫の時に忤《さから》ふ者を、率ゐて林野の処に退かん、風響を聞き附け、学舎に至を容る能はず。憲成嘗て曰く「官の輦轂《れんこく》は、志は君父に在らず、官の封疆《ほうきやう》は、志は民生に在らず、水辺林下に居し、志は世道に在らず、君子取る無かれ」と。故に其の講習の余、往往朝政を諷議し、人物を裁量す。朝士其の風を慕ふ者、多く遥かに相応和す。是より東林の名大いに著し、而して忌む者亦多し。(同上)

明朝末期の社会情勢のなかで、宦官と結びついた猟官的官僚層の不公正に矛盾を感じた士大夫階層が、東林派として結集した状況が窺える。それは大塩の洗心洞で政治批判が声高になされた事情と変わるものではなかった。そして東林派を慕うものとそれを批判するものの様子も、まさに洗心洞への毀誉褒貶とまったく同じであった。このよ

うな政争の原因は朝廷内部を牛耳る宦官政治にあったが、それを改めることなく明が滅亡するまで続いた。大塩はこのような明史を知るなかで庶民を原点とする公正な政治の在り方、即ち仁政の実現こそが国の在り方を救うもであることを深く自覚していったに違いない。

2　『明儒学案』における憲成思想

憲成の略伝は『明史』に譲って『学案』では主としてその言行から思想傾向を述べてみたい。東林派は壬子（一六一二）の歳に憲成の死後、朝廷からその勢力は追放された。にもかかわらず、崇禎二年（一六二九）に吏部右侍郎を贈られたように憲成の存在は無視できなかった。この憲成が学問上で基軸概念の解釈をめぐって分化を始めた陽明学のなかで、どのような位置にあったかを見てみると、

> 先生、近世の学ぶ者を深く慮るに楽に趨き易きに便《なら》ひ、冒すに自り然るを認む。故に思はず勉めず、当下せば即ち是れ皆其の源頭を究め令むとす。果して是れ性命の上を透し来たり得るや否や、其れ関頭に勘《と》はん。果して是れ境界の上を打ち過るを得るや否や、而して陽明の無善無悪の一語において、難を弁ずるに余力を遺さず。以て天下の教法を壊し為さん。自ら斯く始めて言う。……銭啓新曰く「無善無悪の説、近時顧叔、時に顧季、時に馮仲好《はなは》だ明白に排決を為す。已に害を為すも蔓延に至らず」と。当時之れ陽明を議する者、以て此れを大節目と為す。豈に知は陽明と絶つて干渉無からん。嗚呼天泉は道を証《あらは》す。竜渓の累陽明らに多からん。[7]

近来の傾向として学問するものの安易な自己認識が目立ち、人の性が天命を受けてもたらされたものかどうか、その入り口のところが問われる。その意味でも陽明の無善無悪の一語は、成り立ちえないことを証明するのに手を抜いてはならない。この認識方法が儒学の学習法を壊してしまったと顧憲成が初めて云った。しかし銭啓新が云うよ

うに「無善無悪の説」は顧憲成・允成兄弟らも一時はそれに従ったが、自ら決別したので害の広がるのを防ぐことが出来た。ところが陽明学では心の本体が「無善無悪」であるとの認識は基軸概念であった。それ故どうして良知の問題を陽明との関係を断って論議することが出来るだろうか。すべては天が道を明らかにするものだ。王竜渓に係わりあうものは陽明学に従うものに多い。

憲成によって批判された竜谿の四無説とは、元をただせば陽明の「善無く悪無きは心の体、善あり悪あるは意の動く、善を知り悪を知るは是れ良知、善を為し悪を去るは是れ格物」と云った四句教をめぐって、門人の銭緒山と王竜渓が論争した際、銭緒山は陽明の基軸概念としてその改変に反対したのに対して、王竜渓は師の説は時に応じて教えを立てたもので、心、意、知、物は究極的には一体のものであると主張した。

因みに『竜渓全集』所収の「天泉証道記」によると、

両者の論争について、緒山は「もし竜渓説の如くんば、これ師門の教法を破壊するもの、善学に非ざるなり」

といひ、竜渓は「学問は自ら悟り自ら証すべきもの(8)」

とあるように陽明没後、師説を忠実に継承しようとした銭緒山・鄒東廓・欧陽南野らの良知修証派に対して王竜渓や王心斎などは、良知に至る格物よりも自らに信を置く良知現成派を形成した。そしていま一つ聶双江や羅念庵らに見られる良知帰寂派があった。

かくして陽明学内部に於いて竜渓らの主張は陽明学からの逸脱として批判され、それに対して竜渓は主体的な人間の自己認識を重視し、陽明の認識規定から時に応じて対応することが人間認識の在り方とした。しかしそれは一歩誤ると人間の恣意的判断を正当化する危険がつきまとうものであった。憲成はその危険性をいち早く指摘したのである。そして大塩も竜渓の四無説に対して、

後素按ずるに、王子の四言教は、簡易明白にして、誹議すべきなし。只だ竜渓子の四無の説起ちて以て還らん。

世儒併せて善無く悪無きは是れ心の体の言を罪す。是なんぞ罪すべきや。実に加ふべ可らざるは之の格言なり。夫れ心の体は天なり。天は太虚なり。太虚には之れに名づく可き善なし。(9)

とし、当然、太虚に対応する心にも善悪はないとした。さらに竜渓の四無説については相手を見ずに説くものではなく、学問への優れた資質のある者でないと理解されないとした。同じように良知の工夫としての格物致知について言及しなかったことで王心斎が致良知の意義を失墜させたことは東林派とともに大塩の批判の的になっていたことが窺える。その良知についての憲成の考えは、

或は問ふ、致良知の説は如何と。曰く、今これ良知を談ずる者天下に盈《み》つ、猶を離合の間に在るに似るがごとき也。蓋し諸《これ》を孟子の言に徴するに、「孩提の童、其の親を愛するを知らざるはなき也。及びその長ずるや其の兄を敬ふを知らざるなき也。親に親しむは仁也。長を敬ふは義也」と。竊に惟ふに仁義は性となり、愛敬は情となり、愛を知り敬を知りて才と為す。良知の二字は蓋し性情を通ずる才にして之を言ふもの也。乃ち良知を主とする者は既に曰ふ、吾が所謂る知は是れ体にして用に非ず、良知を駁する者又曰く、彼の所謂知は是れ用にして体に非ず、各々堕辺を見るを免れざるを恐れんや。(10)

良知と云うものは孟子の云った孩提が仁義を体得するように、それが性となり情となったものが素質としての才にまで達したときに発揮されるもので、陽明学派内の良知解釈をめぐる体用論の足らざる所を批判した。(11) なお憲成の同学高忠賢は、

人心の霊に知有らざるなし。良知なり。其れ已に知つて困り、而して益々之に窮す。其の極みに至り、良知を致すなり。

と解していたことが大塩により紹介されていた。(12)

『大学』に於いて認識の過程が示された「止て知り、而る后に定まる有り。定つて后能く静か。静にして后能く

安んじ、安んじて后能く慮り、慮つて后能く得」に対する工夫として静座の意義が論議された。大塩については後に述べるが東林派も静座の意義に注目していた。

> 程子人に見《あ》ふ毎に静坐し、便ち嘆じ其の善を羅予章に学び、李延平の教は静中に於て喜怒哀楽の気象を看ん。朱子に至り又曰く「理の会得は只だ道理を透し明さん。自づから然るは是れ静にして、静坐を討ち去る可からず」と。三つの言、皆な至理有り、須らく之を参合して始めて得ん。(13)

憲成も程朱の学を始めとして宋代の静座を重視した学者から奔放に走り始めた良知認識への反省として、静座を重んじたのであろう。そして憲成の言説に大塩が励まされた箇所が散見された。例えば、

> 今人は古人に如かずと謂ふ勿れ、自ら立つのみ。人心は我が心に如かずと謂ふ勿れ、自ら尽くすのみ。(14)

混迷を深めた明代末期に在って、士大夫としての自らの社会的責任を引き受け、それに応える人間としての誠実さで以て行動しようとした東林派の気概がうかがえる。それ故また自らを犠牲にして止まない心情も吐露されていた。

> 孔孟の言は生死を看るに甚だ軽く、生死を以て軽きと為す。則ち情累能く其の全を為すを干さず、生の所以、死の所以を生死を以て重きと為す。則ち惟れ規規ならん、軀殻之を知り、生を徒の生と為し、死を徒の死と為す。仏氏の謂ふ生死は事を大とし、正に其の大なる所以を知らざる也。(同上、巻五八—十一)

生死を一体のものとして生きるが如く死ぬことの意味を問うものであった。憲成はさらに言葉を続けて、

> 人身の生死は有形のものなり。人心の生死は無形のものなり。衆人は有形の生死を見はし、無形の生死を見はさず。故に常に有形のものを以て主と為す。聖賢は無形の生死を見はし、有形の生死を見はさず。故に常に無形のものを以て主と為す。(同上、巻五八—十二)

世俗的生命体としての生死と、人間の歴史的存在性として生死を超越する聖賢の在り方が問われていた。それこそが不正腐敗の横行する朝廷の官僚組織と対峙する、東林派の生き方であった。『明儒学案』では凡そこのような顧

憲成像が語られていたが、それに対して大塩は憲成のなにに共感しなにを批判したのであろうか。大塩の『洗心洞劄記』及び『古本大学刮目』にそれを見てみよう。

3　大塩の視線

わが国中国思想史学では東林党の顧憲成は、陽明学を批判する朱子学寄りの人物として評価されてきた。そして大塩も顧憲成を陽明学の影響下にありながら、朱子学的認識論も受容する人物として向き合っていた。それが証拠に『古本大学刮目』の引用姓氏に於いて、王門親炙私淑からはずれた思想家ではあるが、なおかつ王陽明の思想的影響下にあった人物とされていた。それ故、大塩の著書にもその名をとどめていたが、憲成への眼差しはそれだけではなかった。それは憲成その人の生きざまに関わっていた。『明史』のなかでも述べられていたように士大夫としての自覚のもとに、宮廷政治の暗部と戦う公正明大な生き方への共感があった。上疏により宮廷政治を批判することで、宦官魏忠賢に宮廷から追放された正義感が大塩の心性を強く揺さぶっていたと云えよう。仁のために生死を超え自らの利害を省みない生きざまは、憲成自身が「今人は古人に如かずと謂ふ勿れ、自ら立つのみ」と述べたように、大塩自身のおかれた状況の中で一人の聖賢として立ち現われた人間像であった。

確かに顧憲成・高忠賢ら東林派は、陽明学批判の急先鋒である呂晩村らによって持ち出された、『古本大学』批判の口実に使われ、豊坊の偽作と云われる石経古文の『大学』を持ちあげたりした。それに対して大塩もその誤りを批判したところであるが(15)、それによってすべてを否定する同党異伐は、大塩のもっとも非とする所であった。大塩は東林派が陽明思想の大きな影響下にあったことを『洗心洞劄記』の中で取り上げていた。

(上・一一四)程朱の没してより陽明先生に至るまで、其の間の学者は、詞章文句の中に沈溺し、未だ嘗て頭を出す能はず。誠に憫《あはれ》むべし。先生の起るに及び、学者始めて天日を見るを得たり。故に顧端文公曰く、「程朱没して記誦辞章の習ひ熾んなり。天下をして自心・自性の当に反りて求むべきもの有るを知らしめし所以の者は、王文成なり」と。誠なる哉、此の言や[16]。

王陽明の時代になって、それまでの古書の記憶と暗誦や作詩と作文の学から解放され、自分の本心や人としての本性とは何かを自分自身に向かって問いかけられるようになった。これこそが王陽明の学問的功績であったとする言に、大塩は賛辞を呈していたのである。

この朱子学寄りと評された東林派の学問の来歴についても『劄記』上巻末尾に、大塩から見た明代思想史論においてのべられていた。それによると黄石斎・劉念台らの良知の学に対して、

而して何ぞ啻に徐横山の具体、銭緒山の篤信、王竜渓の精微、王心斎の超脱、聶双江の主静、薛中離の精研のみならんや。其の余の劉両峰・劉獅泉・劉晴川・黄洛村・何善山・陳明水……皆良知の宗を得て、教化経済・文章節義の績有り。……而して夫の李見羅の止修の学、呂新吾の呻吟の工と雖も、皆ここに蒸出す。東林諸君の学も、多く亦た源を此に導く[17]。

右に見られるように東林派も、大塩の視線からは明代陽明学思想史の中に位置づけられていたのである。

既に述べたように『明儒学案』「顧涇陽小心斎劄記」において静座の意味が述べられていた。憲成の関心がそこに在ったのであろう。『古本大学刮目』では同じ東林派の高忠賢の静座の説が引かれていた。大塩は高忠賢の「静座の法」に続いて「静座の説の後に書す」と題し、さらにその後に、

高忠賢曰く「静中の喜怒哀楽を未だ発せざる時に観れば、湛然太虚にして、此れ即ち天なり。心性は天なり。総べて是れ一箇。故に孟子曰く、其の心を尽くす者は、其の性を知れば也。其の性を知らば、則ち天を知ると[18]」。

大塩もこの注釈に敬服して何ものも加えなかった。大塩自身も『刮目』のなかで静座に言及していた。

然り学を始めるに在りて、心粗く気浮き、良知の常に照らし常に明らかにせしむ能はざるは、少なしと為さず。故に程門に乃ち静座の法あり。静座は坐禅入定枯木死灰の謂に非ざる也。浮気粗心を聚斂収摂せん、要は寂然不動の体を完うし、以て喜怒哀楽未だ発せざるの前に気を看、亦皆な実に天理を見るの功ならん。（同上p.226）

陽明学に静座の意義を説いたのは陽明の高弟聶双江であった。しかし王陽明自身は必ずしも賛成しなかったので大塩は当惑した。にも拘わらず大塩は静座して粗心浮気を治める必要が人間にあるところから、高忠賢の静座説を支持したのである。(19) ところが問題はそこから先にある。大塩が静座の説を支持したことで大塩が陽玥派の聶双江に近いところから帰寂派であるとか、楊亀山・羅予章・李延平ら宋学につながるところから朱子学的とされてきた。(20) しかし大塩の立場は同党異伐を非とする立場で、学派に関わらず広く受容できる言説は受け入れる主義であり、静座を取り入れたからと云ってすぐ帰寂派に数えるのは大塩思想の在り方から見て無理があると云わざるを得ない。大塩の東林派への眼差しも、やはり『剳記』上巻末で述べられた明代末の政治腐敗と戦う東林派の正義感への共感にあった。

而して流賊の王嘉允・高迎祥は延綏に起れり。実に崇禎元年なり。而して魏忠賢の党の喬応甲・朱童蒙の其の禍を醸せしこと、即ち史伝に載せたり。又た之に加ふるに劉懋の駅站を減ずるを以てし、盗賊飢民は紛として起り、救治すべからざるに至る。……況んや朝廷の権は内豎に帰し、奸を懐き寵を固むるの徒は依附結納し、主の明を擁蔽するをや。(21)

宦官魏忠賢の支配する宮廷政治の腐敗ぶりが指摘され、とりわけ、

楊忠愍の刑に遭ひしより以来、天下の名賢は皆閹人《えんじん》の為に斃《たふ》る。是に於て元気は尽く澌《つ》き、国脈は絶ゆるに垂《なんなん》とす。亡びざるを欲するも得んや。然り而して士類は各おの天を怨まず、下は人を尤《とが》めず、只だ忠を尽くし節

を殫《つ》くし、数年の間、彼を防ぎ此を禦《ふせ》ぎ、戦ひて没するの外、縊死《いし》・投繯《とうくわん》・入水して、降《こう》を売る者は更に多きこと無し。宋末と大いに反するものは何ぞや。此れ又た豈に良知の教の人心を維持せざるに非ざるか。（同上）

楊忠愍が流刑されて以来、東林派も根こそぎに追放されて苦難を強いられた。そして国家まで滅亡に向かったが、それでも節を尽くす士が立ち現われたのは、王陽明以来の良知の学がそうさせたのであり、宋末と違う明末の大きな特徴であるとした。このように大塩は彼我の時代状況のなかでわが国近世思想史にない東林党の思想性を把握していたことを見逃してはならない。

註

（1）荻生茂博「大塩中斎—反乱者の人間学」p.183以下参照、「大塩中斎の思想的位置」p.217参照、『近代・アジア・陽明学』ぺりかん社・二〇〇八
（2）『古本大学刮目』『日本倫理彙編3』p.248・育成会・一九〇一
（3）前出・荻生「大塩中斎—反乱者の人間学」p.188
（4）『洗心洞箚記』下巻・一五条（日本思想大系46）p.462・岩波書店・一九八〇
（5）『明史』p.6032・中華書局（原文を読み下す）
（6）『同上』p.6032
（7）『明儒学案』巻五八—四（原文を読み下す）
（8）島田虔次『中国に於ける近代思惟の挫折』p.156～157・筑摩書房・一九四九
（9）前出『古本大学刮目』p.241
（10）前出『明儒学案』巻五八—六
（11）『同上』巻五八—六
（12）前出『古本大学刮目』p.176

(13)「顧涇陽小心斎劄記」前出『明儒学案』巻五八―六
(14)『同上』巻五八―八
(15)前出『古本大学刮目』「凡例」p.147参照
(16)前出『洗心洞劄記』p.409
(17)『同上』p.454
(18)前出『古本大学刮目』p.229
(19)『同上』p.225～230
(20)註(1)の荻生説参照
(21)前出『洗心洞劄記』p.455

第10章　社会福祉思想の先導者・大塩平八郎
――森鷗外歴史小説『大塩平八郎』の言説に関連して――

はじめに

大正二年（一九一三）大阪府より社会救済事業の指導監督のために招かれた小河滋次郎（一八六三～一九二五）は、大阪におけるそれまでの救済事業の特色として次のような印象を語っていた。その一つが大阪における貧民住宅の改良が東京よりはるかに進んでいることであり、二つ目が小林佐兵衛などによる浮浪者・乞食などへの授産事業の進展、そして三つ目が警察関係者による感化院・自彊館など救済事業への積極的な関与であった。そして、

最後に挙げたいのは大阪の富豪間に救済趣味が普及して居ることである。そして這の趣味が富豪のみでなく、段々生活に多少の余裕のある中流以上の人の間にも行はれ来つたことである。……救済趣味の向上が著るしく認められる。近く藤田家に於て八万円を市長に提供し、適当の救済事業の設置に充てんことを申込み、市では其の利子を各種の救済事業の補助費に充て居るが如き、新田長次郎氏が一の貧民学校を創設したが如きは、何れも富豪の美事徳行であるが、最近住友家に於ても適当の救済事業があらば出金し度いと云ふことで、目下其の方面を調査中である。(1)

と述べられていたように、大阪の警察関係者と財界並びに中産階級以上の市民が、殊の外、救済事業に深い関心を持っていることに大きな驚きを示していた。一体このような治安担当の警察官と都市富裕層と云う特定の職能層と

上層市民が、資本主義的発展をたどる都市生活から発生した貧困問題になぜ関心を払うようになったのか。検証に価する研究課題であるにもかかわらず、これまで大阪は戦前以来、社会福祉の先進地帯としてあるとするのみで、近世にまで遡及してその原因を解明されることは社会福祉史研究にもなかった。しかし社会福祉の先進性の一端がここにあるところから、その歴史的背景について明らかにする必要がある。

その意味で気になるのが明治四十四年一月、幸徳秋水ら二十四人に大逆事件の被告として死刑・無期懲役の判決が下された際、森鷗外がこの事件に触発されて歴史小説『大塩平八郎』を書くなかで、小説の不十分さを補うために付録を書き足していた。そのなかで「平八郎の思想は未だ醒覚せざる社会主義者」と規定したことである。

平八郎が未だ目覚めざる社会主義思想家であったか否かは、鷗外が大逆事件を通して時の為政者に対する社会的警告として描いたとしても、大塩思想は何処からみても社会主義思想ではなかった(2)。しかし大塩の乱が投げかけた救民対策は、近世の大都市大坂とその周辺の救貧問題として、富裕なる都市住民としても無関心ではおれない新たな公共的意識を目覚めさせるものであった。その意味でも大塩の乱は近代社会福祉への先導的役割を果たすものであったと云えよう。

1　大塩思想の核心

大塩思想の原点は『孝経』にあった(3)。この親子関係のなかで形成された慈しみ慕う仁愛としての孝について、

孝は学ばず慮らざるの性、而して人心に存する者なり。然るに士人に在りて、猶ほ行ふて著せず、習ふて察せざらん者有らんや。況んや日用にして知らざる百姓が如き者においてをや。焉ぞ孝は即ち万善、良知にして即ち孝、太虚にして即ち良知、而して一貫之義を知らんや(4)。

良知と云われ太虚とも関わる孝は、親子という人間関係のなかで体得される最も根源的な道徳感情[5]であった。親が子を慈しむなかで子が親にいだく慕い敬う親愛の情は、他者への根源的な道徳感情として、やがて兄弟から友人へそして他者一般に及び、さらに成人すれば自分の仕える主人に対する忠として発揮される。そしてさらには人間を取り巻く天地万物に及ぶものであるとした。王陽明も『大学問』において、

是の故に孺子の井に入るを見ては、必ず怵惕惻隠《じゅつてきそくいん》の心有り。是れ其の仁の孺子と一体と為るなり。孺子は猶ほ類を同じうする者なり。鳥獣の哀鳴觳觫《こくそく》を見ては、必ず忍びざるの心有り。是れ其の仁の鳥獣と一体と為るなり。鳥獣は猶ほ知覚有る者なり。草木の摧折《さいせつ》を見ては、必ず憫恤《びんじゅつ》の心有り。是れ其の仁の草木と一体と為るなり。草木は猶ほ生意有る者なり。瓦石の毀壊《きくわい》を見ては、必ず顧惜《こせき》の心有り。是れ其の仁の瓦石と一体と為るなり[6]。

このように孝は仁愛の感情として存在するところから、孝は道徳の至り着く最高形態でありその根幹として「至徳要道」と位置づけられた[7]。

このように大塩にとっての孝は、儒教的仁を包含する最高の道徳的概念として存在し、その人類社会に形成された始源をたどるとき、はるか遠い先祖の記憶を越えた無限の彼方、即ち太虚に至りつくところから太虚と同根とした。この太虚とは森羅万象の根源として地上に春夏秋冬をもたらし、人間社会を分け隔てなく公正に支配した。私欲を交えない公正こそ世俗的欲望にまみれた人間社会を浄化するものとして、太虚は良知として人の心のなかに受け止められた。

それ故、人は身を慎み学問することで良知を磨き、公正無私の判断ができる聖人をめざすことを学問の根幹にすえた。その時、常に立ち返らねばならないのは孝の思想から発出した他者への仁愛であった。これこそ人間界の生存競争にみられる暴力から逃れ、類としての存在を可能にさせるものであった。大塩はそれを孝の思想で表現した

のである。

為政者のための学問が庶民に向けて舵が切られようとした時、その一つの可能性が他者への仁愛意識の根底にある至徳要道としての孝であった。大塩はそれを『古本大学』の三綱領としてある明徳を明らかにし、民に親しみ、至善を尽くすことから学んだ。

近世の大坂は歴代の城主によって治められる城下町ではなかった。それは天下り官僚の寄生しやすい、政治的緊張の稀薄な官僚支配の商業都市であった。そのなかで庶民と日常的に向きあう裁判・警察行政を担当したのが大塩らの与力・同心層であった。このような都市環境と職務のなかから生まれた人倫意識として孝が説かれた。太虚の公正無私で結ばれた、それぞれ都市民がその職能の場を得て生きる天地万物一体の仁が求められた。しかし打ち続く異常気象のなかでの凶作は、大坂周辺の農民層や都市貧民層に救済を必要とした。しかし緊張感の欠落する官僚体質は機敏な救済に事欠き、大塩はそのような大坂城代や町奉行所に対して、自らの責任で豪商から義捐金の協力を求めたが、それも東町奉行跡部良弼（老中首席・水野忠邦の弟）に妨害されたので大塩は義捐を渋る豪商の非協力にも激怒し、遂に天保八年（一八三七）二月に乱が起こされた。それは幕藩体制の儒教的政治理念から逸脱することへの大塩の積もり積もった憤りであった。そして彼の待望した聖人は遂に現われなかった。

2　天保七年の大坂

『浮世の有様』は文化・文政から天保をへて弘化に至る間の、大坂を中心にした世相の推移を丹念に記録した貴重な書き物である。そこから大塩の乱前後の様子をたどってみると、大塩の乱が起こったのはあながち大塩の直情からだけではないことがわかる。

天保七丙申年、風水の天変ありて、世間一統騒々敷事なりし。(8)

とあるように、この年の二月には大風雨や大風雪で海上交通が大荒れし、沈没する船が続出した。四月二十一日の初更前に雨なしで雷鳴が三度して人々を不審がらせた。そして、

五月八日より十日迄北風烈敷寒気たへかたし。九日には尤大風雨にて洪水出。同十九日洪水出込水にて地形ひくき村々は、水家の床に至り田畠一面の水と成。三十石船多くくつかへり人多く死。淀川筋の通船十一日止、又連日の大雨にて六月七日洪水出る事一丈余、村々下地の込水未だ引ざる処へ、又大に込水を増す。引続雨降込水いよ〱増ぬるゆへ、上福島の寺にて早鐘をつく。市中にても西国橋・九条の橋落て九条村は申すに及ばず、摂・河・泉は申に及ばず、処々の堤切込、同日より三十石の船止る事十二日。米価次第に上り、十八日頃には百目余となり、廿六日頃には百二十八匁位になる。(9)

同じような事は西国の各地でも発生していたことも記されていた。このような事態をうけて大坂では、

八月三日の大江橋に富家幷米屋等を打潰す由の張紙をなし、其後に至りても淀屋橋・老松丁・御奉行処の門などへ、右やうの張紙をなせしと云。御奉行所よりは種々御心配にて、諸人の難渋を御救ひの御手当にて、御救米を下され、厳敷堂島の米問屋其外小売米問屋へ被仰渡、不正の商ひ申に及ばず、聊にても米買い〆の者なきやうに御紦これあり。

米価の高値をうけて不穏な張紙がなされるなかで、奉行所としての救貧対策と共に米価の高騰に対して関係筋への不正取り締まりや酒造米の制限、津出しなど他処への穀類の移送禁止などがなされた。しかし事態はなかなか改善されなかった。何より八月十二日巳の刻から降りだした雨は、十三日の二更迄盆を傾けるような降りようで、その上同日申の刻に大風が吹き、家や樹木を折り倒す始末であった。そのため「一統の困窮詞には述がたし」と筆者は記していた。この大雨で梅田・十三辺や河内では水患のために稲や畠の野菜類が消えてしまう被害が続出した。

九月になると、

六日初更松屋丁御奉行処の北一丁計焼失。同十八日子刻より暁迄大風雨大雷。米価百五十八匁と成、十九日又四匁上る。……米買〆の者共を打潰のよし諸々に張紙をなす。廿四日道頓堀二つ井戸辺の雑穀屋を打潰し、夫よりして其近辺の米屋共十三軒を打潰す。八十余人召捕られ入牢すと云。同廿七日老松丁へも張紙せしと云。(10)

不穏な動きが間断なく市中を駆けめぐっていた。十一月の上旬のことであるが、

中橋筋過書町辺の木戸へ、大坂三郷焼払ひのよし張紙せしと云。同九日夜北浜或家の門口に捨文二通ありし由にて、奉行所へ差し出せしと云。十日夕には野田・福島辺の百姓一統年貢上納なりがたきに付て、寄合せしと云。是迄は格別餓死の噂も聞ざりしが、近頃に至りては乞食の行き倒れ、又は貧人の死人を葬る事もなりかたくて、密かに道路に持出捨るなど、不少よし、又御城の堀に投身の者、数十人これありしかば、厳重に番人増し付けられしと云。

大塩が、

新衣《しんい》ヲ着《ちゃく》シ得《え》テ新年《しんねん》ヲ祝《いわ》ウ
羹餅《こうへい》味《あじ》濃《こ》ク咽《のど》ニ下《くだ》リ易《やす》シ
忽《たちまち》　思《おも》ウ城中《じょうちゅう》ニ菜色《さいしょく》　多《おお》キヲ
一身《いっしん》ノ温飽《おんぽう》天《てん》ニ愧《は》ズ(11)（詩文番号144）

と詠んだ心境は、まさに天保七年の大坂の状況そのものであった。

冬になると火災が多くなる。待ち構えたように十一月に入ると、

二七日夜子刻過より阿波座・讃岐屋出火にて、方一丁計焼失す。此辺はすへて家並あしく、多くは困窮人の住める処なれば、嘸《さぞ》かし難渋する者の多くありぬべきやに思はる。憐れむべき事也。

そして十二月三日にも谷町筋八丁寺町念仏寺が小僧の不始末で焼失した。四日から六日にかけて微雪降り、

寒気近年になき烈敷事なるゆへ、来年は豊作ならんと諸人寒の堪がたきを悦びぬ。されとも非人・乞食は中に及ばず、貧窮なるもの共の、飢寒に苦しみて死せるもの共は日々に多く、盗賊・押入・追はき等益々刃甚しく成て、盗賊方の役人の弁当を奪い取、はき物を盗取し事などありときく。其外白昼両替の店に至りて、金銀をつかみ取走れるなとあり。かかるさまなれば巾着切又は往来にて人の手に持、背におひぬる風呂敷包、又は赤飯・餅の類ひを配り歩行丁児・小女中の類をば、横つらをはりたをして奪ひ取ると云騒々敷有様也。

これを見るかぎり貧困者の救済以外は今日の大阪と寸分違わない状況に、都市の疲弊が窺えた。治安を与かる盗賊方の与力でも難波橋で四、五人の悪党に襲われたり、蔵屋敷勤めの武士が玉江橋付近で追いはぎに出くわし、刀ごと奪われて丸裸にされるようなことも天保七年の暮の出来事であった(12)。

この間、大塩は東町奉行跡部山城守に対して悴の格之助を通し、再三にわたり困窮者の救済を訴えたが取り上げられることなく、逆に出すぎた行為として罵倒される始末で、大塩に乱への決意を固めさせた。また鴻池など豪商に対して義捐を訴えたが、これまた跡部の圧力で不首尾に終わって大塩を追い詰めることになった。

奉行所は米価の高騰にたいし、惣年寄を通じて再々町方の米屋に値上げしないよう自制を申し渡していた。また同年十月になって難渋者に施行するための基金が豪商などに呼びかけられた。それにたいして鴻池屋善右衛門、加島屋久右衛門各々銭千八百貫文を筆頭に、八十七余人から銭一万六千四百九十四貫二百八文が集められた。これらが極難渋者には三百文、難渋者には二百文、家内人別に百文ずつの増、人数に関わらず二人以上の家族にたいしては百文が宛てがわれた。これが大塩の乱の起こされる前年の様子であった。すでに大塩は施行の資金として、その蔵書を書林河内屋などを通して売却することで一人一朱を一万人に施行する準備を整えた。

3　豪商泉屋の動向

大塩の乱について『浮世の有様』は、為政者の姿を次のように記述していた。

夫《それ》武士の四民に冠たるや、治乱ともに各々其職分を守り、能くそれ〳〵に勤労を尽し、万民をして平易に居らしめて、何れも安堵せしむるを以ての故也。……然るに近来武道大に衰へ、多くは其本意を忘れ、常に敖《おごり》を放《ほしいまま》にして自己の身分を弁へず、君より賜ふ処の知行をば無用の事に費し、や、もすれば頻に肩を怒らせ臂を張りて、農商の利を奪ひ取て、これを己れが有とせんと思ふ輩も少なからずと云。可歎事にあらずや。(13)

これは天下り官僚の姿を述べたものであろう。大塩の乱は大坂で起こる可くして起こったのであろう。天保八年（一八三七）二月十九日早朝、乱は起こされた。大塩は再び帰ることのない我家に火を放ち、続いて民を思う家康遺訓の衰えた今、桜ノ宮の川崎東照宮にも火を放って聖人の加護を祈願した。そして経済的実力に相応しい社会的自覚を忘れ、もっぱら眼前の私利を優先させた大坂船場の今橋筋・高麗橋筋の鴻池一統を初め天王寺屋・平野屋らの富商豪商を次々に襲って火をかけ、さらに進んで東横堀川を越えて内平野町に出て米屋平右衛門・米屋長兵衛らの米屋一統を糾弾した。かくして大坂の経済的中心部に大打撃を与えた。

大事件そのものはあっけなく終息したが、その影響は幕藩体制にとっても無視できない大きな衝撃を走らせた。大塩の乱は幕藩体制を支えてきた教養主義的朱子学からの離別宣言であり、仁政の実施による社会的公正を求める訴えであった。惰性と衰退化のなかにある幕藩体制にとって、もはや復元力は皆無に等しかったことは天保改革の失敗を見れば明らかである。しかし政治体制が崩壊してもそれは権力の所在の問題で、その限りでの混乱は伴うが、庶民の暮らしは一日たりとも休むことはできない。

それにかかわる大坂市中の豪商も、体制下の寄生的性格の商人として甘んじるのか、それとも体制を見極めて再生の道を選択するのかが問われた。大塩の乱は都市民しての生活共同体の自覚を、大坂商人に求める契機となったのではないか。なぜなら大坂は天下り官僚の支配する地として、地域が困窮した際には率先してその解決に向かう人間性乃至は社会的責任の自覚が在郷民としての有力層に求められた。権力と癒着し切った寄生的商人体質からは、そのような人間的自覚は生まれにくい。しかし権力と距離をおくようになったとき、初めて企業としての社会性が自覚されるのではなかろうか。そこで泉屋住友の行動からその跡をたどってみよう。

別子銅山の経営などで財をなした豪商住友は、すでに大坂市中においても享保十年（一七二五）頃には借家を二十八カ所に持ち、その後、元文年間（一七三六～四〇）には約十カ所、寛保年間（一七四一～四三）には六カ所、宝暦には七カ所と次々に拡大し、天保四年（一八三三）には三百六十五軒を抱えていた[14]。このような近世的な借家住宅経営者として、傘下の借家人の生活状況を把握していたはずであり、それらの借家人にたいして人間的対応があって然るべきであった。それ故、天保四年の飢饉の際には、独自でこれら借家人に米十八石八斗三升を施行したのである。

それに対して天保七年の奉行所からの施行では銭千十五貫文を拠出した。これは大坂の豪商としての最低の付き合いであった。しかし大塩の乱後、泉屋住友は現実を見直す必要に迫られた。その結果、乱後の三月に、住友は倹約法を軸とした第一回目の家政改革に着手することになった[15]。

「末家取締法」七カ条、「店方吹所取締法」五カ条などがそれであったが、同時に大坂市中の罹災難渋者救助の為に、銭七百貫文、此駄賃三貫文ともに差出され、また旧大和川での付け替えに伴う新田開発地である山本新田の貧窮百姓三十七軒の者に米七石代銭百五十貫文が施与されていた。さらには同年六月に市中貧困者救助として銭千百五十貫文が拠出され、九月にも銀百枚が差出されていた。しかしこのような大事件後の出費は、世の中の人々の心をつなぎ止めるものではなく焼け石に水であった。

このように大塩の乱を経験した住友家は、事件そのものから家政改革と都市有力層としての社会的責任を求められ、将来にむけての経営存続のために事件から更なる教訓を学ぶことになった。

4　泉屋の第二次家政改革から

天保十年（一八三九）十一月、泉屋支配人鷹藁源兵衛により企業への改革意見が述べられ、それを受けて当主・泉屋友聞から再度、具体的な意見書の提出が求められるなかで『愚存書』が提出された(16)。それによると幕府諸藩への大名貸については営業としては縮小化すべき歓迎せざる取引とし、借方の領主側への不信感に満ちた厳しい意見が述べられていた。

近来御屋敷様方御仕癖不宜、兎角音信の義理を掛、大金の調達を貪る工夫にて、表ハ謡を以て懇意を結び、内心ハ至て薄情に御座候、適御実意の御方も有之ても何れハ御転役被成候故、跡役の御方ハ何の義理も無之、亦々無体の御頼談被仰掛、不承引の時ハ御仕法被仰出、夫を厭ひ候てハ追々深入に相成、後にハ元利共に失ひ候様に成行申候、依て松山様及び御扶持方等も被仰付有之方ハ格別、其余の御屋敷方ハ、総て御名代勤に被仰付、可成丈旦那様方御直勤不被遊様相成候ハヽ、自然と義理合も薄く候故、過分の御頼談も難被仰様押移可申候、勿論新規御屋敷御館入等の儀ハ幾重にも御断申上、手を縮め候工夫に仕度、

ともかく大名貸窓口の役人は、その場限りの薄情な付き合いで、その後任者になれば義理がない。しかし無理な前貸しを要求され、それを断わると法令を盾にして話はもつれて元利共に失う羽目になる。それ故、一部の藩を除き当主が表に出ないようにすれば、自然と疎遠になるので過分な融通は避けられる。勿論、新規の金融は断わるなど大名貸し業務の縮小に工夫する必要があると指摘するものであった。

同様に大坂在勤中の天下り官僚からの用立てもあり、これも返金されることがないので住友として距離を取る必要性が述べられていたように、大塩の乱を期に企業としての世俗的交際費を含めた大名貸など回収困難な貸付にたいして、企業内の質素倹約を突破口に関係筋への融資にも引き締め策が取られた。それは幕藩体制下における商業資本から産業資本への移行期において、企業精神からみて資本という企業経営の基盤を侵食しかねない融資への反省として、いち早く企業改革に着手しようとするものであった。

大塩の乱はこのように世間に見えないところで、企業活動の足かせとなりつつあった体制との癒着構造に、自反の目を向けさせていたのである。このように企業が企業として官から自立しようとしたとき、官の果たす政治的役割についても無関心ではありえなかった。商業都市を代表してすでに身分制度を越える顔として、その組織に英知が存在するのであれば、もはや見て見ぬ振りをすることは許されなかった。

「天保酉年危急ノ秋」と自覚されたときから、泉屋住友の経営体質は来るべき時代にむけて一歩あゆみ出したのである。その一つが経営基盤の強化のための大名貸などの抑制策であり、今一つが企業としての自らの占める地域社会に対する社会的責任の自覚であった。明治期に編纂された『垂裕明鑑』に天保八年二月の「大塩騒動ノ記事」として事件の発生から、個々の豪商の被害状況、市中の被害状況、そして騒動の進行がつぶさに記され、事件に参加した主要人物の最後までが記録されていた。そして最後に「大塩平八郎の伝」において大塩の人格を次のように述べていた。

平八郎、天資豪邁ニシテ胆力アリ、学ヲ好ミ、厚ク陽明王氏ノ説ニ信ジ、躬行ヲ重ンズ、又詩文ヲ能クス、嘗テ近江高島郡ノ藤樹書院ヲ訪ヒ、大ニ中江藤樹先生ノ徳風ヲ欽仰スル文アリ、又兵学ニ通ジ、鎗法剣術ヲ鍛錬シ、其声名一時ニ籍々タリ、嘗テ太平ノ世人、皆驕奢ニ流レ、幕府有司ノ不正ナルヲ慨嘆シ、切歯憤惋スルコト久シ、故ニ壮歳ニシテ、退隠シ、養子格之助ヲシテ公務ヲ勤メシメ、自ラ生徒ヲ教授シ居レリ、其門生ヲ遇スル厳刻ニシテ、長幼ノ別ナク、時ニ大状ヲ以テ、之ヲ鞭撻シ、深ク心志ノ不正ヲ誡メ、過ヲ改メ、善ニ遷ラシム、然レモ、師弟ノ交リ懇篤至誠ヲ尽シ、衆皆其徳誼ヲ尚ビ、其高風ニ服セザルハナシ(17)。

これを読む限り大塩は立派な学者として評価されていたことに驚く。事件後、大坂の庶民の声は、

愚夫愚婦までも今に平八郎様と称するは陰《いん》に真徳を仰ぐにあらずや(18)

とあるように大塩ひいきが市中に蔓延していたが、それに対して為政者側は姦賊として事毎に悪罵を加え、さらには夫婦関係をはじめ人格的攻撃にまで及んでいた。このような風評が乱れ飛ぶなかで、甚大な被害を蒙った泉屋住友がどうして大塩に公正な評価を下したのであろうか。そして事件の年の状況を、

是歳、天下凶、饉餓莩野ニ盈チ、物価昂騰シテ、窮困ノ民生活ヲ得ズ、而ルニ大坂市中ノ富豪ハ之ヲ救恤スルノ意ナク、己自ラ驕奢ニ耽リ、有司モ亦救荒済貧の策ヲ建テズ、是ニ於テ、平八郎ハ憤然ト意ヲ決シ大事ヲ挙グ、首トシテ有司豪商ヲ討チ殪《たふ》シ、金米ヲ奪ヒ取リ、貧窮餓ニ苦ム者ニ分与セント欲ス(19)、

と、自らは云うに及ばず為政者の無責任を責め、その上で大塩の行為を賞賛しているのであった。このように大塩の事件が誰かにより起こる可くして起こった事件として、世の中の変化を見極められなかった自らの社会的責任をきわめて深刻に受け止めた文章であったと云えよう。

大塩の乱に端を発した泉屋住友の改革が、『垂裕明鑑』において自らの企業経営の抜本的指針として語り継がれるものとするならば、それは日本的企業の近代化に向けた一つの大きな精神的遺産であったと云うべきであろう。一方において幕藩体制との寄生的関係を断ち切り資本の蓄積をはかり、他方においては企業としての社会的責任を自覚することは理性的な企業運営として、それが誠実に実施されたときは評価に価する近代精神であった。このように大坂の地において未だ形を見せない近代化にむけて、企業が試行錯誤していた事実を私達は銘記すべきであろう。

おわりに

これまで大塩の乱はたかだか天保年間の地方的出来事として、その歴史的可能性が蹋踏されてきた嫌いがある。それは為政者の心情として止むを得ないとしても、大塩の乱は歴史の水脈として様々な場で継承されてきたのが歴史の真実であろう。

小河滋次郎が来阪直後、大阪の貧民救済事業に対する官民の気風の相違が、彼が学究生活をしてきた帝都東京と比較して、極めて大きな熱意のある土地柄であることを発見した。それは大阪が近代資本主義の先頭を走る資本家層の集まる地として、新たに発生した資本主義的発展に伴う貧困問題への関心を媒介に、それをなにがしか解消するための慈善心の発露だけではなかった。資本主義的慈善であれば天皇制的仁慈の体系の直下にある帝都にも存在して然るべきであった。しかし帝都にない官民の熱意に小河は驚いたのである。これは大阪ブルジョアジーの帝都への単なる対抗意識だけでは読み解けない、それは大阪という地域の持つ歴史的な経験がそうさせたのであろう。となると何が大阪人にこのような救済問題に関心を抱かせたかを考えたとき、近世末の大塩の乱が、都市上層部に深刻な衝撃を与えたことが指摘できよう。都市の機能を維持するために、都市の生活者が自然的災害や社会的生活上の異変に遭遇した際には敏速に対応し、住民としての同情・助け合う救済の心が不可欠であることを認識したからであろう。

大塩は町与力と云う刑吏役の責任者として、日常的に市中の対人関係のなかで発生した事象を取り裁くことから、追い詰められた人間の姿に接してきた。それ故『大学』三綱領に云う民に親しむことにおいては事欠かなかった。このように警察業務は市中で起こる問題の最前線での事象であっただけに、民の暮らしについては一番よく通じていた大塩が治安を与かる責任者としての経験から、困窮者の対応策を誰が為さねばならないのかを一番よく承知していた。そして彼のめざす陽明学は為政者として最善の措置を構ずること、即ち公正の実現を自らの課題とした。大塩の乱はここから起こされた。

この大塩の行為についてかつての同僚で、事件に際しては鎮圧側で活躍した大坂城加番阪本鉉之助は、大塩とその事件の成り行きについて貴重な記録『咬菜秘記』を書き残した。為政者からは凶徒とされながら、阪本は大塩の人柄を一廉の人物として評価し、事件についても取り締まり側にありながらも決して悪罵を加えることをしなかった。

これは一体どうしてであろうか。やはり大塩の与力としてまた学者としての誠実な人柄が、そうさせたのであろう。このような役人としての公正な職務に対する精神が、これまた大阪の司法界に影響をあたえていたのであろう。いや何か事ある毎に大塩が思い出されたと云った方が正確かもしれないが、近代において地域社会に責任ある職務の警察官から社会福祉の分野に草分け的にのめり込む人が次々と現われた。

都市に発生した困窮者を救済する、それは現代の言葉で云えば社会福祉であるが、まさに大塩はこの社会福祉の心を大きな犠牲を払って投げかけた人であった。なぜなら大塩のめざしたのは、民への公正な分配を求めた仁政の実現にあった。その意味からも大塩は社会福祉の先導的役割を果たすものであったといえよう。

註

（1）『小河滋次郎著作集（中）』p.385～387・日本評論社・一九四三

（2）幸徳秋水「一揆暴動と革命」『獄中通信』、塩田庄兵衛編『幸徳秋水の日記と書簡』未来社・一九五四、及び拙稿「大塩研究からみた鷗外歴史小説『大塩平八郎』」『大塩思想の可能性』所収p.158以下参照・和泉書院・二〇一一

（3）拙稿「大塩思想の原点としての『孝経』」『大塩平八郎と陽明学』所収p.27以下参照・和泉書院・二〇〇八
（4）大塩平八郎『増補孝経彙註』『日本倫理彙編3』p.619・育成会・一九〇一
（5）ルソーも『人間不平等起源論』p.82・岩波文庫、において、他人が苦しんでいるときに人がなんの反省もなく之を救助するために手を貸す行為は、人の自然的感情としての憐憫の情からであるとして、その意義を指摘している。
（6）王陽明『大学問』『伝習録・付録』（新釈漢文大系13）p.574〜575・明治書院・一九九六
（7）前出『増補孝経彙註』p.554〜555
（8）『浮世の有様』（日本庶民生活史料集成11）p.286・三一書房・一九七九
（9）『同上』p.286
（10）『同上』p.288
（11）前出・拙著『大塩思想の可能性』第7章「洗心洞詩文―その時代と詩想」p.293参照
（12）これも『浮世の有様』の伝える所であるが、江戸では天保三年に鼠小僧次郎吉が捕まった。次郎吉はもっぱら為政者筋の大名・旗本屋敷をねらい、決して商家から盗まなかったといわれている。そして武家屋敷から盗んだ大金を市中の貧民に分け与えた。これも武士社会からの民心の離反を現わすものであった。
（13）前出『浮世の有様』p.326
（14）中瀬寿一「大塩事件と泉屋住友の家事改革―天保改革前夜を中心に―」『大塩研究』9号・p.3・一九八〇
（15）『同上』p.5
（16）『同上』p.13
（17）中瀬寿一「大塩事件と特権的大町人―泉屋住友―住友家史『垂裕明鑑』の紹介を中心に―」『大塩研究』5号・一九七八
（18）藤田東湖「見聞偶筆」高須芳次郎編著『藤田東湖全集』第四巻・p.254・章華社・一九三五
なお岡本良一『大塩平八郎』に紹介されている「たとい銀の百枚が千枚になろうとて大塩さんを訴人されようものか」は藤田東湖の『浪華騒擾記事』の言とされているが、同記録の中には見あたらない。
（19）前出、註（17）中瀬論文・p.20

第11章　大塩聖人論の近代的展開

はじめに

天保元年（一八三〇）、大塩平八郎はその信頼した大坂東町奉行高井山城守の辞任にともない、彼も致仕して洗心洞塾での門弟教育に専念した。そのなかで襲い来たる凶作を前に都市貧民救済への積極策に欠ける天下り官僚にいらだち、仁政を求めて聖人の再来を期待した。大塩の『洗心洞詩文』の随所にそのような聖人の再来を願う心情が秘められていた(1)。また『洗心洞劄記』には聖人の本性について述べられていた。

さらには『洗心洞劄記』の公刊にさいして、一本を富士山頂の石室に納め今一本を伊勢朝熊嶽の山頂で焼くことを思い立ったのも、天なる聖人に自らの考えを伝えるための聖人再来の儀式であった(2)。このように大塩が聖人にこだわったのは、儒教思想における経世済民の学としての仁政の実現を自らの学問の根幹においていたからである。しかし地方の一公吏という立場では地域における風俗や犯罪の取り締まりが精一杯であった。そのなかで高井山城守の内意で大坂西町奉行所内の不正・悪徳を自らの手により告発した事件は、大塩にとって政治腐敗への粛清として仁政の実現に向けた一つの体験であった。その意味でも幕府中枢の心ある官僚の英断があれば、仁政の回復も夢ではないと大塩は考え且つ期待していた。それが乱にさいして江戸に送られた『大塩平八郎建議書』の真相であった。

しかし時代は閉塞状況にあり大塩の期待はすべて見果てぬ夢となった。大塩は聖人のめざす仁政に向けて自らが立ち上がらざるをえない状況におかれた。そして大塩が捨て石になることで時代の閉塞状況に大きな亀裂が走った。幕末維新期という激動の時代が到来し、聖人君子ならぬ幾多の身命を惜しまぬ志士仁人の活動する時代となった。大塩による聖人願望は各地に才能ある有志を決起させ、幕府に代わる政治主体として公を代表する王権が支持されるなかで日本の近代が切り開かれた。

ところが政治権力主導の近代化において第三階級としての労働者・小作農が貧困にあえぐとき、この時代閉塞を打破するために大塩に見られた聖人願望が再び姿を変えて台頭した。明治末年の元老院の牛耳る短命内閣に示された転換期が到来するなかで、それに相応しい改革者的人材への期待が聖人の再来や英雄崇拝として心ある知識人の説くところとなった。その意味でもこれまで大塩の聖人論そのものの思想史的意義が見失われるなかで、歴史における聖人論の意味を改めて検証しながら近代におけるその継承について述べてみたい。

1　大塩の聖人論

近世の聖人論は伊藤仁斎に始まると云っても過言ではない。礼教的な持敬を説く朱子学に対して、

書を読み理を窮め、以て知を致す可きも、未だ以て行を制するに足らず。礼を修め義を行ひ、以て行を制す可きも、未だ以て徳を成すに足らず。以て徳を成すに足るは、其れ惟だ仁のみか。(3)

と、仁を欠落させた個人の内面的修養にとどまる朱子学的礼教主義が批判された。それ故、仁斎にとっての儒学とは、

夫子の道は忠恕のみ、堯舜の道は孝悌のみ。……蓋し宋儒は性命を高談し、心の虚静を翫び、而して堯舜・孔

子の道は、全く平生日用の間に在つて、人倫の外に出でざることを知らず。故に爾か云ふなり。大凡人倫日用に益なく、天下国家の治に補する無きは、皆ともに堯舜・孔子の道に入る可からず。(4)

とあるように、聖人の道こそ仁斎の学問の根幹であった。即ち、

仲尼は吾が師なり。凡そ学者は須く皆な聖人を以て自ら期し待つを要すべし。(5)

孔子は我々にとって師であり、学問するものは皆聖人を自らの目標として努力しなければならないとした。このように仁斎にとっての聖人は思想の原点であり、まためざすべき人間像であった。

それに対して大塩の聖人観は思想の原点として、まためざすべき目標であったが、さらに現実世界の必要性にたいして立ち現われるべき救世主としての意味があった。それは聖人の再来信仰とでも云うべきものであった。仁斎のあった徳川前期では聖人の学を体得し、限りなく聖人に接近することで仁の共有化がはかられるとした。しかし幕藩体制も後期になると、社会的閉塞状況から仁政をめざす政治主体としての聖人そのものが求められた。大塩による聖人願望は仁政回復をめざす体制的危機の現われであった。それは天保の飢饉という自然災害と重なって大塩の心に重くのしかかった。

大塩の聖人に関する言説は『洗心洞劄記』に散見される。まず聖賢の行なう政治とは、

六四（上）聖賢の権を行ふや、仁義忠信の窮まるを救ふ。而して仁義忠信、之を待ちて以て世に行はば、則ち上下治まらん。奸悪の権を行ふや、己れを利し人を害するの私を為す。而して己れを利し人を害すること、之に因つて以て世に施さば、則ち風俗壊れん。夫れ権は一にして、而も善悪の相隔たること乃ち此の如し。周公・王莽の事に於て見るべし。慎まざるべけんや。(6)

聖人賢者が事に応じて力を発揮すると、仁義忠信の行きづまりも改められる。それ故仁義忠信の心で世の中の事に当たれば、すべてが治まるだろう。よこしまな考えで世の中のことが運ばれると、不公正になり私利をこやして

他者を痛める。こんな考えで世の中の政治が行なわれれば世の中の道義が壊されてしまう。事に応じて力を発揮してもその考え方の違いで、世の中に対する影響は善と悪に分かれてしまう。周公と王莽の例を見てもわるように私達は慎まなければならない。私心のない聖賢の政治と私欲をむさぼる凡俗の政治が対比されていた。

このような私心のない聖人の資質とは、

七〇（上）孟子に「其の心を尽くす者は、其の性を知るなり。性を知れば則ち天を知る」と。天を知る者は、正に是れ心の虚は即ち太虚たるを見得す、乃ち天と斉し。学者此に至らば、亦た聖人なるかな。(7)

心を究めた人はその本性が何であるかを知る。本性を知ることは天の心を知ることであると、孟子は云っていた。天を知るものは心の虚が太虚と一体であることを看取ることである。それ故、心と天は一体である。学問するものがここまで到達したら聖人の境位に達したのである。聖人とは天の心即ち太虚そのものであった。大塩はそれを、

三九（下）聖人は即ち言ふこと有るの太虚、太虚は即ち言はざるの聖人。

と定義した。(8)

大塩の聖人観を締めくくる改革者像としての言説を紹介しておこう。孔子の『論語』「述而篇」や『孟子』「万章篇」で述べられていた、魯や衛では孔子の考えが拒否され、宋の桓司馬に殺されようとしたことがあった。孔子のような聖人の教えでも受け入れられないどころか命まで狙われた。一体その原因は何であったのかは明らかではないが、人情に照らして考えてみると、つまらぬやからが孔子の公平な判断を恐れたからであろう。このような前置きの後に大塩は、

二〇（下）……故に乃ち此に至れり。況んや吾が輩の聖人を学び、一に良知に任じて以て是非を公にすること狂者の如くなるをや。則ち其の人禍は殆んど測るべからざるもの有らん。然りと雖も徒らに人禍を怖れ、終に是非の心を昧《くら》ますは、固より丈夫の恥づる所にして、何の面目ありてか聖人と地下に見えんや。故に我も亦た

志に従はんのみ。(9)

と述べていた。即ち孔子でもこのような危険な目にあわれた。まして自分が聖人の教えを学び、ひたすら良知という私意をさし挟まない公正な判断で物事の是非を公にすれば、きっと狂者のように目標にむかって突き進むことになる。そうなると他者からの迫害も予測がつかない。それでも人の非難を恐れて公正な判断を曖昧にすることは一人の人間として恥ずかしいことで、それでは来世において聖人とも顔を合わせられない。だから私も聖人の教えを貫きたい。大塩の聖人崇拝はここに極まったといえよう。そして大塩の乱はここにも予告されていた。

このような大塩の心情を次は『洗心洞詩文』から見てみよう。例えば、

五更《ごこう》ニ郭《かく》ヲ出《い》ズレバ蛙《あ》声《せい》喧《かま》ビスシ
稲田《いなだ》千頃《せんけい》シテ水川《みずかわ》ノ如《ごと》シ
聒々《かつかつ》ノ蛙声《あせい》　天《てん》ヲ動《うご》カサント欲《ほっ》ス
天々《てんてん》　縦《ほしいまま》ニ雷鳴《らいめい》響《ひび》クニ似《に》ル
潭底《たんてい》ノ竜蛇《りゅうだ》　蟄《かく》レテ尚《な》オ眠《ねむ》ラン(10)（詩文番号91）

広い水田に張られた水はまるで川のようである。そこで鳴く蛙の声はまるで天を動かさんばかりの大声である。それは天がほしいままに雷鳴を響かせるのと似ている。それでも淵の底の竜蛇はじっとして眠ったままである。こんなに人が天に向かって聖人の出現を訴えているのに、聖人を迎えにゆく竜蛇はなぜ淵の底で目を覚まさないのであろうか。

世の中に仁政が求められながら、聖人を迎えにゆく竜蛇がまだ姿を見せないのは、まだ機が熟さないからであろうか。大塩の聖人願望にもかかわらず、幕閣のなかにそれらしい人物の見られないことへの溜息であった。いま一つ紹介しよう。

閑《かん》ヲ偸《とう》シ友人《ゆうじん》ノ郊居《こうきょ》ニ講学《こうがく》ス、途《と》中《ちゅう》 梧《ご》桐道傍《どうみちばた》ニ生《しょう》ジ
　大実《たいじつ》ヲ結《むす》ビ流《りゅう》 盻《けい》スルニ感無《かんなか》ラズ、終《つい》ニ之《これ》ヲ賦《ふ》ス
暗生《あんしょう》ズレバ明清《めいせい》ノ道開《みちひら》カズ
久《ひさ》シク墳典《ふんてん》ニ将《したが》イ塵灰《じんかい》ヲ委《ゆだ》ネン
梧《ご》桐空《どうそら》ニ結《むす》ンデ鈴実《れいじつ》ノ如《ごと》シ
鳳鳥来《おおとりきた》ラズシテ誰《たれ》カ食《しょく》セン哉《や》(11)（詩文番号117）

世の中に愚かさが幅を利かすと、聡明と清潔の道徳が失われる。私は久しく古典を学び枝葉のことは他人に任せてきた。道を歩いてふと見上げると、あお桐に実が鈴なりになっていた。聖人が現われるときに飛んでくる鳳鳥が来なかったら、誰がこの実を食べるのであろうか。ここにも大塩の聖人願望が詠まれていた。

幕藩体制が危機の時代に突入するなかで、聖人の登場を真剣に訴えたのが大塩平八郎であった。近世儒学に正面から為政の学としての仁政を回復させようとした、儒学の陽明学的構築のなかで聖人観も形成されたのである。

これが幕末の横井小楠になると近代西洋学の知識を媒介に、理想の聖人像も堯舜に代わりワシントンが掲げられるようになった。時代が求める聖人にも変化が現われてきたのである。

2　生田長江とニーチェの超人論

明治維新によって生み出された国家は、西欧近代国家に比して個の立場は極めて微弱なものとして制度化された。大日本帝国憲法では国民を天皇の臣民と規定し、その人権規定も国法で制約されたものであった。さらに家族法においても家族員は家父長の下に従属する身分として規定されたように、近代的個としての自立性の乏しい尊厳に欠

けるものであった。

このような人間規定の社会組織にあっては、社会的諸集団に個人は従属され個人であることが限りなく抑制された。即ち組織への従属度が人間評価の尺度にされる社会となった。従って近代的個を主張することは日本社会からの追放を覚悟しなければならなかった。ここから日本の近代への煩悶が始まった。その元凶が国家と個人の関係であった。

その最初にやりだまに上げられたのがキリスト教徒の内村鑑三による教育勅語不敬事件であった。かくして綱島梁川の理想と現実のなかでの煩悶も始まった。明治三十年二月、アメリカ・ダートマス大学留学中の朝河貫一宛の書簡において、

> ……小我を脱して大我に近づき旧き「我」をすて、新き「我」の衣裳を着、かくて無限に究竟理想に向うて精進するを以て自己実現の唯一法と信ぜしは已に過ぎ去り、今日にては「果てしなき理想」を追求するの矛盾なるを悟り、又之れのみにては到底満足出来ざるをも悟り、一種の直感（一種の直感の語おもしろからず超越的心用とでも申すべきや）をもて、一躍大霊の光明に接せんを望みまた実にしか出来得ることを信じ、また実に一度はたしかにかゝる光明界のおもかげを瞥見し得たるやう思ひ申候。生が従来の理想は生命なき断片的（此の語不穏）理想に候ひき。……基督の所謂我等は実に希ふ所を知らざりし也。いつまでも煩悶しいつまでも精進しいつまでも私我と理想と矛盾す。[12]

梁川は明治国家の前の小我を脱して新たな思想的衣裳で理想に立ち向かうが、そのこと自体の矛盾に悩み、いまや信仰の力により超越的方法での解決を求めようとしていた。同様に西田幾太郎も国家に規定された個ではなく自覚的に意味や価値を見い出す創造的自己を発見することで、時代の閉塞感から抜け出そうと悪戦苦闘した。

そこで明治国家のこのような個の抑圧からの脱出願望として受け止められたのが、生の哲学としてのニーチェの

超人思想があったと云えよう。ニーチェ思想が初めて我が国に紹介されたとき、その道徳批判などから激しく非難されたが、文芸批評家でありやがて社会評論家になった生田長江（一八八二〜一九三六）により、次々とその著作が翻訳されるなかで『ツァラトゥストラ』（一九一一年刊）の果たした意味は極めて重要であった。

人生は陰惨にして、今尚ほ無意義なり。道化者はよくその宿命となることを得む。

我等は人々に彼等の存在の意義を教へむとす。即ちそは超人なり。人間といふ暗黒の雲より来たる電光なり。(13)

現在営まれている生活は光明のない場所での無意義なもので、世の中に迎合するものはそれを宿命としている。しかし自分は人間存在の本当のあり方として現在ある自己を越える方法・超人を教えたい。そこで人間界の暗黒が呼び覚ます啓示を受けたツァラトゥストラは人の住まう人間界に下り、そこで、

一道の光明は我に来れり。民衆に、ツァラトゥストラは説くべからず。寧ろ伴侶に説くべきなり。ツァラトゥストラは群畜の牧人となり番犬となること能はず。

群畜より多くの者を誘惑し去ること、その為めに我は来たれり。民衆と群畜とは我を怒るべし。ツァラトゥストラは牧人により盗人と呼ばるるならむ。

牧人と我は言ふ。されど彼等自らは善き人々、また正しき人々と呼べり。牧人と我は言ふ。されど彼等自らは正しき信仰の信者と呼べり。

善き人々、また正しき人々を見よ。彼等が最も憎むところのものは何ぞや。彼等の価値の板を粉砕し去るもの、破壊者、犯罪者はこれなり。されど、彼こそは創造者なれ。

総ての信仰の信者を見よ。彼等が最も憎むところのものは何ぞや。彼等の価値の板を粉砕したるもの、破壊者、犯罪者はこれなり。されど彼こそは創造者なれ。(14)

ツァラトゥストラの超人論は不特定多数の民衆に説いても理解されないので、私の声に耳を傾ける少数者に説くべ

きである。ツァラトゥストラの超人は大衆迎合の説ではない。しかし民衆のなかから理解者を引き抜くために民衆の反撃を受け、民衆を支配する牧人からも犯罪者の扱いを受ける。私、ツァラトゥストラの云う牧人は自からを善人であり道徳的に正しい人間であると信じている。その牧人は正しい信仰の持ち主と自負している。このような人々がなぜ私を激しく憎むのか。それは彼らが自ら信じていた信念体系を私が打破するためである。だから彼らにとって私は破壊者であり犯罪者になるのだ。

『ツァラトゥストラ』の書かれたのはビスマルク体制下の社会認識で、そこから生まれたニーチェの超人論は、絶大な天皇信仰のもとに安住させられた明治国家の臣民に対して、その脱皮＝脱出を暗喩するものであった。それは主体としての自らが変わることで社会に変化を求めようとするもので、社会の時代閉塞からの脱出を示唆するものであった。

「自分をより善くすることによってのみ、社会をより善くすることが出来、社会をより善くすることによってのみ、自分をより善くすることが出来る[15]」。それはさらに国家と個人の関係を論じた『ツァラトゥストラ』の「新しき偶像」において、国家批判の意図は頂点に達していた。即ち、

今尚民衆と群衆とのあるところもあらむ。されど、我が兄弟よ、我等の所にはあらず。我等の所にあるは国家なり。

国家とは、国家とは何物ぞ。いざ、今汝等の耳を我に開け。今我は民衆の死滅に就きて汝等に語らむとすればなり。

国家は総ての冷酷なる怪物の中、最も冷酷なるものと称せらる。そはまた冷酷に詐るなり。而して「我は、国家は民衆なり」と云ふもの、その口より漏るるところの詐なり。

それそは詐なれ。民衆を創造して一つの信と一つの愛とをその上に繋《か》けしものは創造者なりき。斯して彼等は

人生に奉仕しき。
多くの者の為に係蹄《けいてい》（わな—筆者註）を設け、これに名づけて国家と云ふところのものは破壊者なり。彼等は一つの剣と一百の渇望とを多くの者の上に懸く。
民衆の尚ほ在るところには、国家は理解せらるるよりも、寧ろ邪《よこし》まなる眼として、また風習及び律法に対する罪悪として憎悪せらる。(16)

国家というものは理不尽きわまりない怪物で、いつわりの塊である。国家は民衆から成り立っているなどと云うのも、偽りも甚だしい言葉である。国家の至上性・正当性が時には軍事力と期待感をもって君臨するも、その実は民衆を足かせにする民衆生活の破壊者であるとニーチェは弾劾した。

それにたいして民衆を一つの信と愛で繋ぎとめた古代のモーゼやソロンなどの立法者こそが、人間の生に意義を与えた創造者であるとした。そして民衆の自立的精神からみて国家は理解されるよりむしろ邪悪なもの、自立的慣習を侵す罪悪的存在として憎悪されるようになったと近代国家の限界を告発した。

翻って個への抑圧的な明治国家に対する超人による創造的改革への期待は、もはや個の自覚的超人化の道ではなく、超人を期待する言説として『ツァラトゥストラ』が存在していたと見るべきであろう。我が国において『ツァラトゥストラ』は聖人願望として読まれたのではなかろうか。そこで生田長江の足跡から考察してみよう。

明治末年に『ツァラトゥストラ』を翻訳した長江は大正期に入ると、堺利彦や大杉栄などの社会主義者と親交を結ぶようになり、それまでの文芸批評家から次第に人道主義を振りかざす戦闘的な「社会評論家」「自由主義思想家」(17)として、あるいはしばしばその社会的な実践の面においても、長江がもっともラデイカルな態度をとって活動した時期と評されたように、大正七〜八年ころまでの間において自らもニーチェ思想を媒介にした社会活動を展開していた。その一つの現われとして水平社運動への連帯を表明したり、停滞して腐敗する政界に対して文壇の先覚者にして同志でもある馬場孤蝶の衆議院議員選挙の支援などにも名を連ねた。このような長江の社会的弱者を切り捨て軍閥・華族・金満家に阿諛追従する社会的腐敗と停滞に対して、政治改革の一石を投じようとしたことのなかに改革者の到来を期待する超人思想が垣間見えた。

そのことは我が思想界のなかで大きな影響力を発揮する大正教養主義を代表する安倍能成批判のなかにも、長江思想の位置がよくしめされていた。

安倍君は曰く「我々は社会に忠実に国家に忠実なるか否かを考ふる前に、先づ自己の忠実であるか否かを考へなければならぬ」と。私共も、十九世紀の終りから二十世紀の初めへかけての人間として、御多分に漏れず、社会の問題から自己の問題へはひるよりも、自己の問題から社会の問題が出て来てゐる。この順序を神聖犯すべからざるものでもあるかのやうに、迷信しきつてゐる近代人安倍能成君の思想には、悉く同感することも出来ないけれど、兎に角私共も自己の直視から、自己の反省から、……社会の観察へ、社会の批評へ、社会の組織といふことへ、社会の改善といふことへ向かふべく余儀なくされた。だから私は、

『自分をより善くすることによつてのみ、社会をより善くすることが出来、社会をより善くすることによつてのみ、自分をより善くすることが出来る』

と言ふ信条を、既に幾度となく反復してゐる。(18)

と、安倍の自己の内面に向けた自己確立を以て近代自我の形成と見る大正教養主義の非政治性を批判した。さらには安倍の、

『自己に忠実にして社会国家に不忠実なることは有り得るかも分らない。しかしながら、社会国家に忠実にして自己に不忠実などといふことはあり得ない。』(19)

に対して、長江は「驚くべき暴言」として安倍の論理的迷走を指弾したところである。

このように長江は『ツァラトゥストラ』から国家の限界を学び、その国家を改革する知とその担い手を見い出そうとしていたのである。その意味からも『ツァラトゥストラ』は時代閉塞のなかで聖人再来を期待する願望の表われとして読まれたことを私たちは確認しておく必要がある。

3　雪嶺の英雄論

雪嶺の英雄論に先行して明治三十三年、内村鑑三の友人であった住谷天来がカーライルの『英雄崇拝論』を翻訳し、実に大正六年までの間に十一版を重ねる評判の書となった。同書においてカーライルは、

吾人の現に目撃せる世上既成の有ゆる事跡は、皆是れ天の一方より斯の世に遣はされし英雄の無形の思想より発露し来れる有形の結果にして、其行はれたる実と成り、其の顕はれて体を成しゝ者に外ならず、即ち此等の歴史を以て全世界史の精髄を為すも決して過言に非ざる也。(21)

英雄の行為を天上より派遣された人格による世界史的事業として位置づけ、しかもその事業は時代によって役割を異にするものと見た。すなわち古代においては土俗的な地域を支配する神や預言者としてのマホメットが英雄として崇められた。それがやがて時代が下がると、ダンテやシェークスピアのような詩人がその胸中に政治家としてまた立法者として、さらには思想家となり哲学者となって歴史のあるべき方向を指し示す英雄的資質を発揮すると見た。

やがて近代に向かう中ではルーテルのような宗教改革者が歴史を変革させる英雄として登場し、さらに十八世紀になるとルソーやジョンソンのような文学者が人間存在の根源的な社会性を問う役割を果たした。最後に王者＝為政者としての社会改革を実現したのがクロムウェルやナポレオンのような政治家で、大きな時代変革の中で英雄と

しての役割を果たすことになったとした。

このようなカーライルの『英雄崇拝論』をうけて、元老支配による明治国家体制の閉塞状況を打破せんがため、雪嶺も大正の初めに「朝日新聞」紙上に書いたものを、大正七年に一本にまとめて『東西英雄一夕話』と題して発刊した。

まず人が英雄を求めるのは人間としての向上心の現われとした。また東洋と西洋とはその文明的相違にもかかわらず、その最も近似しているのが英雄・豪傑の現われ方であると見た。例えばイギリス市民革命の雄クロムウェルと北条義時、足利尊氏との比較において、

> クロムウェルは義時に似て居るか、尊氏に似て居るか。之を合せた程の力はないけれど、何程か之を合せたところがある。而して日本で義時及び尊氏を奸物とし、英国でクロムウェルを英雄とするは、国体の関係もあり(22)……、

と断わりながらも、英雄の条件を神話的天皇制国家のイデオロギーから離脱し、世界史的観点から認識するものであった。即ち、

> 義時及び尊氏は朝廷の為めに利禄を奪はれるのに抵抗して居り、クロムウェルは人民の権利を擁護するを主眼とする事になつて居る(23)。

と述べるように、雪嶺の立場はクロムウェルが人民の権利を擁護するものといい、尊氏に従う武士の場合は所領の保証であっても、それはいずれも民の権益を擁護する行為である限り英雄たる資質とするものであった。

ところで雪嶺は儒学に造詣が深かったが中国古代の三代聖人伝説については疑問を呈していた。それに対して雪嶺にとっての聖人的英雄像として取り上げられていたのが諸葛孔明であった。

> 論語を経典とせば、出師表は別に一種経典の質を備へる。表に現はれた所でも、其の出処進退は普通に人の理

想的とする所である。孔明は利禄に念なく、蒼生を救済するの意に於て奮つて起ち、功が成れば人に譲り、功が成らねば倒れて已まうとして居る。斯かる事は、夙に人が聖人的英雄として描き出した所に属し、世界史に一の理想として泛《うか》んで居る(24)と、雪嶺は孔明の出師表も経典としての内容を備え、それを実践した聖人的英雄として高く評価した。しかもこの孔明的資質を世界史的見地から比較して見た場合、それに匹敵する人物として挙げたのが西欧ではアメリカのワシントンでありイタリアのガリバルヂーがそれに相当し、わが国では楠木正成と西郷隆盛がそれに匹敵するとした。西欧のことは一先ずおいて、聖人と英雄を兼備する人格として正成と隆盛が掲げられた意味は、雪嶺の英雄観を考えるときに大変重要な視点である。と云うのも正成はひたすら南朝に殉じた武士であり西郷は明治政府に反抗して終を遂げた首領であった。しかし両者は民意を代表する存在として知略と誠意を備え、その出処進退を考えて行動した人物として評価されたところであった。

とりわけ雪嶺が近代を切り開いた英雄として注目したのがイギリスのクロムウェルであった。君主が政治を誤り、紛擾の起つた所で、クロムウェルが鉄腕を以て現はれ出で……遂に自ら権力を握つた。王冠を斥けて受けなんだけれども、事実に於て全く君主と同じで、歿して位を子に伝へることになつた。そこで簒奪者と言はれ、反逆者と言はれ、国賊と言はれる。しかし平素の行ひが詳かになるに伴ひ、権力に恋々たるものでなく、国民の安全の為めに斯くするの外ないとし、多くの私心を挟まぬと知られ来つた(25)このように毀誉褒貶の激しかったクロムウェルの清教徒革命が、ウィリアム三世の名誉革命を経てイギリスに議会制度を確立し政治を安定させることに成功した。しかし、

クロムウェルの首を獄門にしても、それで必ず世が治まるものでなく、若し第二の革命が平和の間に行はれなかつたならば、幾年かを経て第二のクロムウェルの出るのを防ぐことが出来なかつたらう。(26)

と、政治における民の声を受け止めることなく民生安定から逸脱すれば、必ず政治的大混乱が発生することを予告するものであった。それは富国強兵政策の中で耐乏を強いられた民衆の意思を代弁する、社会主義思想への危機感から惹起された大逆事件への弾圧や、名目ばかりの脆弱な政治集団による議会政治への危機感が云わしめたのであろう(27)。

いずれにしろ雪嶺の英雄論もひとつの時代から次の時代への移行期に当たり、その時代閉塞を打開するために聖人的英雄の出現を待望するものであった。その意味でも大塩の聖人論を継承するものであった。時を同じくして明治国家への閉塞感を感じていたのが内村鑑三であった。

4　内村鑑三の再臨主義

大正八年二月十一日の日記に鑑三は、

憲法が発布されて黄金時代が日本に臨んだやうに感じたる人が多くあつた。然し其れは夢であつた。其時以来日本は道徳的には段々と悪くなつた。殊に政治家の堕落、愛国心の減退は最も著るしくある。如何に完全なる憲法なりと雖も国家を根本的に潔むる事は出来ない。法律と教育とで日本を改築しやうと思ふた薩長の政治家等の浅薄さ加減、今に至りて嗤ふに堪へたりである(28)。

維新の政治家たちによって形成された国家は制度としての国家で、近代国家を支える精神的機軸に欠如していると鑑三は指摘するのである。そしてその機軸精神となるべきものは鑑三においてはキリスト教がそれであった。しかし肝心のキリスト教がまさにその機能を喪失しようとしていたのである。

西欧社会において前世紀末に、すでにキリスト教精神は崩壊したとニーチェによって宣言されていた。そのキリスト教に近代社会を生きるための可能性を託したのが鑑三であった。しかし明治天皇制国家の理念と衝突したり、教派的宣教師によるキリスト教信仰の聖書からの逸脱に遭遇する中で、鑑三はキリスト教原理主義に回帰するようになった。それを決定づけたのが第一次世界大戦における戦勝国の領土的野心に対するキリスト教者のデモクラシーの名における賛同で、これに対して、日露戦争以来の非戦論を受けた鑑三の怒りであった。

平和は戦争に由て来らず、外交に由て来らず、教会に由て来らず、然らば平和は遂に来らざる乎、人類の最も切なる理想たる平和は遂に来らざる乎、……否な、決して然らず、平和は神御自身之を降し給ふのである。神は其の独子を再び世に遣りて彼の肩の上に世界の統治を置き給ふのである。而して彼が宇宙万物を己に服はせ得る力を以て永遠の平和を此世に実現するのである。(29)

世界の平和は人類の努力ではなくキリストの再臨によってのみ実現するという、聖人への信頼が述べられるようになったのである。内村のこのキリスト再臨運動も明らかに大塩の聖人再来を期待した考えと軌を一にするものであった。かつて内村をキリスト教に導いたのは士族的禁欲主義としての陽明学であったように、体制醇化の朱子学ではなく禁欲的な自らの在り方を介して時代を切り開こうとする陽明学的精神とは決して無縁ではなかった。それが大きな時代転換の中でキリスト再臨運動として登場したのである。

ここに至るまでの内村のキリスト教思想を見たとき、彼にはイエスと日本への献身の思想が根底におかれていた。キリスト教徒としてイエスの教えに従うのは当然のことであるが、内村にとってのイエスとはまさに超越的な宇宙規模の公正なる存在者であり立法者であった。そのイエスの教えを広めるための伝道者たることを使命とするものであった。それはまさに大塩の太虚に相当するものであった。そして日本への献身とはこの公正原理から見た社会的不公正への改革であった。ここから内村は明治国家に対する強い改革の信念をもち続けたのである。キリスト教徒の内村が日本における近代思想史のなかで注目されるのはまさにこの点にあった。

明治三十一年「東京独立雑誌」において「余輩の欲する改革」なる一文を掲げていた。それによると、

1、軍備を縮少して教育を拡張する事。
1、華士族平民の制を廃して、総て日本市民と称する事。
1、軍人を除くの外は、位勲の制を全廃する事。
1、府県知事郡長を民選となし、完全なる自治制を地方に施す事。
1、政治的権利より金銭的制限を取り除く事。
1、上院を改造し、平識以下の者をして其の議員たるを得ざらしむる事。
1、藩閥政府の余孽《よげつ》を掃蕩する事。(30)

明治国家を支えてきた中央集権的な特権階級擁護の藩閥政府に対して、まさにそれまで切り捨てられてきた地方の民の立場からする改革案であったが、それは現行の政治家によって果たされるものではなく、

天若し未だ日本を見捨てずして、クロムウェル的の偉人を吾人に降すことあらば、其の事実となりて現はれ来らんことを期す(31)

と、ピューリタン革命を成し遂げた聖人的英雄の出現を期待したように、内村思想の中には常に偉大なる聖人の再来が信仰として織り込まれていたことがうかがえよう。

おわりに

ちなみに現代人は聖人の再来とか英雄崇拝などと云えば、なにか時代がかった古色蒼然とした思想として軽視する向きがあるが、既成の権威から脱出できず惰性のままに流された社会においては、庶民を基盤とする政治体制の

再生を願う心情から偉大なる聖人や英雄の出現が待望された。それは大きな時代転換を求める思想として評価されねばならない。

かくして大塩の聖人論は維新の改革をもたらす導火線となり、長江のニーチェ超人思想への讃美に始まり雪嶺の英雄崇拝や内村のキリスト再臨運動も大正デモクラシー運動への思想的底流としてあった。そして石崎東国に至っては大塩平八郎その人の出現が期待されていたことに注目する必要がある(32)。

そういう思想的潮流の中から新人会の運動が展開されることで吉野作造の民本主義や社会主義思想による具体的改革案が示されたのである。それ故、聖人論や英雄崇拝思想は時代閉塞を打破する呼び水として提唱され、政治の変革を求める思想として機能するものであった。このように見てくると、大塩により強調された聖人論もまた現状を打開することで政治の公正化・脱専制支配による現状打破を求める思想であったことを改めて確認する必要があろう。

註

(1) 拙著『大塩思想の可能性』第7章参照・和泉書院・二〇一一
(2) 拙著『大塩平八郎と陽明学』第7章参照・和泉書院・二〇〇八
(3) 「仁斎日札」『日本倫理彙編5』p.177・一九〇二(原文を読み下す)
(4) 『同上』p.177
(5) 『同上』p.168
(6) 『洗心洞劄記』(日本思想大系46)p.389〜390・岩波書店・一九八〇
(7) 『同上』p.392
(8) 『同上』p.473

(9)『同上』p.465
(10)前出・拙著『大塩思想の可能性』p.245
(11)『同上』p.266～267
(12)『梁川全集9巻』p.28・春秋社・一九二三
(13)生田長江訳『ツァラトゥストラ』『世界名作翻訳全集』二一六巻・p.19・ゆまに書房・二〇〇九
(14)『同上』p.23
(15)「堺利彦氏に答う」『生田長江全集3巻』p.192・大東出版社・一九三六
(16)前出・生田長江訳『ツァラトゥストラ』p.64
(17)猪野謙二「生田長江の思想と生涯」『明治の作家』p.523～524・岩波書店・一九六六
(18)生田長江「所謂一大事とは何ぞや」『生田長江全集4巻』p.14・大東出版社・一九三六
(19)『同上』p.15
(21)住谷天来訳・カーライル『英雄崇拝論』p.2・警醒社・一九一七
(22)三宅雪嶺『東西英雄一夕話』p.67・政教社・一九一八
(23)『同上』p.67～68
(24)『同上』p.143
(25)『同上』p.231～232
(26)『同上』p.236
(27)松尾尊允『大正デモクラシー』(同時代ライブラリー)p.150・岩波書店・一九九四
(28)『内村鑑三著作集20巻』p.11～12・岩波書店・一九五五
(29)「世界の平和は如何にして来る乎」「聖書之研究」213号『同上4巻』p.308～309・一九五四
(30)『同上3巻』p.235～236・一九五四
(31)『同上』p.236
(32)例えば「大塩研究を志す青年諸君の為に」大阪陽明学会編『陽明』76号・一九一八などに散見される。

第12章　石崎東国と大正デモクラシー

はじめに

これまでの大正デモクラシー研究はもっぱら新人会に結集した吉野作造らの近代立憲思想の動向を中心に行なわれ、それは社会的影響力から見て当然の評価であった。しかし近世以来、為政の学としてあった儒教としての陽明学がこの時期、大阪から政治の革新を訴えていたことは殆ど知らされてこなかった。それには我が国の中国思想史研究者のなかに陽明学思想を危険思想と視たり主観的な不定型な思想としての認識から貶下する傾向があった。なにより近代における儒教思想そのものへの評価として、陽明学についてもその関心の低さが指摘されよう。

しかし明治末年以来、大阪の地において薩長の閥族政治に対する閉塞感から時代の転換を求める声が、大塩平八郎の思想的影響としての洗心洞学の名の下に登場した。それは欧化主義的風潮の中に取り残された民力の疲弊からの回復を求める声として結集がはかられ、その中心にあったのが石崎東国（一八七三～一九三一）であった。

水戸生まれの東国が東京に出、さらに四国高松での記者時代を経て中国大陸での浪人生活の後、大阪に腰を落ち着けたのが明治三十三年、二十八歳の時であった(1)。周知のように東国は大塩後学として『中斎大塩先生年譜』の著作で知られてきたが、彼の大阪での陽明学的取り組みについては殆どこれまで知られることがなかった。それは東国の関係した『陽明』『陽明主義』などの学会誌類がわずかに京都大学附属図書館に蔵されているだけで、東国研究の遅れは基本的には大阪における大塩研究に携わる者の責任であった。そのなかで井形氏[2]が先鞭をつけられたがそれも未完に終わってしまった。そこで本稿において改めて東国の明治末年から大正期の思想活動について明らかにするものである。

1　洗心洞学会から大阪陽明学会へ

東国が大阪に来て七年目の明治四十年六月に洗心洞学会が設立された。その趣旨書によると、

洗心洞は幕末に於ける大阪の偉人大塩中斎先生の私学校に命名せられし所、今茲に本会を設立する所以の趣旨は、陽明学を祖述せる洗心洞の精神を広く社会に闡明せしめんとする諸同人の微衷に外ならず、知行合一は陽明を継述せる中斎先生の一貫的精神なり。[3]

王陽明が提唱した知行合一の精神は大塩平八郎にも一貫する精神として継承された。そこでその意義を今日の社会のなかで明らかにしたい。というのも、

今や社会を挙て知行分裂、人道の堕落日一日より甚しからんとす。蓋し人道の展開、物質的進歩に伴はざるの致す所なり、即ち火鉄的文明は今や其最高度に到達しつゝあるに拘らず、社会人道は破壊と滅亡とに向つて転下しつゝあるなり。此時に当て吾人同人洗心洞学会を組織し、知行合一の学説を研究し之れに依つて精神を修養し、之れに依つて人道の展開を計り、又進んで社会の革新を計る。庶幾くば洗心洞の精神を闡明し、社会人道に裨益あらん。（同上）

明治国家における理念と現実の乖離を克服するために知行合一の精神が強調され、道理に照らされた人道を回復するために社会の改革を訴えようとした。しかし、

本会の近状を見るに既に講学経営共に一歩を進め得たり、然るに近く吾が良知の啓発を以て危険思想視するものあり、時に会員中退会するものなきにあらず。(4)

とあるように、大塩思想を継承しそれを発展させようとする洗心洞学会への異論があり、そのため翌明治四十一年十二月にやむなく大阪陽明学会と改称された。このとき東京陽明学会では大阪を支部化する動きがあったが、東国は大塩思想への深い尊敬から洗心洞学会名の由来について述べるなかで、洗心洞が中江藤樹・熊沢蕃山の流れをくむ大塩中斎の陽明学塾から取った名称とした。即ち、

其主とする所は王学の道場に外ならざるものなり、王学は御承知の如く宋学即ち朱子学派の名に対し其余弊を救はん為に、王陽明の創説されたる所にして、致良知以外に学問なるものなしとせり。説は頗る簡勁なるを以て一世を風靡し、其日本に入りしは王氏没後百十八年にして、始めて此学名を唱道したるは近江聖人即ち中江藤樹先生なりとす、(同上)

爾来、陽明学は大塩を経て、

王業維新を成功せしめ、後物質的文明の輸入科学の普及等に依り、一般儒学と同一に排斥せらるゝに至りたるものなり。然るに最近に至り物質的文明の余弊、漸く耐へざるものあるに依りて、心漸く王学に向かふもの多きを致し、東京には王学会なるもの起り、大阪に洗心洞学会出づる時勢の然らしむ所とはいへ、必竟、宋学の余弊を救へ得たる王学は必らず又物質的文明の余弊、即ち今日の如く腐敗せる社会人道をも救へ得べからざるにあらず、と信ぜられたるに依らずんばあらず。吾が洗心洞は実に此の趣旨に依つて起てられたるなり。(同上)

維新の際に人々を支えた陽明学も、物質的文明の浸透と近代科学の合理主義の前に儒教思想は前代の遺物として軽視されるようになった。しかし物質的文明がもたらした社会には議会筋の金銭腐敗、ジャーナリズムの売文、技術者の不正鑑定を促す賄賂の横行など社会人道の欠陥は随所に暴露されるなかで、

されど人道を曲げて不完全なる社会を永続する要なし。人道起すべし。社会正すべし。自ら顧みず罪を社会に嫁せんは愚なり。此の人道を正さんものは王学なり。
王学は実に天地万物を以て一体とし、一体の良知を啓発するを以て至極とし、知行合一を以て学問の本領と為すにあり。故に復雑《ママ》なる社会に尤も簡単なるものなり。乱脈なる学問中に純正なるものなり。死せる学問中の活けるものなり。暗黒なる人生中光明あるものなり。汚濁の世に清めるものなり。（同上）

人道を曲げる不完全な社会に対しては、人道を回復して社会そのものを正す必要がある。そのためには自らの在り方も顧みなければならない。それが王学である。王学は天地万物を一体のものとして認識し、良知を磨いて最高の知にたどりつき、知行合一を学問の精神とすることである。このような学問精神で世の中を見ればすべての事がはっきりと見えてくるとした。

しかし王学は無私の心で社会の腐敗を指摘する所から、これまで様々な迫害を受けてきた。

今より三百年前、斯道《しどう》が世の腐敗に抗して起りしとき、古学の余弊を叱咤して説かれしとき、王学者は如何に平和の破壊者とせられ、文明の呪咀者とせられ、学会の妖魔とせられしよ。或は異端邪説とせられ、讒誣《ざんぶ》、迫害、交々至り、或ものは謀叛人として国を逐れ、或ものは幽囚禁錮されたりき。（同上）

東国は歴史上の陽明学に対するそのとき時の為政者からの抑圧の数々の事例を挙げ、洗心洞学会に加えられた中傷には胸を張って応えることの必要を訴えていた。しかし我が国の近代陽明学事情には意外な問題点が伏在していた。

2　大阪陽明学会の意義

明治四十三年七月から東国は会誌『陽明』を発刊した。その第2号に近代の陽明学思想家として中江兆民のことが論じられ、その結語において幸徳秋水らの大逆事件に言及していた。

「最も先生に侍いた幸徳秋水、及び先師の子奥宮建之共に秘密事件に坐して、今獄にあり。特に先生を懐ふて寂寞に耐へず。同志と共に此の陽明家を語らんことを思ふ。（七月廿九日）」と書せるよりして、忽ち東京陽明学派の注意を喚起し、是より井上巽軒の「陽明学と危険思想論」出て、続て吾党は社会より危険視さる、に至りたるは、頗る怪訝に耐へざる所なりき。陽明学危険問題は実に斯くの如き所より出たものであることを、知る人は如何にしても滑稽とせざるを得ざるべし。(5)

この東国の兆民論に対して、東京陽明学会から陽明学に誤解を与えるものとして批判の矛先が向けられた。しかしそれはあまりに権力に迎合する同学の論として東国を失望させた。ともあれこの時点で洗心洞学会は大阪陽明学会へと名称の変更はなされたが、東国は洗心洞精神を貫くために「大阪陽明学会趣旨」で宣言した。

洗心洞の学名は陽明洞の学名の純且大なるに若かず、或は恐る、学名の狭隘却つて本会の予期に副はざらんことを。これ蓋し中斎先生の本志にあらざるべきを思ひ、茲に本会は直ちに其本源に遡り、自今大阪陽明学会の名に於て社会に立たんとす。声名一たび新にして本会の事業もまた将に見るべきものあらんか。(6)

と世に広く大塩精神を弘めるために「陽明学会」の改名を受け入れた。そして会の主幹も吉田程二から東国に替わることで、会誌『陽明』に於いて東国色を一段と鮮明にしていった。例えば「同誌」の編集部屋雑記において、

近頃の人間は社会の復（ママ）雑に成つた為でもあらうが、胆玉が小さくなつた、そして神経が過敏に成つて居る、……一例で云ふたらば、小さい我が身の利害、目前の細かな毀誉といふことには親の仇の如き満身の力を傾けて争ふが、それより一歩進で人間としての本分、社会人道の懸る大義の点に至ては、大胆なる程無頓着であると吾等は斯く信ずる。(7)

と東京陽明学会を暗に揶揄した。そして自らの立場を「陽明宗宣言」(8)として明らかにした。まず、

陽明宗は良知の上に建設せられたるもの也。故に吾らの宣言は良知の叫びなり。良知の叫びは天来の福音なり。
嗚呼《（ママ）》、社会人道の如何に頽廃せるか革命は近づけり。人々来て天来の福音を聞くべし。

東国にとって大阪陽明学会は東京からの批判に屈従するのではなく、良知の上に立った社会と人道への大改革であるとした。

それでは天来の福音は誰によってもたらされたのか。それは師王陽明によって伝えられたのである。

斯の道とは聖人孔子が其以前二千年の昔述べ伝へられたる人道の根本にして、又治国平天下王道の淵源なり。

それがどのような経緯からもたらされたのかについて、

師の生れ給ひるとき世は朱明の中世にして、当時唯一の朱子的儒教は哲学の行詰りに見る自由を失ひ、……社会に人道衰び、国家に治平の政なく、強き者は盗賊となりて良民を掠め、弱きものは生活の圧迫に疲かれて国人は只滅亡に向つて急げる時なりき、此の間に生れたる師は種々の誘惑と多くの煩悶と闘ひつ、人道を鼓吹し社会を覚醒せんとせり。

王陽明は社会的混乱と道徳的頽廃のなかで、孔孟が説く人道を自ら天来の声として耳を傾けた。そこから、

天何をか言はんや、嗚呼《（ママ）》、天何をか言はんや、是れ吾が良知の破裂なり、之を伝へたる是れ吾が師門の教典なり、師門の教典は吾が陽明宗のバイブル也、茲に天地万物一体の良知を説き、茲に知行合一の格言を説き、人道を宣伝し、救世の大道を述ぶ。

然し世人はこのような救世の先頭に立つ王陽明に対し、一途に立ち向かう狂の人とした。それに対して、

天下の人是くの如きを見れば遂に相共に非笑《あざわらひ》し詆斥《そしりしりぞ》けしていへらく、是れ狂を病み心を喪ふの人のみと。然れども人々皆良知を明かにして聖人となり、天下の総て相生相養の道を得るに至らば我が狂は即ち癒えなんと。

陽明先生は良知の道を明らかにすることで一歩も譲らなかった。それ故、

されば師の生前に於ては偽学として迫害せられ、其の死後に至ては危険なる革命主義として講学を厳禁せられたりき。而も我が陽明宗を奉じたる熱烈なる弟子は、所在に集会し師を祀り其の道を講じて怠る所なかりき。之れが為に或は獄に投ぜられたるものあり、或は国を遂はれたるものもあり。

と明末清初の王学継承者に加えられた迫害が述べられていた。

「陽明宗宣言」はこれまで述べた陽明学の成立事情から、次に我が国での中江藤樹以来の王道論が述べられ、さらに明治維新への影響とその後の状況が論じられていた。

陽明宗の王道運動に依て贏《か》ち得たる維新の革命は我が国五百年来の封建制度を顚覆し得たり。王政は初めて徊復せられたり。続いて憲政は新たに布かれたり。斯くの如きの新政を見るときは我が陽明宗の所謂抜本塞源の一大理想国の出現したる如く見ゆ。

東国は明治維新に陽明学的理想の実現を見ていた。しかし社会人道は果たしてその後の西欧文明の流入という状況のなかで善美を成し遂げたのかを問うと、決してそうはならなかった。その結果、

故に社会は物質的文明の負担に耐へずして人間は却て器《(ママ)》械の奴隷となり、社会人道を平和に幸福ならしむべき所以の文明は、却て人間を等差的に器械視さるるに至れるは慥かに人間の堕落といはざるべからず。されば国人自由を憲法に依て保障せらるゝといへども経済上には全く自由なき奴隷となれり。…人間を禽獣にして尚ほ何の憲法の自由を保障すといふか、人間の自由は斯くの如き法律に依てのみ保障せらるゝ程小なるものなりや。

資本主義的機械文明により人間が機械に酷使されその一部分となり、憲法で保障された人間としての自由も失ってしまった。それでも法は人間の尊厳を保障しているのか。そのような実を欠く法の保障に人間の尊厳を任せても良いのだろうかと、東国の批判の矛先は国家に向けられた。そして陽明宗の信条として、

嗚呼、今の文明の如何に咀はれつゝあるか、是れ革命来るの前兆にあらずや。今に於て革命の予言を信ずる能

はざるものは我が良知の麻痺したるものなり。昏瞑より覚めよ、爾《なんぢ》の良知爾に返らしめよ。……あゝ革命は近（づ）けり、此の恐るべき悪魔の手より世の破滅を救はんは只一つの良知あるのみ。

各人が良知を取り戻すことにより物質文明の危機から回復できるとした。

人間良知あることを自覚するに至りて初めて機械より独立するを得べし。習慣の虜より脱却すべし。物質を挙げて人間の命下に奉ぜしむべし。茲に生命あり、慈に自由あるべし。自由にして独立あらば人各聖人たり得ずと雖もまた聖人に近きものとなるべし。

良知を自覚する、即ち機械により人間を押しつぶす物質文明から自立して主体的に人間を回復するとき、人は聖人たりえなくとも聖人に近づくことが出来ると、東国は現代における陽明学の在り方を力説した。そして「わが党の天職」として、

我が陽明宗は死せる宗教にあらずして生ける人道なり。陽明学は空寂の哲学にあらずして実行なり。其簡易直截なるは平民教たる所以なり。労働を以て礼拝とするは常に現代教たる所以なり。何ぞや只吾が天地万物一体の仁を成就するのみ。

東国のめざす陽明学とはそれは知行合一の実践の学として、天地万物一切を誠で貫く平民の学の推進にあり、その帰する所は公正無私の太虚に至りつくことであった。しかし大正五年大阪陽明学会創立十周年に当たり東国は次のように回顧していた。

本会創立の際は洗心洞学会といふ名であつた。処が大塩平八郎先生の塾名では兎角世間体がよくないからと云ふ人物が其頃多くあつて、それが為め陽明学会と改名したものである(9)。

そのため本来の洗心洞学の研究が疎外されてしまったと総括していた。東国によると、

陽明学は思索の学問であつて実行の事業でなければならぬ筈であるが……、（同上）

ところが『伝習録』の講義だけに終始したのでは講釈学の域を出ないので、研究が行き詰まってしまったと反省した。十年間も『洗心洞劄記』といふもの、本を伏せて居た。けれども今日のやうに行詰つた陽明学、講釈学問になつた王学の此の精神であり骨血である、致良知、知行合一の道を以て赫然眼を照し此の学会を展開すべきものは革命運動の実行者たる大塩平八郎先生の洗心洞学即ち太虚主義の外にない。

東国の洗心洞後学としての思いが如何なく述べられていた。

3　東国の被差別部落論

明治三十六年七月大阪土佐堀のキリスト教青年会館に於いて、近畿二府四県の被差別部落の代表者を中心にした約二百名により大日本同胞融和会創立総会が開かれた。このとき東国は毎日新聞の記者として融和運動の支援のために「同胞融和会趣意書」なる一文を公表していた。しかし事態は何も改善されなかった。それから十年後の大正三年にこのときの反省を込めて機関誌『陽明』(3巻11号)に再度取り上げることで、被差別部落問題の解決を訴え続けた。なお東国はその際『新平民論』なる一文も草して同胞融和の促進を呼びかけた。

ところで被差別部落史研究に於いてある時期まで、融和運動などは取るに足りない運動として軽視される向きがあったが、それでは水平社運動こそが被差別部落解放に絶対の重みを与えたかというと必ずしもそうとは言い切れない。物事には階梯があり歴史はそれを一歩ずつ分け進むものである。一つの段階を総否定すれば次の段階の取り組みが思わぬ過ちをおかすものである。その意味でも東国の主体的な解放論には耳を傾けるべきものがあった。

東国も大日本同胞融和会が設立されても、被差別部落民のおかれた状況に何の変化ももたらされなかったことを認めざるをえなかった。そこで当時を回顧して考えたことは部落問題の解決が社会問題であり人道問題であるということである。ということは文化の進歩した人間社会においては必ず解決しなければならない問題であるという認識であった。そこで彼は大塩思想の継承者として自らの機関誌に再掲することで今一度問題をなげかけたのである。

我が大塩先生の同族を愛撫したるは「咬菜秘記」の記する所、中江兆民居士の常に同族を撫育したるは世人の知る所、……余の之を為せる亦微意の存するあり。当時余の彼等に与へたる「新平民論」一篇別に之れあるも今にして惟ふ激越世に憚る所多し。(10)

大塩平八郎や中江兆民の被差別部落民論に対して、自らも部落差別の解決を論じたその趣意書によると、文化の進歩、社会の発達に応じて欧米と対峙するためには同胞の融和を確保する必要がある。これが世の志士仁人の求めるものである。即ち、

斉しく是れ万物に霊たる人類なり。同一の性情を具し、天賦の機能を有し、以て国家に対して忠良の臣民なり。社会に在ては相生相養の実を全ふす。何くに貴賤あらん。何くに尊卑あらん。同胞の融和を得るは人生の幸福とする所ならずんばあらず、然るを多年の弊風未だ除かず、其相共に融和の幸福を享有すべきの同胞をして一を化外の地に擠《おと》して顧みざるものあり。甲種の乙族に対する思想態度なるものを仔細に検せよ。……嫌厭し、侮蔑し、迫害し、執情の陋固なる社会の幸福を妨ぐるものあるを見る。是を天地の正理に鑑み、是を人事の公道に微するに豈偏頗の甚だしきに非ずや。(同上)

万物の霊たる人類にして国家の忠良な臣民を、多年にわたる弊風で差別するとは一体如何なることかと東国は怒りを込めて告発していた。そして、

既に維新以降、文物開明□の人種、宗教、風俗相同じからざる異邦に対する親睦、日に密に中外の雑居となり日英の同盟となり、異邦殊俗相容れて相戻ることなし。顧みて何ぞ同胞に対する弊風陋俗独り之を除去するに難《かたから》んずる。嗚呼、此くの如くにして長く社会の革新を計るなくんば、何の時か同胞融和の幸福を得んや。(同上)

異国人には融和をはかり同族に対してはそれが出来ない。そうであるならば社会のあり方を根本から改めないと実現できないのか、と東国は論議を進めようとした。そして、

要は実行にあり。苟くも人類の幸福を企図するもの相共に手を社会の革新に加ふ、先教育の奨励之が根本たり。風俗の矯正之を勉めざるべからず。殖産興業の事之を図らざるべからず。言論集会の事之を講ぜざるべからず。

（同上）

と民主的原則に立った差別打開の構想を提起していたことは注目に値する。

このような東国の明治後半における部落問題とのかかわりが、次の大正デモクラシー期において陽明学精神として発揮されるのである。

4　世界大戦批判

第一次世界大戦が勃発した大正三年、東国は「戦争と革命と如何」（『陽明』3巻10号）において、

国と国と相屠《ほふ》り、人と人と相戮《りく》し、文明を破壊し生産を滅す其の形相似たるものは戦争と革命なり。……戦争の戦は物質と物質の利害に発し、革命の争は思想と思想の戦ひ、若しくは思想の物質に対する謀叛に起る。一は腕力の戦ひにして一は精神の争なり。戦争は之を以て物質的文明の試験とすれば革命は思想文明の試験なり。見よ戦争の端は暴国驕王の暴戻なる要求に発し、革命は弱者の自由の要求に起るを。故に暴国の要求の遂らし《（ママ）》時に戦争の結果は暗黒なり、弱者の自由の伸長したるとき革命は幸福なり。

ヨーロッパにおける戦乱と社会変革を求める機運を前にして、戦争の国内に及ぼすものと革命による混乱のいずれにも共通するものがあるとしても、戦争と革命の及ぼす社会的文明状況には大きな違いのあることが指摘されてい

た。しかし人は戦争と聞けば勇み立つのに革命となるとそれに恐れをなすのはどうしてかと、暗に革命を潜在的に恐怖する心情に疑問を呈し、さらに東国は言葉を進めて、

戦争の禍たる言ふべきなしと雖も、さりとて戦争の絶対に避け難き非戦論の如何なる場合にも幸福とは言ふべからざるも、平和論の理想とせざるべからず。之れに反して文明の段階は大に思想を闘はせざるを得ず、欧洲の社会主義やサンヂカリズムや固より完全なるものにあらざるも、自由と独立の要求に出でたるは事実なり。

として非戦論や社会変革の民衆的意義を肯定していた。

そして東国はさらに陽明学の立場から平和論を展開した。勿論このような大阪陽明学会の動向に対して東京陽明学会などから忠君愛国を知らない異端として非難された(11)。しかし東国はそれに対して敢然と立ち向かった。即ち、

吾等は良知を欺かざる王道論者なれば時には王通王導を貶廃するの意気を有するものなり。何ぞ論難攻撃を恐れんや。今や進んで陽明学と平和主義と論ずべき機会となれり。然らば吾等の平和主義とは何ぞ。即ち民本的平和主義なり。民本平和主義は、吾等は之を古聖先王の治国平天下の語より訳出せるものなり。治国平天下は儒学の理想にして王道仁政も茲の外には出づべからず(12)。

民本平和主義とは古聖が実践した治国平天下の王道を述べたものであると切言した。そして欧州大戦に対して次のように分析した。

今日欧洲戦争の原因如何と見よ、吾等は曾て此の戦争の始めに之を文明の行詰りと論じたることあり。独逸の乱暴も左ることなれども独逸の軍国主義を助長したる一面には、英国の経済主義的大英主義の世界に与へたる所作は決して之を人類の幸福といふべからず。而してこの不幸なる英独の競技は遂に少数なる資本家と軍人の為に国民の幸福は犠牲とされ、世界万国はその渦中に駆り込まれたり。(同上)

世界大戦はドイツの軍国主義とイギリスの経済的膨張主義の対立に端を発し、戦火が諸国に広がり国民が犠牲にさ

れた。それは言葉を換えれば人類を苦しめる近代資本主義的文明の行きづまりであるとした。

　そこから東国が目指す平和主義とは如何なるものであったかといえば、

　吾等が此を文明の行詰りと喝破したるは斯る侵略主義、併呑主義の非人道、非王道の野獣的非行が少なくも此の戦争の惨害に或は自覚し、或は覚醒され、之を自覚覚醒すると共に此の非文明的戦国時代に幕を下し、更に新たなる人道主義民族主義の自由独立を基礎とせる世界的平和の新時代に入らんことを信じたれば也。而も目下の戦局及び来るべき講和の如何なるものかは明かならず。露国過激派の宣言は稍平和主義の理想に近づきつゝあるは実事也。（同上）

帝国主義的侵略主義の非人道的不公正に見られるように、文明状況の行きづまりを相互に自覚するなかで、人道的民族主義的自由の原則に立った平和への新たな秩序の構築を目指すべきとした。

　さらに東国は「世界戦争の終りを見て[13]」において近代文明は科学的・物質的に進歩をとげたが道義的に人類の幸福をどれだけ進歩させたか、人類の徳性をどれだけ発達させたかは疑問とし、文明を人心内部に回収して大いなる文明、崇高なる文明を構築する必要を訴えていた。それに対して世上に跋扈する、

　軍国主義は之を訳して覇道的詐術と云べく、王道に反する悪むべきものであるのと同時に、経済主義また之を功利主義と訳さるべく、其の仁義の政治に反するものであることを承認せねばならぬ。是れ其名は異なれども正道でないことは一緒である、……見よ彼等の言ふ経済主義は即ち資本主義から出て居るのではないか、資本主義は即ち謂ふ所の功利主義ではないか、此の功利主義は其の時と其手段を代ゆれば覇道詐術となるではないか[13]。

東国は軍国主義と資本主義が王道に反する組織であるとしてその弊害を指摘したのである。そして東国のめざすものは、

科学的物質的文明の窮極は軍国主義たらざれば必ず経済主義、侵略蚕食でなければならぬ。吾等が此の戦争を文明の行詰りと称へたのは此の故である。政治的に軍国主義を滅ぼすも、経済的に資本主義を倒さなければ真の文明は建設されない。人類の真の幸福は来らない。而して茲に至るが王道であり、民本主義であり、社会人道の理想であらねばならぬといふのが吾等の感概《ママ》であつた。(同上)

科学の発展によって生み出された物質文明としての近代文明に危機感をもつ東国は、近代国家のとる軍国主義と富の配分に格差をもたらす資本主義を打倒することなくして、人類に真の幸福をもたらす文明は形成されないとした。これが五年の長きにわたって戦われた世界大戦から得た教訓であった。そしてここから東国の民本主義論も展開された。

5　王道としての民本主義

世界大戦末、我が国はロシア革命に反対するためシベリヤ干渉の兵を送った。そのさなかの大正七年に国内で大規模な米騒動事件が発生した。この米騒動について東国は再び繰り返さないための研究調査が必要であるとして、その原因を国民道徳の退廃などとすることは生活問題の軽視であるとして、凡そ次のような現状認識を示した。

生活問題と国民思想の関係を没却しては如何に日本には万世一系の国体から伝統した国民道徳があると言っても、その国民道徳が生活問題と没交渉では外来思想の危険といふよりはかういふ固陋に陥れる盲目的な忠君愛国主義が危険になる、かゝる観察は今日の学者役人の因襲的に陥り易い弊所ではあるまいか。(14)

国民道徳も国民生活への無関心の上において論じられる時、外来思想からうける危機より忠君愛国主義そのものが空洞化されて危険なものになるとした。

それではどのような改革が必要か。

何といつても近代物質文明は人間の理想から見て一種の中間文明といふ外はないので、そこには制度組織の上に欠陥が多い。されば此の種の弊害は文明の建設者たる欧洲人に先づ発見されて、之が改善の為めに種々なる方面から研究され運動されて居る。所謂社会主義乃至共産主義皆然るべき努力を用ゐられて居る。（同上）

貧富の格差を生む中間文明としての資本主義制度に対して、社会的弱者への改善策の必要が指摘され、社会主義や共産主義と云えども皆そのための改革の現われとした。そして日本においても資本主義制度を採用した限り生活問題・社会問題の発生は避けられず、それに対して、

人間共同生活の平準を得やうとするのは水の流と同じことで天理である、人為を以て之を抑止するのは飛だ禍を激成せぬとはいはれぬ。只革命の形跡から見て改革が危険だからとのみ考い《（ママ）》て、一図に之を圧迫排斥するやうなことがあれば禍はそこに起る。（同上）

東国は社会改革の必要を指摘し、その改革の当事者としての官僚や学者に対して危険思想を理由に改革をためらう誤りを批判した。そして為政の掌にある官僚層に対して「我が国体は国民の精華である」ところから、

か丶る順良な国民と共にして王道を興し得ざるものは時代の可ならざるにあらず、文明の至らざるにあらず、実に封建的堕力《だりよく》が爾《なんぢ》の心胸に蹯《うずく》まれるからである。外来思想の危険ではなく、国民思想の悪化ではなく、爾等の心胸久しく覇道的堕力に塞がれて居るからであると私は信ずる。（同上）

国民とともに王道を興し得ないのは権力主義的な官僚・学者の封建的な体質にあると断じた。このように米騒動を機に東国の為政者批判は一段と強められた。そしてその根底に東国の理解する陽明学があった。

米騒動の前年、大正六年の「民本主義と陽明学」において、

近時政治思想を談ずるもの、知ると知らざるとなく民本主義を説かざるはなし。蓋し民本主義なる政治は今日

新たに発明されたる政治思想にあらざれども、欧洲戦乱勃発以来各国共に現在の政治組織に幾多の欠陥を生じ亀裂を生ずると共に、或は之を補綴せんが為に又之を改造せんとして民本主義は期せずして発展し来たれり。(15)

と述べていたように、大戦を契機にロシア革命を含めて各国において民本主義が世界的潮流となっていることを紹介していた。そして西洋と東洋の政治の在り方を比較して、

故に西洋に民政の名ありて東洋には王道の名あるも、其の民本主義たるは一なり。猶《たとへ》ば関東に米を量るや金を本位として両に何升といひ、関西には枡を本位として石何両といふが如きのみ何ぞ異とせん。若それ西洋に民主主義の政体あつて民本主義の入り易く施し易きに似て、却て耳に忸れて生温き感なからず。更に刺戟あるものを求むるの可なれど過ぎたるの却て及ばざるやに見へ、東洋に王政王道の名ありて民主民本の名を呼ばざる、偶々之を称すれば官僚の徒直に之を謀叛人の如く云。然れども官僚の敵は必ずしも国家の敵にあらず、是れ支那の革命の容易に成功せざる所以なるか。而も殊に知らず日本の王政の如き君民同治二千六百年、之を発揮したるは明治大帝の維新の御誓文に見るべく、而して是れ一に民本主義の模範にあらずや。(同上、p.4)

西洋の民政主義と東洋の王道主義はともに民本主義をめざすもので、西洋の場合は民本主義からさらに刺激ある政治形態を追求しやすいが、それはそれでまた新たな課題がある。それに対して東洋では民本主義と云えばすぐさま国家に反逆するように云うが、わが国の場合、王政維新の五カ条の御誓文にあるようにすでに民本主義の模範が示されていたと東国は主張した。そしてその根底に、

吾等は曩《さきに》に孔子の治国平天下を引き、孟子の王道仁政を引き陽明王子の抜本塞源論を挙げて皆な民本主義の中枢たるへきを謂へり。然り学問思想に於ける陽明学は正に政治上の主義思想に於ける民本主義と相一致するものなり。……陽明王子の学人々我この良知を致すにあり、良知を致すとは本知本能を発揮するにあり。朱子の新民主義にあらずして親民主義なるにあり。(同上、p.4~5)

孔孟思想いらい陽明王子によって築かれた陽明学は近代西欧思想の民本主義に一致するもので、それは人がもって生まれた良知良能を発揮することであり、民を上から啓発することではなく、為政者自らが民と苦しみを共にし民の楽しみを喜ぶことであるとした。即ち王道とはまさに良知の現われとしての政治であるとした。

そして東国は獅子吼した。

> 民本主義は何ぞ良知の囁《ささや》きに耳傾けて心頭に打込まれたる大鑿《のみ》に揚げたる叫びにあらざるか。民本主義は譬へば吾等の吹く満口の息気の如し、息気一たび発すれば氤氳《うんいん》天地の太虚なり。大塩先生曰く、太虚世界を容れ、世界太虚を容ると。又曰く、身外の太虚即ち吾が心の本体なりと。然らば吾人心内の良知は之れ身外の民本主義、身外の民本主義は還元して心内の良知にあらずや。……民本主義者は先づ軍国主義、官僚主義よりその剣と其笏とを取り上げよ。而して人間を機械より救へ、囚人を解てその家に帰らしめよ。是れ爾の為さゞるべからざる所なれば也。然るときに王道仁政は来らん。（同上、p.6）

大塩思想の核心としてある公正無私を象徴する太虚の思想こそ、良知の現われとしての民本主義であるとした。そして民本主義の目指すものは軍国主義と闘い官僚主義から政治を奪還することであるとした。まさに吉野作造の民本主義を超えんばかりの論調であった。さらに東国の文明的視点は機械文明から人間性の回復を期し、社会主義者などの政治犯罪で獄舎にあるものの解放を求めていた。このような東国の陽明学的政治主張は吉野作造らの近代政治学的主張と較べて、個別の政治制度上の概念規定などにおいて具体性に欠けるものがあるが、大局的に見てその核心部分において注目に値する政治的提起がなされたことは、褪色の一途をたどるこの時期の儒教思想として注目されるべきものがあった。

しかしこれまで大阪陽明学会を担ってきた東国のことなどは、全くと云ってよいほど顧みられることがなかった。東国は大塩陽明学と云う砦に立って儒教思想を今日的に再解釈することで、大正デモクラシー期の課題に応えようとしていた。

> 陽明先生の発明提唱せる知行合一、致良知の哲学的真価は親民の極致に至て初て完成、成就せらるゝものであることを知らねばならぬ。親民は即ち政治学であつて、所謂大学の名ある所以である。故に曰く大学の道は明徳を明かにするにあり、民を親しむにありと、明徳は王道の目的であつて王道は即ち親民の成就する所である。(16)

本来、儒教思想は政治学であった。その一環として整備された礼教制度が人間関係の論理から為政の論理として持てはやされた時から儒教思想の政治的性格が見失われて形骸化していった。わが国でも朱子学的儒教により忠君愛国的な礼教制が為政の論理として高唱されるなかで、東国は外に世界大戦、内に米騒動と明治国家体制の転換期にあたり儒教思想の陽明学的再解釈をすることで時代と向き合った。

> 陽明主義は吾等に命ずるに「爾の良知を致せ」と云へり。之を訳せば汝の良心を行へといふのである。汝の本知本能を働けと命じたのである。……之を以て人が良知を働くとき、物は皆な所を得る。之を社会に働かすとき社会は人道に充たされる。之を国家に働かして国家は治平。之を世界に拡めて王道仁政天下太平となる。良知の外には道理はなく道理の外に事物はないのである。(17)

東国の陽明主義は国の内外にわたりその理念を貫徹させるものであった。

> 敵と味方となく内には長い間軍国主義で忠君愛国で国民を奴隷にし、外には世界万国に暴威を奮たものゝ、一旦自覚した時に軍国主義と同様の資本主義を倒壊して徹底的自由主義に憧憬して永世平和に出立するのは当然である。所謂文明に区切を置かない平和に制限を附せざるが人類共通の理想で、而してこの理想の純理的たるを否定し得ないであらう。(同上、p.3)

このように東国の陽明学的論理は徹底した理想主義で貫かれていた。ここから前節でみたように大戦後の西欧列強の覇道功利が批判され、返す手で我が国の過度な忠君愛国主義を支えた朱子学的道徳主義の誤りも批判されていた。

おわりに

大戦の終了後、内務省ではデモクラシーの風潮を前にして民力涵養と銘打って、勤倹力行の生活安定や国体護持の国家観念の育成など官僚的作文を並べた五大綱要を発表した。これに対して東国は、

変屈《ママ》なる学者よ、頑冥なる政治家よ、デモクラシーに危険性のあるのではない。国民生活が危険に瀕して居るのである。外来思想の伝染ではない。国民が思想的に当路者より早く目覚めて来たのである。デモクラシー思想は国家観念の欠陥を示すものでない。生活を整理せんとする自覚である。生活の整理された処に立国の大義は燦然として高く輝く。生活の不整理な処に国体の精華がありやう筈がない。立国の大義は常に生活の大本と一致して初めて健全な国家観念は発揮される。之に反して立国の大義を伝説的国家観念にありとして生活問題を之れから切離し、それを勤倹力行主義に求めやうとするならば、教育方面から見てもその国家観念は空疎で何物にも徹底せず、行政方面から見ても到底辻褄の合はぬ矛盾であらねばならない。デモクラシーを外来思想といふが、公平なる政治、安定せる生活、自由正義の思想に生きんとする人心に東西の別はない。(18)

と完膚なきまでに政治批判を展開した。国民の生活実態を無視した伝説的国家観念の虚妄を東国は暴いて見せてくれた。それは東京陽明学会の訓詁注釈化した学風とは異なる、時代を切り拓く学としての陽明学的生命を如何なく発揮した姿であった。それは大塩思想に発する公正無私ならではの陽明学思想であった。東国らの運動がどこまで広がりを見せたのかはまだ明らかにしえないが、私たちは大塩に発する時代と向き合う思想的営為に注目することで、陽明学思想を不定型な闇の思想とする偏見に対して、時代を切り拓く政治思想として位置づけねばならない。

註

（1）「予の王学に入りし径路」『陽明学派の人物』p.168以下参照・前川書店・一九一二
（2）吉田公平「石崎東国年譜稿」『東洋大学・白山中国学』13号・二〇〇七
井形正寿「石崎東国の追求」『大塩研究』48号・二〇〇三
（3）『陽明』2巻13号・明治45年7月・京都大学附属図書館蔵
（4）「留会の勧告（本文による）文書」『陽明』4号・明治43年10月
（5）「兆民先生十週忌《ママ》」『陽明』2巻6号・明治44年12月
（6）『陽明』2巻13号・明治45年7月に掲載されているが、趣意書の出されたのは『陽明』創刊前の明治41年12月である。
（7）『同上』
（8）『陽明』3巻6号・大正3年7月
（9）「陽明学より太虚主義へ」『陽明』5巻3号・大正5年4月
（10）『陽明』3巻11号・大正3年12月
（11）「陽明主義を誣ふるの書」及び「陽明主義を誣ゆるものに答ふるの書」『陽明主義』85号・大正8年2月参照
（12）「陽明学と平和主義」『陽明』73号・大正7年2月
（13）『陽明』83号・大正7年12月
（14）「陽明主義の立場から」『陽明』80号・大正7年9月
（15）「民本主義と陽明学」『陽明』69号・p.1・大正6年10月
（16）「政治学としての陽明主義」『陽明主義』86号・大正8年3月
（17）「陽明主義の新使命」『陽明主義』84号・p.1～2・大正8年1月
（18）「何の民力涵養ぞ―陽明主義よりの忌憚なき批判」『陽明主義』89号・p.3～4・大正8年6月

第13章　東アジア共同体構想への基礎理念について

はじめに

国際連合に参加する諸国家間においても、人々が平和のうちに生命の維持や生存権を確立するために、部族や民族で住み分けてきた地域や国境を超えて他に進出することは、近隣の国家や民族間での利害の対立を招きやすい。そのためにこれらの問題に対処する努力が国家間の不可欠な装置として構築されねばならない。もとより国連も国際的紛争を平和的に解決するための組織として存在するものではあるが、地域紛争には必ずしも有効的に機能しているわけではない。地域にはあまりにも具体的な対立項があり、それが過去の歴史意識に加えて宗教的・民族的・政治的・経済的、領土利害という位相において争われた時、根深い対立となり禍根を残すものとなっている。その意味でもアジアはヨーロッパに比べてまだまだ不安定的な地域である。

もっとも十八世紀にカントの『永久平和論』を生み出したヨーロッパにおいても今日に至るまで領土的紛争を繰り返してきたように、民族国家間の関係は歴史的な接触の中で形成された情念を媒介に、被害や帰属意識を肥大化してきた。その意味からも東アジアは近代における日本の植民地政策の対象であった処だけに、歴史意識と共に直接の被害意識も濃厚に残存し、響鳴するがごとくに統合化の必要性が論議できる状況ではない。

にも拘わらず時代が地域国家間での統合化の必要性を求め、我が国や韓国の首脳たちの提言にあるようにもはや避けて通れないのも東アジアの現実である。そのとき諸国家が認める統合の基軸になる理念として何を選ぶかは、統合が成立するための重要なテーマである。そこでなにが基軸の理念となりうるかを、東アジアにおいて人々が受容してきた儒教理念の中から探ってみたい。しかし、そこで問題になるのはわが国近代におけるアジア主義から、十五年戦争の中で提起された大東亜共栄圏構想についての検討である。

1　樽井藤吉の大東合邦論

西欧列強によるアジア進出のなかで開始された我が国の近代国家の形成は、外に対する国論の統一に耐える近代国家としての内実が求められた。そのために早くも明治三年（一八七〇）、隣国朝鮮との国交を開くために代表が送られたが、鎖国を国是とする朝鮮から拒否された。ここから朝鮮の非礼を咎めるために征韓論なるものが政府内部から起こされた。しかし藩閥政府を支える薩摩藩士の集まる田口塾の横山正太郎が、内治外交にわたる時弊十カ条を掲げた建議書を集議院に提出して割腹自殺する事件が起こった。そのなかに征韓論の非が挙げられていた。

頃日征韓論を主張する者の言を聞くに、其の意専ら皇威の萎靡を慨するに在りと。臣以為へらく、凡そ兵を起すには名義なるものあり、豈に容易に談ずべけんや。抑々戦争は利あるも、名義を海外に失へば即ち天下万世の誹謗を免かること能はず。兵法に曰く「知㆑彼知㆑己」と、今姑らく韓事を置きて我が国情を察せば、即ち海内困窮に叫び、黎民凍餒に陥る（1）。

わが国から国交を申し入れたのにそれを拒否するのは、日本の国威が足りないからだと征韓論者は云うが、戦争をするにはそれなりの大義名分が必要で、それに欠けると諸外国からの批難を受けることになる。それより日本の国情を見ると外征などは論外で民生を優先させるべきである。そのうえで、

> 苟も我が国勢をして盛実ならしめば則ち区々たる韓国、何ぞ非礼を我に加へんや。而して論者の思慮茲に出でず、其の弱小を侮りて無名の師を起さんとす、万一蹉跌することあらば天下之を何とか云はん。夫れ我が蝦夷を開くすら尚ほ且つ土人の怨を取れり、況や遠征に於てをや。[2]

内政を整え国勢の実をあげれば韓国が我が国に非礼を働くことはないであろう。しかし征韓論者の意図は朝鮮の弱小化を見越して大義のない戦を起こすことである。万一失敗すれば世界からどのような批難を受けるであろうか。我々はすでに北海道の開発ですら原住民から怨まれた。まして朝鮮への遠征などはとんでもないと横山は批判した。

征韓論をめぐっては薩長の駆け引きがあったといわれるが、命を懸けた横山の建議は民生安定を第一とする大義のない戦争そのものへの批判であった。

ところで西郷の韓国との開国交渉論は、自国の受けた西欧列強による開国体験から相手国への対等の儀礼と誠意を以てする交渉論であった。しかし明治六年の政変以後は逆に、征韓論的基調が我が国の国策となり、『時事小言』（一八八一年九月刊）や「朝鮮の交際を論ず」『時事新報・社説』（一八八二・三・一一）において東洋の盟主として西洋のアジア進出を食い止め、朝鮮や中国の文明化を援助すると自負した福沢諭吉ですら、朝鮮における壬午事変直後の社説（一八八二・八・二）で大規模な陸海軍の派兵により朝鮮の保護国化を主張した。[3] この時、東洋社会党の設立で物議を醸していた樽井藤吉が、明治二十六年の『大東合邦論』（一八九三）において我が国と朝鮮の合邦論構想を提起した。それは西欧的な文明開化至上主義によるアジア的未開主義への外圧としての征韓論を打破し、西欧列強のアジア進出への共同防御として隣国朝鮮との対等な主権国家間による合邦論であった。

樽井の合邦論の意図は『大東合邦論』の末尾に散見される。即ち、

> わが日本人、つとに白人の非望を察す。ゆえにかつて興亜会を設けて、もって異日アジア合縦（ママ）の基を立てんと欲するもの有り。[4]

と植民地化を阻止するための対応が語られ、

欧洲の白人、東方を覬覦《きゆ》するものは、英・仏・露三国最も熾烈たり(5)。

とアジアを狙うものを具体的に指摘し、

かの白人、我が黄人を殲滅せんと欲するの跡歴々として徴すべきもの有り。わが黄人にして勝たずんば白人の餌食とならん(6)。

と危機感を募らせていたように、『大東合邦論』は西欧列強から受ける危機意識から読み解かれる可きもので、しかもそれは近代日本におけるもっとも理性的なアジア主義思想の結晶であった。樽井のアジア主義は一国の存亡を論ずるナショナリズムではなく、それを超える国際的視野からする言説であったことに注目する必要がある。樽井の世界認識は、

方今、世界は日に新たに、千里の行は一日にして達し、万国の信は瞬間にして通ず。古は絶域をもって目せるもの、今は比隣たり。古は殊俗をもって待ちしもの、今は和親たり。わが日韓両国は、その土は唇歯、その勢は両輪、情は兄弟と同じく、義は朋友に均し。しかして両国の形勢日に開明に赴く(7)。

昔は遠く隔たっていたが今は隣同士であり、昔は風俗の違いを誇っていたが今は和親の時代である。国土は唇と歯ほどの距離で車の両輪のような関係である。情義は兄弟・友人のごとくで、しかも両国は新しい文明を求めようとしている。その時、

東方文明の曙光、すでに両国に映射す。しかして迷夢いまだ覚めず。依然古に泥《なづ》むは、時務を知るものというべからず。よろしく一家同族の情を表わし、相提携扶持してもって当世の務めに従事すべきなり(8)。

両国はまだこれまで通りの考え方で、そのおかれている状況を自覚しない。それでは今の責務を知るとはいえない。だからすぐさま一家同族の心をもって相互に助け合い、当面する共通課題に向かって取り組まなければならないと

檄を飛ばした。そのために着手しなければならないのが、古代ギリシアに始まり時代が下がってイギリスやアメリカに見られる合邦制であった。

智識を発達せしめ、もって開明の域に進まんと欲せば、両国締盟して一合邦となるに如かず。（同上）

また、

日韓合邦のこと、たとい今日に成らずとするも、他日あに合同の機無からんや。宇内《うだい》の大勢についてこれを察するに、二国おのおの独立するは、千歳の長計にあらざるなり。いわんや彼此対峙して相容れざるをや。(9)

アジアにおいて日韓が独立して存在することは長い目で見れば禍根を残す、とまで樽井は断言した。そして時期が来れば具眼の士が現われて必ず解決するであろうと期待した。そのために樽井は現今の世界の大勢の上に立って両国の古来からの交渉、新しい政治の本質、合邦の利害、清国との関係を論じて識者に其の選択を委ねることとした。

そこでまず合邦に当たって国号をどうするかで、

けだし彼我同等は交際の通義なり。ゆえに万国公法を説くものは、土地の大小、人民の多寡をもって階級を立てず。いま両国の旧号に拠らずして、もっぱら大東の一語をもって両国に冠するは、この嫌いを避けんと欲するのみ。(10)

国土の広さや人民の数を基準にして国名を選ぶのではなく、また両国の旧号を考慮に入れることもせず、両国のアジアに占める位置に相応しい〈大東〉なる国名は、日の昇るがごとき両国将来の隆盛を祝福する国号であるとした。

次に政治の基本精神については、

そもそも国家の完全なるものは、土地に境界有り、居住に定所有り、庶民に制度有り、主権に自主有るを謂う。四のうち一を欠くも独立完全の国家と称すべからず。(11)

他国に制せられることのない主権国家が前提されていた。そのような政府の必須条件として、人の国を成す所以は生存の必須に出ず。生存の必須は四要有り。いわく生命、いわく自由、いわく名誉、いわく財産。……ゆえに政治は四者を保全するの必須に因って起こる。(12)

樽井による国民の権利保障は大日本国憲法を凌駕する基本的人権規定に窺えた。ここで大変興味深いのはこれまでの西欧的政治理念に対して、その具体的な政治の在り方に為政の立場にあるものへの儒教的教化の意義が強調されていることであった。即ち政治の手法に勧善と懲悪の二つがある中で、西欧は懲悪を以て政治の基本としてきた。しかしアジアでは堯舜以来、教化をもつて政治がなされてきた。即ち、

周は二代に鑑み、郁々乎とし文なるかな、賞罰並び行なわる。孔子いわく「政は正なり」と。みずから正してのち、人を正すを謂うなり。後人政治の本を知らずして、ただ人を罰するをもって政治となす。……堯舜の聖たる所以は、教化をもって治を致せばなり。(13)

樽井はここで儒教史における理想の時代とされた堯舜に始まる三代の治に見られた、為政者自ら身を慎む誠実な生き方を媒介とする、人民への親和としての勧善に政治の本道を見た。即ち、

教化は徳なり。親和に属す。懲罰は権なり。競争に属す。『司馬穣苴《じゃうしょ》』にいわく「正は意を獲ざればすなわち権、権は戦いに出ず」と。それ悪は人を殺すより甚だしきは無し。人を殺すは戦争より大なるは無し。ゆえに権なるものは、人生最悪の処より生ず。戦いすでに権を生じて、権、ついに政を執る。(14)

政治というものは為政者の民を思う心が失われると権力になる。権力は人が争うときに表面化する。悪の中で人を殺すことは最もしてはならないことであるが、その最悪の状況が戦争である。それ故、権力は人間社会の最悪の場面から生ずるものとした。樽井がここで云わんとしていたのは、人を懲悪することによって自らを正当化する政治悪についてであった。しかし政治の理想は、

古より、君無くして民有るの国有るも、いまだ民無くして君有るの国有らず。今や世界は大いに開け、古の聖

賢の公道は世に明らかなり。長上となり、官吏となり、人民となるものは、よろしく吾人の成国の大理に憑《よ》って、もって痛苦を除き安楽を保つの道を講ずべきなり。上位に在って民の痛苦を省みざるは、堯舜の道にあらざるなり(15)。

樽井は日本の国体観及び韓国の王朝に言及してその絶対不可侵性に疑問を呈し、儒教の原義にある孟子に従い、民があって君のあることを前提に民生第一の王道主義に立ち返る公正な政治を確信するものであった。樽井のこのような儒教的言説は近世朱子学の継承ではなく、それは大塩によって再構築された陽明学的儒教精神に即した発想であった。

ところが今日このような堯舜周公の道が欧米で継承されているのに東亜では行なわれず、かつて権道に走った野蛮な欧州が、そこから抜け出して富強開明の国になり、それに対して東亜の諸国は逆に萎靡してふるわなくなった。ここから、

今わが日本、万国歴代に鑑《かんが》み、もって君民同治の主憲政体を立つ。いわゆる周官を修整し、その文最も郁々乎たるものなり。しかれども国人なおいまだ痛苦屈辱無きあたわず。何となれば、民度進まず国力強からざればなり。およそ人の痛苦は、窮貧より甚しきは無し。国の屈辱は微弱より大なるは無し。朝鮮のごとき、その政治なお君主専制にして、国力微弱、その国民痛苦を感ずるは、また応《まさ》に我と同じかるべし(16)。

わが国は君民同治の立憲国家を形成したが、国民の窮貧は改善されず国力も微弱で西欧列強の侮りを受けている。朝鮮の場合は君主専制で国民の苦痛を感ずるのは日本の場合とまったく同じである。だから両国は立憲国として対等の立場で合邦して「なんぞ協心戮力、もって颶風怒濤を防がざる」(同上)と力を合わせて民が尊重される立憲国家を形成して危機を乗り切ろうと呼びかけたのが樽井の『大東合邦論』であった。それは西郷以後の征韓論に見られた武力を背景にした交渉ではなく、両国の共存共栄を目指す対等な協議による真摯な合邦論の提起であった。

合邦論はさらに両国にとっての利害が述べられ、樽井は朝鮮をもって利益が多いと見た。さらに連合の方法については、

そもそも合邦なるものは、協議して約を立て、もって各邦を合し、各邦人民をしてその合成せる一統国の大政に参ずるを得しむるものなり。しかしてその要は、各邦の自主自治の政をして、均平に帰せしむるに在り(17)。

とあるように、すべてが優劣なく対等に行なわれることに尽きた。そのために、

合邦はもと、公明無私をもってこれを行なう。正大の情、天人に貫く、屑々疑懼《ぎく》の心を懐いて軽議すべからざるなり(18)。

とした。そして最後に清国との関係について、このような合邦の動きを快しとしないところから清朝は、陰に我が国を斥け朝鮮をイギリスの保護下におこうとするであろうと予測した。その上で日朝合邦を不利と見るのは清朝の認識不足で、合邦は西欧の植民地的進出を阻止するものとして、清朝にとっても大きな支援になるとしてそのアジア認識の誤りに修正を求めた。そして樽井は清国によろしく大東国と合従すべきであると示唆した。

樽井の理念に即して大東合邦論が関係国において受け入れられていたら、二十一世紀のアジアには希望にあふれる平和の歴史が展開されたことであろう。しかし樽井の合邦論は相手国の志士たちに支持されながらも、日本帝国主義の野望の中で潰え去ることになった。

樽井の理念は日朝両国にとって、この時点における将来を見据えた最も公正にして現実的な問題提起であった。その経綸は近代化に向けたヨーロッパの経験に学ぶ優れた地域構想で、わが国においても樽井を超える試案はなかった。まして朝鮮側では国内的な政治抗争に煩わされ、国を超えた地域構想を提起する余裕などは全くなかった。しかし樽井の公正な合邦論にも拘わらず、先行した征韓論の支配主義的国家政策と日本国内の天皇絶対主義の国体論は、樽井が意図した公正観を朝鮮国に保障する条件を阻んでいた。

にも拘わらず明治前期において自らも西欧列強のアジア的進出の危機を自覚するなかで、このような地域構想を提起した樽井の思想を見たとき、その民を起点とした公正観の根底に三代の治に始まる儒教精神が支えとしてあったことに私たちは注目しなければならない。

2　大東亜共栄圏構想の二律背反

西欧列強に対するアジア的防衛秩序をめざす動きは、昭和六年（一九三一）わが国によって起こされた満州事変と、そこから生まれた満州国の形成の中に窺うことができる。五族協和を旗印にしながらもそれが日本の帝国主義的進出を隠蔽するものといわれてきた。それは理念としてアジア的共同体形成へのひとつの試みであった。しかしその意図と満州における既得権益擁護と云う政治的手法の間にあまりにも大きな落差があり、客観的にして公正な地域共同体作りとしての承認は国際連盟リットン調査報告が述べたように、疑似国家としての烙印を受けざるを得なかった。

昭和十二年（一九三七）から始まる日中戦争も、当初の予想に反して中国側の反日民族意識の高揚の中で持久戦化し、戦争の継続のために東南アジアへの戦線拡大を物理的に必要としたとき、大東亜共栄圏構想が提起された。欧米諸国の支配する東南アジアへの進攻のためには、これまで植民地的支配を受けてきたこれらの地域の諸民族を、名目的にも解放する理念が戦争遂行のために求められた。それが大東亜共栄圏構想であった。欧米の植民地支配下にあったこれらの地域の諸民族にとって、日本の進出による欧米勢力の駆逐は千載の一遇であった。しかし崇高な理念と現地における軍事政権下の手法との間には大きな懸隔があり、進出した日本軍には現地住民への尊厳もなく、聖戦遂行のために現地住民を酷使するなど地域の期待と裏腹な行動に理念はたちまち雲散霧消した。

このような理念としての大東亜共栄圏構想とは一体いかなるものであったのか、それを東条政権下の太平洋戦争を批判した石原莞爾が主宰する東亜連盟同志会が作成した「昭和維新論」[19]から見ておこう。

まず大東亜共栄圏構想を支える八紘一宇の精神について、

皇国日本の国体は世界の霊妙不可思議として悠久の古より厳乎として存在したものであり、万邦にその比を絶する独自唯一の存在である。……八紘一宇とは、この日本国体が世界大に拡大する姿をいうのである。……換言すれば天皇が世界の天皇と仰がせられ給うことにほかならない。[20]

八紘一宇の精神とは、大日本帝国憲法で規定された神聖不可侵な存在としてある天皇の威光を世界の隅々にまで輝かすことにある。このような神話的発想のもとに天皇の威光を広めるのが、天皇に忠良なる臣民としての皇軍の使命となる。天皇の意を戴して戦争することである。そこで太平洋戦争の意義が論じられ、その結論として、

さらに第一次欧洲大戦後の世界の実情を見るに、国家連合の傾向日に顕著なるものがある。これは単に国家政策の見地よりする合縦《(ママ)》連衡以外に、人類文化の発達が一国家をもって活動最大単位となすを許さず、数国家一群となってその機能を発揮するに至らしめた世界史発展の必然的傾向と見なければならぬ。[21]

第二次世界大戦に至る間のブロック経済化の動向を指摘するものであった。かくして、

世界は四箇の集団、すなわち、ソ聯邦、欧洲、南北アメリカ、東亜に分れつつあるが、結局これは二箇の集団、すなわち王道と覇道の文明が太平洋を挟んで二箇の国家群によって代表されることになるであろう。(同上)

世界は四つの地域に区分されるがその機軸は王道と覇道による文明の争いで、それを代表するのが王道の日本であり覇道のアメリカであるとした。そこから歴史が大きく動くことになる。

しかる時は、この二箇の国家群が太平洋を中心として決勝を争う結果となり、この戦争は人類最後の戦争たる文化史的意義を発現するものと断定して誤りないと思われる。[22]

「昭和維新論」（一九三九）ではこのように最終戦争としての太平洋戦争の文明史的状況が述べられ、大東亜共栄圏に向けた基本方針が昭和維新の改革として示された。即ち、

> 数千年の古く貴き文明を有するわれら東亜諸民族は、最終戦争を前にする国家聯合の時代において、速かに大同団結して東亜聯盟を結成し、数百年間欧米人より受けたる屈辱を雪《そそ》ぎ、進んで東方道義をもって全人類を救済せねばならぬ。[23]

とし、

> 大東亜戦争により東亜解放は大転期を画するに至った。固有の文化を有する東亜の諸民族が、欧米覇道主義者より解放せられてその独立を達成することは、東亜聯盟運動のつねに目的としたところである。[24]

まずアジアの諸民族は大同団結して東亜連盟を結成し、欧米の帝国主義的植民地支配から解放されることで東方の王道主義的道義に基づき、人類の救済としての国づくりが進められなければならない。そのために大東亜戦争が行なわれたのである。これが大東亜共栄圏の形成をめざす東亜連盟運動の目的であった。このような使命をもつ日本にとっては、

> 日本はしかし、聯盟の精神に遵い断じて領土的野心を持つべきでなく、独立せる諸国家の聯盟加入も強制によらず、一にその自発的意思によるべきである。有力民族の居住せざる地方は日本の領土となり、東亜諸民族の開発に利用せられるであろう。（同上）

東亜連盟の精神に遵い領土的野心を持ってはならないとしながらも、有力な西欧人が支配した地域は日本が替わって支配し、そこを原住民に利用させるとあるのは植民地支配の一形態ではなかろうか。

いずれにしろ大東亜共栄圏を進める東亜連盟の指導原理は王道主義で、連盟結成の条件としては、「国防の共同」「経済の一体化」「政治の独立」「文化の溝通」の四であり（同上）、そのなかで天皇を戴く日本こそが連盟の中核的

存在として指導的役割が課されていた。

大東亜共栄圏構想を大陸に目を向けたとき、

満洲国は、歴史的および現実的理由の下に、日鮮漢満蒙等諸民族がおのおの言い分を有する地域であって、中華民国より分離し独立したる東亜諸民族協同の国家である。(25)

従って、

満洲国の健全なる発達は、逆に東亜諸民族の平和親善を誘引する。この意味において、満洲国は東亜聯盟各国家結合の精神的核心である。(同上)

満州国はまさに大東亜共栄圏構想の核心として位置づけられた。ここから東亜連盟では満州国の政治的・軍事的後見役を果たしてきた関東軍の早期撤退や、満州国の独立を完成させるために満州鉄道の経営権を満州国の法人化とすること。さらには日本が占拠してきた関東州を満州国に譲与することで八紘一宇の理想を具現させるべきとした。

そして中国問題については、

日漢両民族は東亜における二大民族であり、東亜永遠の安定は両民族の協和によってのみ実現される。それにもかかわらず、近世における日華両国の関係は、おおむね対立抗争の状況を露呈しつつ今日に及んでいる。思うに両民族が相互に信頼せず、軽侮し合った原因としては、国家実力を欠如するとなす中国への侮蔑と、文化・思想を貧困なりとする日本への誤解がそれぞれ双方に存在した点に求められるのではあるまいか。(26)

国家としての日漢両民族の関係は日清戦争以来、相互不信から生まれた対立抗争の歴史であった。そこで満州国形成の経綸から学ぶこととして、

すなわち満洲事変の処理において示された関東軍の方針は、東方道義を強調するにおいて終始かつてなき鮮明さを堅持し、当時世界を支配した民族自決主義を止揚して新たに民族協和の大道を樹立し、さらに進んで東亜

聯盟結成による東亜大同を実現し、欧米覇道主義打倒の目標の下に、東亜諸民族の実力を総合し、これを飛躍的に増強せんとするにあった。しかし両国民の永年にわたる感情は一朝にしては清算されず、一面かえって誤解を深める傾向さえ惹起し、ついに支那事変の勃発を見るに至った。（同上）

満州国は民族自決主義を超えた民族協和の実験であった。それは欧米の植民地主義を打倒したアジア諸民族の結集の実をあげるものであった。しかし日漢両国の対立からついに支那事変を招来したというのである。この時、支那事変解決に向けた天皇の詔勅（昭和十二年）に「コレニ中華民国ノ反省ヲ促シ速ニ東亜ノ平和ヲ確立セントスルニホカナラズ」と、戦争の原因を大東亜共栄圏の実現を妨げる、蒙昧な中国にあるとする立場がとられていたことに注目する必要がある。

東亜連盟の「昭和維新論」は狂信的な思想集団による言説ではなく、大東亜共栄圏の実現をめざすために天皇の王道主義的威光と国家の存在性を分け、個別国家を超える必要性を自覚した思想営為であった。それでも中国の民族主義的反日闘争を欧米列強的覇権主義と戦わない蒙昧なる行為として非難するジレンマに、大東亜共栄圏構想は直面せざるをえなかった。その原点が満州国問題であった。

となれば石原莞爾が指導した昭和維新論構想も日本主導の閉ざされた世界の中での構想でしかなかった。と云うのも共栄圏構想は、戦争拡大の中でアジア制覇の理念が求められた時に掲げられた試案で、石原莞爾の超国家主義的公正をもってしてもアジア的規模での合意の形成には支障が多く(27)、国家戦略としては杜撰きわまりないものであった。

大東亜共栄圏構想を歴史哲学として提唱したのが京都学派の高坂正顕や高山岩男らであった。高山はヘーゲルの西欧的世界史の哲学に対抗し、非ヨーロッパ的特殊世界としてのアジアから『世界史の哲学』を構築しようとした。それは古き西欧的近代の世界秩序を打破し、新たな世界秩序を建設しようとする近代を超脱する精神を標榜するも

のであった。すなわち、

ヨーロッパ世界の非ヨーロッパ地域に対する涯しなき拡張、即ち西欧的な近代資本主義、西欧的な機械技術、西欧的な近代科学、西欧的な個人主義法制、西欧的な政党的議会主義、等々ヨーロッパ文化の世界的普及、さらにこれに伴い、これらの基礎になった非ヨーロッパ地域の植民地化の趨勢——このような驚くべき事実の上に、近代世界史が成立しているのである(28)。

近代西欧文明を美化することなくリアルに認識すれば西欧文明の普遍的支配への欲望であった。この世界史の転換に一番重要な役割を果たそうとしているのが日本であった。そこで、

ヨーロッパ的な近代世界史の旧秩序をどこまでも保持しようとする国際連盟よりの脱退は、この転換に大きな時期を画した世界史的事件であった。これが満州事変と支那事変を連結すると共にドイツとイタリアの国際連盟よりの脱退を喚起し、近代世界史の秩序保持に大きな動揺をもたらし、遂に今次のヨーロッパ大戦の勃発となるに至った(29)。

日本が近代世界史と云う旧秩序と認識する国際連盟から脱退することで、ヨーロッパにおける世界大戦の引き金となったことが歴史転換を画する行為として位置づけられた。しかしこの高山の認識は結果として明治維新以来、近代を追い求めさらにその超克をめざした『世界史の哲学』の思想的浅薄さを証明するものでしかなかった。なぜなら『世界史の哲学』は解放の対象である中国との日支紛争が同時に欧米に対する闘争とする自己矛盾を合理化するもので、そこには思想の普遍性として脱植民地をめざす相手国の民族主義の意義が欠落され、ひたすら国家理性の担い手としての自国の民族的使命を肥大化するものであった。

少なくともヘーゲルの哲学は、国家に対して精神の自由を宣言することで思想の普遍性を獲得しようとした。しかし高山哲学は西欧的理性の誤りを根底から突き崩し、アジアの知識人から共感をもって迎えられる普遍的世界観

ではなく、日本の国体を背景とした大東亜共栄圏構想で、それは日本的イデオロギーであっても民族を超えた世界観にはなりえない哲学の域を超えることができなかった。

時代を揺るがす思想は国家を越境することで普遍性を高めるものである。『世界史の哲学』の挫折の上に、日本の戦後世界は欧米的価値観への再転換のなかで、自立への道を歩んだことの中にすべてが証明されていた。

時代に便乗した京都学派に対して、与えられた状況のなかで真摯に時代に向き合い、思慮深く大東亜共栄圏について論じたのが三木清（一八九七〜一九四五）であった。昭和十三年（一九三八）に「現代日本における世界史の意義」及び「東亜思想の根拠」において、東亜共同体の形成を民族主義を否定的に媒介する全体としての世界主義としてとらえ、各民族は個性・独立性・自主性を内包するなかで世界史的出来事に参画することで民族性を発揮するとした。そこから、

我々は支那における民族主義が支那の近代化にとつて有する歴史的必然性と進歩的意義とを十分に認識しなければならぬ。この認識なしに支那の民族主義的傾向を単純に排撃し、その三民主義にいふ民族主義を抽象的に否定するが如きは却つて反動的なことになるであらう。我々は支那の近代化への歴史的に必然的な運動を阻止することができないし、また阻止すべきではない。(30)

三木は近代化への過程としての中国内部の民族主義的動向を理解しない、東亜共同体志向の誤りを指摘した。さらにまた、

支那の民族主義は支那の国家的独立の要求である。そして支那の独立は日支の共存共栄を意味すべき東亜思想にとつてその前提でなければならぬ。支那の独立を妨げてゐるのは列国の帝国主義である。日本の行動の意義は支那を白人帝国主義から解放することにあると云はれるのである。……しかしまたもし日本が欧米諸国に代つて支那に帝国主義的支配を行ふといふのであれば、東亜共同体の真の意義は実現されないであらう。(31)

これは日中戦争に対する婉曲な批判でなくてなんであろうか。支那が欧米の支援を受けて日本の侵出に抵抗するとは言え、支那との戦いは共存共栄をめざす共同体構想にとってはあり得ない行為であった。三木はそれを指摘したのである。そして、

> 東洋の統一もまた単に日本的見地からのみ考へられてはならない。（同上）

日本の民族的立場からの構想では、アジアと云う民族を超えた全体を包含する共同体は実現しえないことも指摘した。

> 世界史の今日はもはや単なる民族主義に止まることができないとすれば、全体主義は民族を超えた東亜共同体といふが如き一層大きな全体にまで拡充されねばならぬ。……かやうな拡充は従来の民族主義的全体主義に含まれてゐた種々の非合理的要素が除かれることを要求してゐる。東亜共同体は単なる民族主義によつては考へられ得ない故に、従来の全体主義が血と地といふが如き非合理的なものを強調してゐたのに対して一層合理的なものを基礎としなければならぬ。民族と民族を超えて結ぶ原理は、一民族の内部においては結合の原理として可能であるやうな内密のもの、秘義的なものであることができず、公共的なもの、知性的なものでなければならぬ。(32)

三木はナチの血と大地で結ばれた全体主義を批判しながら、東亜共同体における結合原理としての、神話的天皇の権威主義に見られた民族的な結合原理の克服を求め、その公共性と人類の普遍的知性に託す必要を指摘した。さらに全体主義概念に関しても、

> また従来の全体主義は論理的に云つても全体が部分を抑圧し、個人の独自性と自主性とが認められないといふ欠陥を有してをり、そして事実としてもさうであつたのであるが、新しい全体主義においてはかやうな欠陥がなくならなければならぬ。（同上）

民族主義に対する全体主義、個別国家に対する東亜共同体と云う関係のなかで、三木は無視され抑圧される個人の尊厳について言及した。言論が抑圧された危険な時代のなかで三木のレトリックは、

東亜共同体といふ全体の内部においては、日本もその全体性の立場から行動することを要求されてゐると同時に日本はどこまでも日本としての独自性と自主性とを維持すべきであり、支那に対しても同様にその独自性と自主性とが承認されつつ、しかもどこまでも全体性の立場に立つことが要求されねばならない。かくして一般的に要求される論理は、個体はどこまでも全体のうちに包まれつつしかもどこまでも独立であるといふ新しい論理であり、[33]

と述べるように、民族の自主性を肯定することで全体主義における有機体説的論理を排し、全体のなかで個の生かされる弁証法的論理をもってした。このように見てくると三木における東亜共同体論は、可能性として有るべき共同体を前提にした必要不可欠な構成条件を提示することで、現実の進行に対して普遍的理念を示すことにあった。それは高山のように現実にあることをすべて自ら属する民族的立場から解釈し合理化するような、他者性の欠落した独善的思考ではなく、暗い時代のなかにおいても最後まで、来るべき時代を見据えたものが描く共同体論としての大きな相違があった。[34]

3　多様性を統合する思想

わが国は敗戦後の混乱から、前代からの蓄積されてきた国民的教育力をばねに戦後復興を成し遂げ、国家財政も経済的基盤の整備に投下される中で経済的自立を達成し、通貨の円も基軸通貨のドルと肩を並べるまでに堅実な成長を遂げてきた。そのなかでいち早くヨーロッパではＥＵが形成され、地域における通貨統合を進めることで、地

域内相互の経済的利便性を高めて経済的発展を期し、民族的紛争を防止することで積年の疑心暗鬼の憎悪の壁を取り払ってきた。かくしてカントの平和論の理想を実現させてきた。

一方われわれの属する東アジアにおいては、二十世紀の前半まで西欧諸国や我が国の植民地としての苦い体験を持ったところから、近隣諸国と相互に協力して強力な地域連合を形成する条件を持ちながら、国家経営をめぐる歴史的経験の未熟さやイデオロギー的な国内事情から地域統合への関心に水を差してきた。

とりわけわが国は大東亜共栄圏構想の失敗をおかすなかで、アジアに於ける最も近代的達成を成し遂げた国として、アメリカを中心とする西欧との関係を重視したところから、EUに対応するような東アジア共同体構想などは、二十世紀末に至るも主導権を発揮して主張することには消極的であった。しかし東アジアの経済が、二十一世紀になってから二十世紀の後半には予想もつかなかったほど目覚ましく成長を遂げるなかで、国がらや民族感情を超えて経済的発展を推進するため、地域分業体制や技術開発に向けた知的資源の効率的活用に始まり、単位国家が抱える環境問題や領土問題ならびに資源開発をめぐる紛争解決など、東アジアの抱える諸課題の平和的協調的解決のためにも地域共同体の形成は避けけて通れないところにまで来た。(35)

かくしてわが国でも二十一世紀になって、経済学者森嶋通夫により問題提起され、時を同じくしてわが国や韓国の首脳らによっても地域統合の必要性が提唱されるようになってきた。もっともこの地域には我々と国がらの違う中国と北朝鮮があり、共同体の実現にはこれらの国の協調に向けたナショナリズムの克服が不可欠で、そのためには若干の時間的経過を必要とする。しかしそれに備えて統合を可能とする理念については論議しておく必要がある。

われわれ日本人はこれまで東アジアの統合に向けて二度にわたって理念を掲げてきた。ひとつが樽井の『大東合邦論』における「一家同族・提携扶持」であり、今ひとつが「大東亜共栄圏」構想における「八紘一宇」であった。樽井の合邦論は民を起点とした対等平等の合併をめざす理念であったのに対して、大東亜共栄圏構想における八紘一宇は日本を軸とした天皇中心主義の構想で、政治理念としては普遍的な理念たりえない独善的なスローガンでしかなかった。

このような経緯を踏まえて考えたとき、東アジア共同体の形成に向けた理念は参加する総ての国家と国民を満足させるものでなければならない。しかも東アジアにおける共同体の理念としては、西欧が形成してきた市民革命以来の民主主義的理念、たとえば自由・平等・博愛ではもはや収まり切らない。それでは東アジアの長い歴史のなかで築かれた思想的営為が見失われ、東アジア的共通感情の上からも安定感を欠くといわざるを得ない。

そこで改めて東アジア的理念を求めるとなると、この地域を包括してきた思想としてやはり孔子に始まる政治思想としての儒教に注目する必要がある。しかし『論語』『孟子』などの聖典には萌芽となる思想の片鱗は窺えても思想的なまとまりのある言説はない。

地域共同体を統括する思想としての構成要件には人民を基軸とする概念は不可欠であり、この人民の暮らしが成り立つために他者を愛し慈しむすぐれた道徳性が問われる。そしてこれらの政治にあたる為政の掌にあるものは、つねに公正無私な資質を欠かすことができない。これらのことを包括的に述べたような言説が求められるのではなかろうか。そこで人間界を包括し決定づける天と人間関係のなかでの最高の道徳性を備える仁を結びつける言説を尋ねたとき『春秋繁露』王道通に、

仁の美なるものは天に在り、天は仁である。天は万物を覆育し、それを生成させる。(36)

とあり、それを北宋の程顥（一〇三二～八五）は、

仁者は天地万物を一体のものと見なすから、どれ一つとして己れでないものはない。(37)

公正無私の判断を下す仁者は天地万物を自らの分身と考えるところから、人間界の道徳性を自然にまで越境させようとした。それがさらに明代になると儒教思想が貴族や官僚層の学から、さらに地域の郷村社会にまで浸透した。

その背景にあったのが王陽明の陽明学で、彼の代表作『伝習録』において、天人合一、心即理の立場から天地万物一体観を自らの思想の核心とした。

> 夫れ人は天地の心にして、天地万物は本吾が一体の者なり。生民の困苦荼毒《とどく》は、孰か疾痛の吾が身に切なる者に非ざらんや。吾が身の疾痛を知らざるは、是非の心無き者なり。是非の心は、慮らずして知り、学ばずして能くす。所謂良知なり。良知の人心に在るは、聖愚を間《へだ》つる無く、天下古今の同じき所なり。[38]

人間は天地の是非を感応する存在で、天地の万物は本来われと一体の者である。従って民の困難や苦痛、害毒を見ればいずれも吾が身に切実な痛みでないものはない。民の苦痛を感じないものは、ものごとを正しく判断する心に欠ける私心に捕らわれたものである。是非の心は人が持って生まれた雑念のない透明な良知で、人の賢愚により差があるのではなく昔も今も同じように人に備わっていると陽明は答えた。

天地万物がわれと一体の者として連なり、その他者の苦しみをわが身の苦しみとして受け止める仁愛の心を、人間がもって生まれた良知とするものであった。陽明はこのように天地万物を一体として貫く仁愛を儒教思想の到達点とし、それを為政の掌に携わるものの明徳として『古本大学』の三綱領八条目を読み解いた。即ち、明徳を明らかにするとは私情をすて現下の課題を天地万物一体の仁の立場から明らかにすることであり、民を親しむとは民の暮らしを常に第一義におく意であり、至善を尽くすとはその施策において最も優れた明徳を示すことである。この理念は近代民主主義をもってしても亀鑑たるに相応しい指針であり、それゆえ国家の枠を超えて受容される普遍的理念としての条件を具備していると云えよう。

王陽明のこの優れた理念も次の清代になると心即理を体得することで成り立つ良知をめぐる言説が朱子学の立場から批判され、それとともに天地万物一体観も継承されることはなくなった。[39] しかし清末の社会的激動期にいたり再び譚嗣同（一八六五~九八）の『仁学』において、新たな装いの下で継承されたことは島田論文において述べられた通りである。[40] しかも清朝体制を批判する言説を含むところから、その公刊は自国を避けた異国の日本においてであった。

同じように我が国においても公正無私を政治原理として幕藩体制を批判しようとした大塩平八郎により、天地万物一体の仁が思想の核心におかれていたことは注目されねばならない。その著『洗心洞劄記』において、

一一（上）、人の厄難を救ふ時は、吾が霊淵の一波の動くや否やを験せよ。一波纔かに動けば、則ち既に情慾の在る有り。天の体に非ざるなり。天の体に非ざれば、則ち救はざるの愈れりと為すに如かず。[41]

人の災難を救うのに自分の心が少しでも動揺すれば私情が働いているからで、それでは他者を救済する天の本来の姿である仁に反するので手を差し伸べない方がよい。天地万物が一体の仁で結ばれることの高い道徳性が問われていた。また、

一八（上）、孟子の「万物は皆我に備はる」の説、心太虚に帰する者にならずんば、安ぞ分明に其の義に通ぜんや。[42]

孟子の天理一体、万物皆我に備わるという認識は、心を太虚に帰した人間でないとはっきりとその意義を把握できないと述べるように、ここでも万物一体の理は私意私欲を超越した良知の人でないと認識できないとする厳しい道徳性が説かれていた。そして、

八一（下）、聖人は天地万物を以て一体と為し、其の人物を視ること猶ほ吾が首足腹背手臂の如し。故に人物の病痛は即ち我が病痛なり。是れを以て吾が心の悪む所のものは、肯て一毫も人に施さず。是れ之を天地万物を以て一体と為すと謂ふなり。後の学者も亦た只だ吾が一体の仁に復るを学ぶのみ。[43]

聖人は天地万物を一体のものとして受け止めた。それ故、自らの良知に照らして悪むものは仮令わずかでも人に与えることはしない。是が天地万物を一体のものにする仁の心である。後世の人間は只この一体の仁に自らを復帰さ

せることを学問の道とした。このように大塩も天地万物を一体とする公正無私の世界を形成しようとしていたことが窺えよう。

このように天地万物の一体化をめざす理念は、歴史的には為政者の恣意的な政治支配に対して公正無私を原理とする政治理念として、個を抑圧した前近代社会の混乱から近代に向けて個を解放する公共空間を形成する論理として立ち現われてきたものであった。このような理念は現代においても東アジアにおいては必要不可欠な理念として、その普遍性は覇権主義的な邪悪な為政者を除かん単位国家の国民が真摯に求めるところである。

このような東アジアが生み出した優れた政治理念を忘れて、いたずらに西欧理念のなかに統合の絆を求めるのではなく、新たな東アジアの平和と環境をはじめとする経済的発展に寄与する理念を自らの文明の中から構築することは、二十一世紀の東アジア関係国家諸国民の課題であろう。

註

(1) 三宅雪嶺『同時代史1』p.251・岩波書店・一九六七
(2) 『同上』p.251
(3) 「東洋の盟主論と脱亜入欧論」佐藤誠三郎・R・ディングマン編『近代日本の対外態度』p.41・東京大学出版会・一九七四
(4) 樽井藤吉『大東合邦論』『アジア主義』(現代日本思想大系9)p.127・筑摩書房・一九六三
(5) 『同上』p.128
(6) 『同上』p.129
(7) 『同上』p.106~107
(8) 『同上』p.107

(9)『同上』p.108
(10)『同上』p.109
(11)『同上』p.110
(12)『同上』p.111
(13)『同上』p.111
(14)『同上』p.112
(15)『同上』p.113
(16)『同上』p.114
(17)『同上』p.121
(18)『同上』p.123
(19)石原の指導の下にはじめられた満州国協和会と連動する組織。『超国家主義』(現代日本思想大系31)p.421・筑摩書房・一九六四
(20)前出『アジア主義』p.382～383
(21)『同上』p.385
(22)『同上』p.385～386
(23)『同上』p.388
(24)『同上』p.389
(25)『同上』p.390
(26)『同上』p.391
(27)尾崎秀実「「東亜共同体」の理念とその成立の客観的基礎」『同上』p.324～335以下参照
(28)高山岩男『世界史の哲学』p.88・岩波書店・一九四二
(29)『同上』p.88
(30)「東亜思想の根拠」『三木清全集15巻』p.311・岩波書店・一九六七

(31)『同上』p.312〜313
(32)『同上』p.318〜319
(33)『同上』p.319〜320
(34)「現代日本における世界史的意義」『同上14巻』p.143・一九六七
(35)谷口誠『東アジア共同体』岩波新書・二〇〇四
(36)溝口・丸山・池田編『中国思想文化事典』p.99・東京大学出版会・二〇〇一
(37)『程氏遺書』巻二上『同上』p.99
(38)近藤康信「伝習録」『新釈漢文大系13巻』p.360・明治書院・一九六一
(39)島田虔次「中国近世の主観唯心論」『中国思想史研究』p.34以下参照・京都大学学術出版会・二〇〇二
(40)「譚詞同の思想の性格」『同上』p.64以下参照
(41)『洗心洞劄記』上巻・一一条(日本思想大系46)p.372・岩波書店・一九八〇
(42)『同上』上巻・一八条p.374
(43)『同上』下巻・八一条p.493

第14章　浄瑠璃本『浪華異聞・大潮餘談』

大阪が育てた庶民文化としての人形浄瑠璃は、近世元禄期以来の語り物芸能である。今は国立文楽劇場を拠点に伝統芸能として継承されているが、ここに至るまで近代においては殊の外、苦難の時期もあった。この文楽はその昔、義大夫節または浄瑠璃と呼ばれ近松門左衛門の出現により、その時代の人々の関心を集めた出来事を題材に作品化した。例えば「曾根崎心中」はまさに格好の世話物として、たちまち市中の評判作となった。

世間の義理と、その為に抑圧されてきた人情との葛藤を描くことで、近世社会における町人社会の人間らしいあり方に光が当てられたのである。

ところで文楽の題材は大きくわけて心中事件などの世話物、歴史を題材にした時代物、そして正月をはじめ祝祭に花を副える景事から成り立っている。近松は浄瑠璃を教訓的な時代物のステレオタイプから脱却して、同時代の題材を取り上げることで庶民の心の底に眠る人間性に価値を与えようとした。

このようにそれぞれの時代が求める題材があるように、伝統芸能といえども時代の意識を読み取る努力を忘れたときは、技の継承だけで市民の共感を得ることはできない。新しい題材が文楽に注入されなければならない。そう思うと、文楽の時代物の題材が中世に多くとられているのが気になる。

近世の幕藩体制にかかわる生々しい事件を取り上げることには当時として制約があったにしても、近代の浄瑠璃作家は近世を時代物とする努力を怠ってきた。大阪から発信された重大事件である大塩の乱が、なぜ浄瑠璃化されなかったのかは疑問が残る。森鷗外の「未だ醒覚せざる社会主義」発言が影響したのであろうか。

そんなことで私も十数年ほど前、大塩の乱に連座した河内国弓削村の西村履三郎の長男常太郎コト貫が十五歳で島送りにされた隠岐から帰国した際、彼の依頼でその頃大阪で活躍していた宇田川文海が履三郎家のために書き残した『浪華異聞・大潮餘談』が浄瑠璃本に役に立つのではないかと考え、少し書き留めておいた。

そうこうしているうち拙著『大塩思想の可能性』（和泉書院刊）の原稿を整理するなかで、これの取り扱いを思案していたが、大塩研究会の久保在久氏のお勧めで先ず『大塩研究』63号に発表した。

文海の実録小説『浪華異聞・大潮餘談』はすでに同名の著書として、拙稿を書き加えて和泉書院から復刻したのでご覧いただきたいが、ここではそのなかの事件当日の弓削村履三郎家での残された家族の不安に包まれた様子から始まり、家族が数珠つなぎで連行され取り調べを受ける場面、やがて長男常太郎が隠岐に島送りされる別れの場面、そして隠岐で常太郎が島の有力層の支援を受け村上良準の下で医学に励むなか、同家娘織江の恋慕にあうも一心不乱に儒学と武道に励む場面、さらに隠岐騒動に参画して九死に一生を得て河内に帰国する場面などから構成した。本作品を通して大塩の乱の時間的・空間的拡がりと、そこから生まれた人間像を理解するためにも有意義ではないかと思い執筆したものである。

浪華異聞・大潮餘談

原著　宇田川文海
改作　森田　康夫

一、大塩平八郎狂狷之段

□序詞

四海困窮いたさば天録永く絶え、小人に国家を治めしめば、災害並び至ること、古への聖人深く天下後世、人の君、人の臣たるものを戒む。然るにここ二百四五十年、太平の間、上たる人奢りをきはめ、大切の政事に携はる諸役人ども、賄賂を公に貰ひ受け、一人一家を肥やす工夫のみに知術を運らし、民百姓に過分の用銀を申し付け、年貢諸役で苦しめ、ために民百姓、上を怨まざるものなき様に成り行く。ここに大坂天満の元与力大塩平八郎、ただその義にあたるや、その身の禍福生死をかへりみず、その道に当たるや、その勝敗利鈍を問はず、世に警鐘を打ちならさん。

□地中

時に河内の国は志紀の郡弓削村なる、村一番の豪の家、その家主の西村七右衛門コト履三郎、幼き頃より大坂天満の洗心洞に、天下にときめく学者・大塩平八郎の門弟となり、陽明の学をきはめんために、大塩先生直々に預けられ、厳しい教へに従はん。その甲斐あつて、一を聞いて十を知る才あれば、大塩門下の一人に数へらる。

天保八年、またしても天をたのみとする時世ならで、打ち続く凶作飢饉で、米価騰貴し、大坂市中は元より摂河泉播村々まで、貧民餓死者を続出せん。そこで履三郎の師なる平八郎、これを憂ひて一策を立て、市中の富商に銭を出させ、これを救はんと思ひ立ち、倅格之助をして東町奉行跡部山城守に説かしめん。

山城守これを聞き、喜ぶどころか立ちどころに「平八郎を召せ」と呼び付けん。平八郎病を理由に辞すれども、敢へて許さず、強ひて呼び出し大声で「下百姓土民を救ふこと、我元より考へあり、豈に汝の言を待たんや、隠居の身分で公儀に口出しするは何事ぞ、出過ぎた振舞ひ言語道断」と、ののしり、平八郎が捧げし書き付け取り出して、平八郎目がけて投げつけん。

尚も平八郎の倅格之助に命じ、平八郎を引き去らしめるに「聞くところお前は、近頃貧民を救ふを名とし、大商人共を脅かし銭かねを借るとの噂なるが、病のために心奪はれ、狂気の果てよ」と申せしかば、平八郎これを聞き、怒りに耐へかねて「拙者いまだ狂気にあると思へねど、貴殿が狂人と仰らるるならば、狂人となつて御目に懸けん」と肩ふるはせて、格之助に抱き止められ立ち帰りぬ。

これより平八郎、深く門を閉ざし、自らその罪せむる体に見せかけて、秘に門人とり集め、且つ怒り且つ嘆いて曰く「四海困窮いたせば、天録永く絶えん」曰く「小人に国家を治めしむれば災害並び至ると、ああ真なるかな『古本大学』のこの言や。近年、天変地変あげて数ふ可らず。しかるに公吏酒色に溺れ、賄賂公に行なはれ、我れ豈に坐してこれを視るに忍びんや」とて蔵書一万巻、出入りの書林河内屋喜兵衛ら四人に託し、金六百弐拾余両に引替、貧民一人に金一朱の施行札。もらひ受くるは一万人、この時「天満の辺に火の手を見たれば駆けつけよ」と下約束。さらに「天に代はりて民を救ふ」の文意なる檄文作りて摂河泉播州の村々に配り、貧民に訴へて秘に乱を作すの謀り事をめぐらしたり。

門人西村履三郎もとより師弟の間柄、『古本大学』に学んだ仁政の教へ、燃えるが如き慷慨の念に私心私欲なく、生死超えて一も二もなく師にくみし、師の目論見を助くなり。

二、弓削村履三郎が家之段

夢と見て現と覚めて世の中を、なに不自由なく昨日まで、河内切つての豪の家、はや主人の履三郎は事に加はる留守の家。軒端に咲ける捨梅、花の匂に弥増す香しき、名をうつせみの世に流さんと、いと直き矢竹心の一筋に、世の為人の為とのみ思ひつめ、朝露の我が身は更なり、若草の妻や小児を春雨の振捨て行きし吾が夫の、身の上如何にと案じつつ、妻のお由美は三人の小児を守りて昨日今日、便り待つ身ぞやるせなし。

頃は天保八年丁酉二月十九日の朝、はるか彼方の大坂辺りでひきりなく大砲《おほづつ》の音の聞こえければ、お由美はスワこそと悴常太郎、謙三郎、娘いとの三人に衣裳を調へさせ、吾が身も身軽のいでたちで、常太郎といとの手を取り、謙三郎をば乳母のおかねに抱かせ、書院の縁側に立ち出でて西の方をば見渡せば、今や決起の最中と覚しく見えて、処々に黒煙の上り、大砲小砲の音するに、お由美はその方指さし三人の小児に打向かひ「あの火の手の様子といひ、激しき大砲の音といひ、きつと大塩先生が予ての企て、発したまひしと思はれん。定めて父上履三郎殿も、かの黒煙のなかを駆けめぐり、思ふ存分、姦吏貪商こらしめて俗吏を倒して世直し遂げ、早くご帰還あるやうに」と、勇みつ憂ひつ余念なく、ただその方のみ眺めやり、昼食の時さへうち忘れ立ち尽くすこそ道理なれ。

かくてその日も暮近く、日も西の山の端に、入相の諸行無常と告げ渡る。兼ねて履三郎と同行せし忠助が、息せき切つて帰り着き、玄関先につくばつて「お家さま、忠助唯今かへりやした」と云ふ声聞くより、今かいまかと待ちまうけたるお由美「忠助さんお帰りか」と云ひつつ、三人の小児もろとも玄関まで立ちいで、忠助の顔をきつと眺め、身体一面泥まぶれ、然も色さへ青くいとあわただし「其方の様子、夫の安否も心もとなし、今日の戦の模様は如何であつた。早う話して下され」心もそぞろ。

常太郎頑是なく「やあー忠助さんよ父上のお手柄いかがであつた」と云へば、お由美も「サアサア早う早う」と促さむ。さあれ忠助力なげに「今日の戦の一部始終と旦那様の身の成りゆきをお話し申さんため、危うき中を逃げのびて漸う帰つて参りました、いざ物語らん」と座を構へ「さても大塩先生のご計略、此の度西の町奉行堀伊賀守殿が着坂されしに付き、東町奉行跡部山城守同道にて今日組与力同心屋敷を巡見なされ、同役朝岡氏の屋敷に立寄りて休息あるを幸ひに、不意に起つて之を襲ひ押し取り込めて御両所の御首級を揚げ、その勢ひに乗じて御城に攻寄せ、やにはに之を乗取つて、金庫米倉の扉を開き、思ひのままに窮民の飢餓を救はん手筈なりしが、昨夜に至つて予て一味合体のその一人、平山助次郎の反忠で事顕はれ」

ここまで聞きて由美「なんとなんと平山殿は武士ではないかいな」「左様でございます」「それに折もをり徒党の歴々たる瀬田済之助、小泉淵二郎の御両処、奉行所の宿直《とのゐ》にて直ちに両奉行所に召し寄せられ、淵二郎殿は即座に打取られ、済之助殿一人のみは命からがらその場を切り抜け、ことしかじかとご注進」「して洗心洞の面々は如何されたか」由美の問ひ。忠助云ふには「大塩先生これを聞き少しも騒ぐ気色なく、然らば敵より寄せざるうち、却つて此の方より先駆けせよと、即座に人数呼び集め、先手の大将に大塩格之助殿、中手の大将に大塩平八郎先生、後手の大将に瀬田済之助殿にて、兼ねて約束せし窮民の駆け付け来たりし者共まで、合せて総勢参百余人、火箭が二車、巨砲が二十三、小砲が七十有五丁、槍手総員二十二人、救民の二字を記したる大幟を真つ先に相立て、先生の邸を焼かれてのご出発、それが今朝辰の上刻」

「天満に火の手が上がつたのがこちらからもよく見えた」と由美もうなづき「それでどうであつたか」と促せば、忠助申すに「先生親子には何れも黒糸縅のよろひに桃形の兜めし、その余のお歴々方甲冑、小具足の出立ち、中には鏈帷子に白布にて鉢巻き計りせられたるあり。加勢の百姓何れも陣笠に竹槍引さげたり。サテ旦那様には中手の一方の大将にて、十分のお働きなすお覚悟にや、わざとよろひは召されず、鏈帷子に身を固め、日頃秘蔵の関の孫六右手に提げて進まれしそのお姿、お歴々の方に優るとも劣らざる武者振、忠助只々嬉しく、せめて旦那様の取り給ひし敵の首を一ツ二ツ拾うて語り草にと跡に従はん」

「まづは東照宮の御霊廟に大砲打ち込んで加護を期し、それより富豪の家ごとに大砲打ち込んで火をかけ、蔵を打破りて金銀米銭、手当り次第に引出し、これを窮民に与へしかば、その恩感じ徳慕ひて、さながら甘き物に蟻のつくが如く、たちまち門前に人の数まし、その勢ひ数千に及びしかば、イヨイヨ勢ひ盛上がり、サラバ船場へ押渡らんと天満橋へと進んだり」忠助ここまで語るれば、由美は膝を進め「それで船場へ渡られしか」と問へば、忠助「さん候、天満橋まで来てみれば、敵にも予て用意なし、はや橋桁を切落し詰に数百人の人数が弓鉄砲にて固めたれば、スワ大変と道を転じ、西に走りて浪花橋より押し渡り、縦横無尽に焼立てて、処々の合戦に敵の人数打破り、その勢ひに乗じて淡路町にさしかかり、折から敵の一手と遭遇し、それが敵とねらふ跡部殿の馬印し」

　スハ大塩先生采配を打振るひ「この一手さへ打破らば大願成就疑ひなし、方々力を尽くし候へ、山城守が首を揚げたる者は、今日の戦の第一の功名なるぞ」と、例の梵鐘の如き声あげて下知を伝へられしにぞ。旦那様にはその下知の下に一人真つ先に進み出で、彼の孫六の刀持て暫時の間に敵の二三人を切倒し、なほも進んで戦ひ賜ひしお働き目覚まし。大塩先生これを見賜ひ「ソレ履三郎を打たすな、方々進み候へ進み候へ」烈しき下知の言葉の下より庄司儀左衛門、大井庄二郎殿を始め白井茨田杉山の方々、或は長刀、槍刀をうちかざし面も振らず切り込みしかば、さすが山城殿の陣列もこの勢ひに切り立てられ、半丁余り退きたり。

　このとき山城殿も蝦夷錦の陣羽織裏金の陣笠の出立ちで鹿毛なる馬に乗られしが、馬の鞍坪に身をそばだて大音声で「敵は元より小勢にて、然も烏合の衆なるに、かく切り立てらるるとは何事ぞ、恥を知りて名を惜しむものは吾に続け」と呼ばはりて、あぶみを蹴たてて進まれしが、この勢ひに力得て、小畑秋之助藤田孝之助など名乗り挙げれば数十人の与力同心、山城殿の前に立て引き返せしにぞ、かくて備へを立て直し、これより互ひに打ちツ撃たれツ、半時余り戦ひしが、折節敵方より撃ち出す一発の鉄砲に」と忠助ホツト息すれば、お由美はハツトうち驚いて「シテその鉄砲に履三郎様は敢なき最後を遂げたまひしか」と言葉せはしく尋ぬれば、常太郎も顔色かへて「ナニ父上はお打ち死にとや」とせき込む親と子。忠助もろ手をあげて押し静め「お二方、マヅお心をお静め下され」と乳母おかねの差し出す茶碗を取り上げて一気に飲み干しける。水で喉うるほした忠助、一息入れて語り出す。

敵より放てし鉄砲に、敢なく撃たれしその人は、旦那様には非ずして味方のなかでも第一番の剛の者と頼みたる、大砲支配の先手の大将梅田源右衛門殿にて候ひしが、これを見るより味方の雑人、ソレ源右衛門様が撃たれたと一同俄に色めき立ち、持ちたる鉄砲槍刀そのまま打捨て、右往左往逃げゆくに、大塩殿の親子を始め旦那様も歯切りなされ「源右衛門一人を撃たれしとて何条逃ぐることやある、平八郎父子ここにあり」「履三郎之にあり」「返せ返せ者共留まれ」と声の限り呼ばはり呼ばはり、再び隊伍を立直さんと烈しく下知せしに、その折敵に遠藤但馬守の新手加はり、愈々勢ひ添へたれば、味方は続く兵なく衆寡敵し難きは自然の勢ひ、遂に味方は大敗軍、或は打たれつ或は逃げつ、大塩先生始め旦那様の行方も知れず、戦のお伴に立ちながら主人の姿を見届けず、なにをめをめと帰れるものかと思案すれど、味方の敗軍となるからは、やがて弓削の村の留守宅にも、討つ手の向かふは知れしこと、御家様には事の次第を知らさねば、敵の手に捕らはるるは必定と思ひ直し、寸刻を争つて御留守宅に馳せ帰り、御家様や和子様を、いづこの里なりとも落ち参らするが、それこそせめてもの御奉公と恥をしのんで逃げ返らん」

忠助かく申し上ぐ。

三、由美、家名の存続を決定する之段

「サアサア討つ手の来ぬ内に大切の御書物、金子、衣類を取りまとめ、今より何処へなりと御心当りの方へ御立退き遊ばされよ」「あつしもお供仕まつらん」と云へば、それまで側で聞いていたおかね、涙声震はせて「さすれば私の在所の古市村まで落ち延びて、しばらくそこに身を潜め、旦那様の生死のほどをも、とくと探られたら如何

なりや」と二人が尽くす真心に、由美もうなづきながらも「二人が云ふ御親切、心から有難や、されど西村履三郎の妻として、討手の向かふと聞きて逃げ隠れしたといはるるも無念なり。

仮にいづくの浦に逃げ隠るるとも、とても三人の子を抱へて逃れおふせるとは思はざれ。さればここに踏みとどまり、追手の来るを待受けて、その場の次第で三人の、小児とともに自害するか、はたまた生き長らへて、家名を立つるか二ツに一ツの分別すべけれ」かく云ひて奥の一間なる持仏の前に至り、先祖の霊に香花供へ、三人の小児に衣裳を改めさせ、自ら白無垢に着替へなし、忠助おかねを始め召使らを呼び寄せて、金子や衣裳を夫々に、分かち与へて「長々ご苦労致しくれ、その報いも為さずして、このままで暇を出すは、誠に本意なき事なれど、今日の場合や許しあれ、時の不肖と思ひあきらめ、一刻も早う宿元へ引取くれよ、若し命あらば重ねて会ひしその時は、せめて言の礼を述ぶべけれ、かかる所に長居せば、お前さん達のためにはならじ」と攻めたて暇を取らせしが、忠助とおかねばかりは「兎も角も、御先途を見届けし上ならねば、何様仰せられようと去り申さじ」と云ひはり動かざれ。

さればとて二人に指図して、家の内外掃除させ、床の間の掛物と生花を取替へ、門は八文字に開かせて、打ち水箒の掃き目まで残るところなく行き届かせ、此度のことに関係ありと覚しき書類を悉く、火に投じて灰となす。それより三人の小児を膝下に寄せ、忠助おかねも同座させ、由美は形を改めて、まづは長男常太郎に打向かひ「御身は年未だ十にも満たざれど、既に四書の素読終へ、平生御父上より聖経賢伝の御講釈をも承り居るなれば、身を殺して仁をなすとかや、志しある男子は身よりも名を惜しまんことを心得て居るならん。そもそも此の度父上には、日本六十余州の貧民が飢ゑ凍えて塗炭の苦しみとやらに落ち入るを、見るに見兼ねて、聖人に代はりて仁政の世を取り戻さんため、義兵を起こし奸吏貪商を誅伐せんとて、今日のことを起こし賜ひしに、不幸にしてその事ならず、遂におん行方さえも定かなぬ次第なり。

事ここに至りては、平生よりいと激しき御気性の父上ならば、とてもこの世に命ながらふる事もあらじ、さればわらはもそなたも誰かこの世に長らへ居るべきや。直ちにこの母が手に掛けてそなたらを刺し殺し、妾も共に自害して果つ可きなれど、数百年来相続せし此の西村の家名を、絶えさせるも御先祖にたいして不幸なれば、たとへ辛き掟に従ひ、厳しき処刑に及ぶとも、罪されて謀反人の子よとて謗を受けようとも、悪びれず驚かず悲しまず、いつか天定まるの時ありて、その名を青史に止どめんために、従容と命を保ちて文武に励み再び家名を起したまへ」と語りたり。

さて忠助おかねの二人に向ひてはこれまでの真心を深く謝し「お前さんらはもとより罪を受ける家族に非ざれば、さしてのお咎めあるまじければ、この上の願ひに、三人の子に万に一ツも恙なきことあらば、妾に成り代はり、行く末まで力をお貸し下され」と頼みおく。

かくは云ふものの、今に討つ手の来し時は、如何になりゆくも計り難ければ、親子主従一世の、別れの水杯せんと銚子瓦器取出だし、心静かに汲み交はせし。時に由美も笑みこぼれ、常太郎に世の名残に一曲舞ひ候へと勧めしかば、常太郎、幼なけれどもいと賢く、母の心を察しなし、殊更に笑顔を造り扇取りて立ち上がり「ともなひ語らふ諸人に酒を勧めて杯をとりとりなれやあづさ弓、矢竹心の一つなる、武士の交はり頼みある中の酒宴かな」と声震はせて震へる足を踏みしめ踏みしめ舞ふに、忠助おかねは親の心根思ほいて、涙ハラハラさせるうち、由美は泣き顔見せじと手拍子打つの、山辺のうつつとも夢とも分かぬ夢幻、浮世の様こそ哀れなれ。

四、親子連座之段

はや夜の張《とばり》がおりた頃、捕手の小吏、その勢凡そ百有余人、手に手に十手身軽のいでたち、村役人の案内で此の家を目がけ押しかけ来たり、内の様子を窺へば、門は八字に押し開き、人気なきまでひつそりと、静まり返つて音もなく、ただ奥座敷の方に手鼓の音、謡曲の声、物ありげなる体たらく、思はずそこに足を止め、若し計略もあるならんかとためらふ先手の人々、後に控へし捕手の頭人小林六郎、此の体を見て大音あげ「此の場に臨んで小唄手鼓、死を恐れざる様を示すは、彼の諸葛亮が街亭の琴、酒井忠次が浜松の太鼓に倣ひし西村が奸計、敵に疑念を起こさせて、その間に逃るる手段なるべし。若しさもなくんば引かれ者の小唄にひとしく、只死物狂ひの悪戯れならん、何条恐るることはあらんや、疾く踏込んでからめ捕れ」と激しき下知に励まされ、十手振り上げわれ勝ちに「上意上意」の声もろともに、奥を目がけて駆け入ったり。

お由美この体を見て少しも騒がず、形を改め「はやり給ふな方々、妾は西村履三郎の妻由美と申すもの、その余は見ての通り三人の幼き子と下男下女のみ、決してお手向ひするものならねば穏便の御沙汰を」と云へど、容赦も荒らしこ共、矢庭に捕へたと声を掛け、由美を始め三人の小児、忠助おかねの二人まで捕へて縄をばかけたりける。その時頭人小林、床几に腰かけ由美の顔をきつとにらみ「コリヤ由美とやら、その方の夫履三郎め、大塩平八郎が容易ならざる企てに一味致し、今日大坂市中で乱暴なせしその後、姿を隠せしが、定めて家に帰りて潜伏して居るならん。若しさもなくば何れかに身を忍て居るに紛れなし」「その方元より連れ添ふ女房の事なれば、履三郎の行方をも存ぜぬ筈はあるまいぞ。サア有体に申し述べよ。若し偽つて述べたれば、その方は元より三人の小児まで辛き目を見するぞ」と脅せど、由美は恐れる気色なく「夫履三郎事、大塩殿に組みした次第、先刻聞えたれど、如何なる所存で、かかる事をば仕出したるやは、元より女子供に明かすやうな夫ならねば、妾においては少しも知り申さず、只寝耳に水の驚き、奈何はせんと途方に暮れしが、仮令その情を知らぬ者にもせよ、かくばかりの罪を犯した者の妻子なれば、とても安穏にして置かるゝ道理ならず、さればお上の手を煩はさんより、妾の手にて三人の、子供もろ共自害して相果てなんと、親子主従、一世の別れ末期の水杯せし、その折柄、あいにく方々のご出張に預かり、遺憾ながらも思ひを得遂げず、かくをめをめ縛につく。右申し上げし通りの次第なれば、履三郎を隠し置くはさておきて、行方をも存じ申さず、また妻子にさへ明かさぬほどの大謀を、思ひ立ちし履三郎、処もあらうに追手の向かふは目に見えたる、吾が家へをめをめ帰り来て、身を忍ぶまでのうつけ者にも非じ。これまで申してもなほ、お疑ひの晴れざれば、極めて手狭なる此の住居、十分に家捜し遊ばされよ」と申し述ぶ。

「さまで潔く申すからには、よも潜伏てはあるまじけれど、此も掟なれば、此の分にはまかせ難し」と奥座敷、物置小屋から天井裏、縁の下まで隈なく家捜しなせしが、それかと思ふ影もなければ、兎も角も家内一同拘引なし、なほも再応取調ぶべしと、由美親子と忠助かねら、家内六人数珠つなぎに、大坂さして引き行けり。

五、東町奉行所尋問之段

凍てつきしきさらぎの風、心のすき間にさへも吹き荒び、明日さへ定めぬ母子主従、わづかにつながる一筋の綱に縛られ、引かれ行きしその先は、東町奉行所の仮の牢、ここばかりは、浮世の風も容赦なし、奉行跡部山城守の面前に呼び出され、来る日来る日の命の縮む取り調べに身の責苦、既にお由美も顔色憔悴、有りし昔の姿なし。

今日も今日とて、親子主従六人は、大白州へ呼び出されしが、山城守直々に、きつと形容を改めて「コリヤ、ヤイ履三郎の妻由美とやら、其方、先日より度々の尋問を遂ぐるに、只履三郎は如何なる所存ありて、大塩の暴挙に組みせしや、履三郎より承りし事なければ、素より知る筈なく、またその行方も在処も、一向に存ぜぬ知らぬとのみ云ひ張れども、連れ添ふ女房、殊に三人の子まである仲なれば、此度《こたび》云ぬんの儀に依りて是々の事を思立つたと云ふ、予め話のなき事はよもやあるまじ、また行方を知らぬと云ふ訳もなければ、其方如何に強情を云ひ張るとも、決していひわけは立ち難し、然ればかかる己を欺き、お上を欺くなる無益の言を云はんより、両件ともに白状せよ、若し白状せば其廉を以て其方の命と三人の小児の命は助け呉れん、若し此の上にも強情云ひ張らば、其方をあくまで拷問せん、その上に三人の小児にも辛き目見せ、剰さへ一命にも及ぶ可し。彼此の利害を篤と思案して、真直に申上げよ」と扇を膝に突き立てて、言葉鋭く問ひかけけり。

お由美とて数日の牢居と拷問に、今は昔の姿なく、池の砌の荷《はす》の葉の、雨に破れし風情なれど、まだ心根はけなげにて、己が名に恥ぬ弓の強さよ、「山城殿の仰せとも心得侍らず、彼の唐土の聖人も、知らざるをば知らずとせよと戒められしと、承はり侍るを、夫履三郎が大望企てし次第も、またその行方も両ながら、全く知らざればこそ知らずと申すなり。己を欺き上を欺くとぞ仰せられしが、妾においては其の身の命と三人の子を助けたさに心にも無きことを偽りて、却つて上を欺き己を欺く事得なし申さず」上を恐れざる由美の言葉に、後に控へし忠助おかね、今日もまた「いかな責苦に逢ひ賜ふらん」と安き心もあらがねの土に等しき面色なし、手に脂汗握りてゐたりけり。

山城守、此の答へ聞きて、何か思案の様子にて、「聊か思ふ子細あれば近日また尋問に及ばん、先づは今日は下がれかし」とその日の庁を閉にけり。

お由美親子ら、なほも牢舎に召し置かれ、度々お白州に呼び付けられて、数々も手を替へ品を替へて、過酷の取調べを蒙り居たる折柄、履三郎、堺の義兄松浦寛輔の家にて剃髪し、旅僧に紛れて伊勢海会寺へ、そこも探索の手伸びて安からず、それより春まだ浅きみちのく仙台へ、そこも留まる地でなく、江戸に舞ひ戻り、薪商する従兄弟儀三郎を頼りに尋ぬるも、たまたま江戸浅草、上野橋本町なる願人冷月の弟子となり、慣れぬ身で江戸の市中を托鉢し、長旅の疲れ重なりて、時疫に侵され床に伏し、思ひ中葉で夢を絶つ。この旨逸く知らせあり、然らばやがてお裁きも「お由美と娘の両人は、女のこと故構ひなし」「常太郎謙三郎の両人は、男子なれど幼少故、十五歳まで親類預け、その後は遠島流罪」と落着し、忠助おかねの両人は、構ひなしと申し渡さる。

六、茅屋之段

奥山の樹は春とも見えざりし、桜は花に現はれにけり、去るほどに、お由美は裁きの声に吾に帰り、一先づ弓削村なる親の家に引き取られ、元の家屋敷、家財道具は更なり、家に伝はる十一町歩余の田畑、ことごとく取上げに、親子は着の身着のままで、親の心遣ひで茅屋一軒貰ひ請け、そこに僅かに膝を容るる事とはなりにけり。

然るに此の際まで、忠助おかねの両人は、なほも側を離れじと、懇ろに仕へるを「今ハ今ハお上の罪人と成り果てて、殊に親類の助けを受けての暮らし故、二人の傭人養ふは、誠に憚り多ければ、どうぞ今より後ハ、里方にお帰りあれ、併せて是迄、永の年月実直に働き呉し其上に、牢舎の苦しみ迄共にせし事なれば、その志の程は決して忘れおかず、世が世なれば如何なる報いもなす可けれ、されど今となりてハ、一言の言の礼より外にせん術なし、この儀は容赦し給ひね」と涙と共に云ひ諭せし。

忠助その理にうなづひて「お家様のお話御尤も、お上と御親類との二つに憚りあると仰せらるるハ、誠に余儀なき次第なり。殊にまだ二十五余の御身にて、後家を立てさせらるるには、下郎ながらも同じ年頃、男の取り添ひ居参らすることもなんとやらん、心安からず、世間の口の端の恐れもあれば、不本意ながらお暇を賜り、影ながらの御奉公を致したし」と、それより河内柏原村なる吾が里方に引取しが、その後も絶えず訪れてその都度ものを携へて実意を尽くすこそ殊勝と云ふも余りあれ。

さりけれどもおかねのみハ、その説諭には従はず「妾は女の身素より、謙三郎様の乳離れするまで御奉公致したし、若し御親類より御扶持を請けるに心苦しと思はるれば、里方より米なり麦なり取寄せて、小使ぐらゐ糸紡ぎなどして働いて、妾一人に決して扶持など煩はさねば、今暫くはお側にお置き下されし」と、只管に頼み聞こゆるにぞ。

由美も今は頼れる者の少なき身、扶持の行き届き難きを心苦しく思ひて暇を出すものの、その心はせめておかねなり側に置きたく思ふは女の心「果敢なき妾親子を左までに、思ふてくりやるとあらば、暫くその意に任すべし。なほこの末は、親子の介抱頼むぞや」これより表向きこそ主従なれど、その内情は由美はおかねを妹と思ひ、おかねは由美を姉と頼みて、互ひに杖となり柱となつて、もの憂き月日を送りける。

七、隠岐島送り之段

天地ハ万物の逆旅、光陰は百代の過客なりとかや。金烏の翅、玉兎の足、夢より夢を歩みを運びつつ、今日と暮れ昨日と過ぎ、早や八歳の星霜、履三郎が長男常太郎も、数へてはや十六歳とは成りにけり。

身の丈高く色白く、容貌より骨格までも、履三郎そのままのあつぱれの好男子、されども父の罪を背負ふその身ハ、天下の罪人なればとて、母のお由美は申すまでもなく、親類の訓戒の厳しければ、昼は戸外へも出でざれども、夜な夜な西村某の許に通ひて、文武の教へ受け、然も一を聞いて二を知る才あれば、両道共に世の童に優りて、世間の大人も遠く及ばぬ程なれば、重罪人の子とは云へ、惜しむべき才子成らん。これを島守とせんこそ遺憾なれと、身内の者共不憫がり、度々その筋へ嘆願せしも、私情によりて公法を曲ぐるは許されず。

彼是れ月日を送る間に、はや遠島の期に臨み、悲嘆に暮るるその中で、母のお由美は弱る心を取り直し、思ひ絶えし西村履三郎とも云はるる者の妻として、この期に臨んで未練なる、振る舞ひありしなどと云はれてはと、愈々明日は遠流と云ふ前日に、せめて男にして後出し遣らんと、自ら常太郎の前髪剃り落とし「世にありし時ならば、加冠の式とて様々の儀式をもせんものを、この身に成りては何もせん術あらねど、明日の餞別をも兼ねて麁酒一献酌み交はさん」と、親類の誰彼をも招き、形ばかりの別れの宴をなしたり。

その席にてお由美、常太郎に打向ひ「思ひ起こせば亡き履三郎が大塩殿と事を挙げしその時ハ、今より八年以前、その方は漸う七歳の小童、その時さへも母の訓戒よく聴き、潔く死を決せん程に、況や此の度の事、予て覚悟の事成らん。その時よりは年も増し、分別も出来たるなれバ、未練なる心は出すまじけれど、念のために言ひ置くなり。明日その筋へ出し時、決して卑怯の振る舞ひ有る可からず。また何処の島に流さるゝとも、そこに到らば公の掟よく守りて、身のお行ひを慎みて、多くの流人の鏡となりて、流石は履三郎の忰ほどありと云はれ給へ」と教へ諭せば、常太郎顔を持ち上げて「母上の御訓戒、一々肝に銘じて忘れ候ハじ。島に至りし後、品行慎みて身を大切に守る可ければ、小生には御懸念なく、母上こそ御養生第一に御祈り奉らん。何時の日か恩赦の時に逢ひ、恙なきお顔を拝す可けれ、ただ返すかへすも遺憾なるは、形ばかりなる親孝行をも致さんものと思ふ間もなく、御側を離るる事こそ悲しけれ」と平伏し、涙に袖をぬらすなり。

孝子の悲嘆に母親も、耐へかねたる恩愛に、涙で膝をぬらしつつ、しばし言葉もなかりけり。しばらくありて常太郎、落つる涙をかき払ひ、いとと謙三郎に打向ひ「いとよ、今聞く通りこの兄は、明日より遠き処に行く成れば、その方吾らに成り代はり、母に孝養尽す可し」「謙三郎も明日よりは、我《が》をはりて、何かと母上に心配かけぬやう、心掛けねばならぬぞよ。されば其方も、この兄の年にならば、やはり島送りされる身ゆへに、学問武芸にあひ励み置かねばならぬぞよ」

いとは女子《をなご》気のただ悲しさに胸迫り、思ふことをば云へばえに、岩間の清水それならで、せき来る涙とどめかね「あい」と返事も泣くばかり。謙三郎は男の子とて「兄上のお言葉通り温和しく、母上の教へよく守り、伯父上の処へ稽古にも、毎夜欠かさず通ひますれば、決して約束破りませぬ」と、いふも涙のおろおろ声。

常太郎、両人の返事を聞きてうなづき、やがておかねの方に向き直り「乳母よ、是まで永の月日、一方ならぬ世話になりしが、その恩義にも報はずして、明日は遠方へ行かねばならぬ事となり、詮方なき次第、この後は母上はじめ弟妹の、お世話を偏にお頼み申す」と言葉かけられ、おかねは先程より、親子兄弟の離別を交はす言葉聞き、その心中を察するに、涙に暮れていたわしや、今また常太郎に優しき言葉を懸けられて、返す言葉は涙に濡れ、ただ手を取りあふばかりなり。かかる一家の愛別離苦、見るにつけ聞くにつけ、川の流れも堰あへぬ、涙の時雨の木の間一滴、一樹の蔭の雨宿り、濡れぬ袖こそなかりけれ。かくてその翌日の朝まだきより、心なき村役人、親子が離別の悲哀も知らず出で来たり、最早時刻に程近ければ「早よう早よう」と催促するぞ。今は互ひに言の葉少なく、ただ恙なくおはせよと、云ひつ云はれつ、涙を胸に飲み込みて、やがて袂を分かちけり。

されば今日別れ、明日は逢ふ身のそれさへも、命だに心に叶ふものならばなどと云ひ出で、互ひに袖を絞るぞ離別の常なるに、まして百里の海山の遠き島根に流されの、何時の逢ふ瀬とも定めなき、親子兄弟の哀別離苦、心のなかは如何ならん、哀れと云ふもおろかなり。

八、和田の原八十島かけて之段

「わたの原八十島かけて漕ぎ出でぬと　人には告げよ海人の釣舟」とハ参議小野篁卿の、隠岐の国へ流されし時、詠まれし和歌なりとかや、時は弘化も三年五月、常太郎ハ父の罪背負ひて、隠岐遠島と決せられ、大坂本町橋の東詰めなる、西町奉行所の浜より、小船に乗せられ安治川に溜り、本船めざして漕ぎ行かん。

ところで昨夜、常太郎、その師伴林光平大人の餞別とて、和歌一首、短冊にしたためしを贈られし、今一日早ければ、手渡して喜ばせんものをと残念がるに、まだ川口に風待してゐると知らされて、これぞ師の誠意の貫通と、親子朝駆けして至り着き、袱紗包みより短冊一枚取り出し、いざと計りに渡す手と受け取る手とを握りあひ、思ふ心を口には云はで別るる親と子、人目に憚る胸の中、千万無量はたの見る目も哀れなり。

常太郎、やがて母の手を離し、涙にかすむ眼を払ひ、師の短冊を打ち眺め、「飛ぶ鳥も帰る古巣は有りと聞く漕ぎ出し舟の跡の白波」二度三度詠み返し、又も涙の眼をしばたたき、拙き吾らを弟子と思はれて、これ計り厚き仰せ事、蒙ることこそ有難けれ、九ツの世を替はるとも、師の恩恵をば忘れはおかじと、母と顔見あはせ、互ひに言葉なく涙ばかり。

いとと謙三郎ハ舟に乗ること許されねば、兄の顔見るもままならず、せめてお声を聞かせてたべと、声を限に叫ぶにぞ。常太郎も堪へかねて思はず声を張上げつ、「いとよ、謙三郎よ、兄ハ無事にてゐる程に、御身も恙なく、昨日別れに臨んで訓戒せし事、失念せずに母上によく仕へよ」と、云ふのみにて、近よらんにも檻の内の立居振舞ひ、互ひに顔は水と陸、心ばかりを乗せて行く、波の哀れやうたかたの、憂世の様こそはかなけれ。

九、有木村黒坂弥左衛門家之段

焼野の雉子、夜の鶴の親子の別れぞ世の中の悲しき事の限りなりかし。ともあれ常太郎、風帆つつがなく、その月下旬、隠岐国にぞ着にける。当地、雲州松江藩の治めるところ、藩の陣屋より役人、罪人を出迎へ来たり、舟より下りた常太郎、そのまま芝の生ひ茂るその地にて、罪の次第を読み上げられ、陣代より島の規則申し渡され、それより有木村庄屋黒坂弥左衛門預けとされぬ。

己が犯せし罪にも非で、配所の月を見る、憐れはかなき身の上なれば、弥左衛門格別不憫の者と思ひなし、労りおきしに村人も、常太郎が年もいかで、この憂き目を見たるを憐れみて、物など携へ見舞ふ者あるなかで、この村一二の豪家と聞こゆる岡部清助「ノウノウ常太郎殿や、拙の家でお茶でも進ぜよう」と殊の外常太郎に目を掛け、弥左衛門に強ひて頼み、果ては吾が家の隠居所に、引取りて世話をなせし、己が暇あるに任せ、日々常太郎を誘ひ出し、今日は何処明日は彼処と隠岐中の、名所古跡を残る隈なく訪ね歩き、ひたすら心を慰めやりしは、島住ひするものに、有難かりけり。

去る程に月日の流るるは水の如く、その年も菊の花香る重陽の、節句も近くなりにしかば、雁がねの北より来て鳴く声に、故郷の親兄弟のことをば、はたまた吾が身の行く末をも思案せり、流石に年行かぬ身の、心も更に浮き立たず「我が身ひとつの」など吟じつつ、ただ果てしなき天の太虚を見上げんのみ。

この事態見て、清助痛く心悩まし、年行かぬ者を、無事に島守りさせるには、然るべき師を求め、物学びなどさせたらばやと思ひ立ち、弥左衛門とも相談なし、常太郎にも告ぐるに、常太郎大いに喜び、学問のこと、元より望む処なれば「至急御周旋を賜るやう」との返答に、然らばとて清助は、予て懇意の原田村なる村上良準先生に引合さんと手はずせん。

十、良準先生邸之段

良準先生本業は医術なれど、元より漢学も、隠岐一国に名高き先生なれば、この人こそ然るべけれと、此処に相談一決して、吉日を撰みて、清助、弥左衛門の両人連立つて「常太郎殿、今日は村上良準先生に御挨拶に参らう」と誘ひ出し、良準先生に入門させけり。常太郎、清助と弥左衛門の親切なる世話により、良準先生のもとに寄寓し、漢学医術の両道を学びしかば、元来一を聞いて十を知るの才あれば、是まで伴林大人に従ひて教え受け、既に和漢の素養あれば、日夜、己が部屋に閉こもり、読書三昧明け暮れたり。

「常太郎さんや、お弟子がそなた一人だからとて、話相手に事欠くが、少しはお天とう様にも当たつて、外の気にふれぬと体に毒じや」と良準が妻の思ひやり。されば僅か一二年の内に、漢学医術の両ながら、非常の上達なければ、課業の余力に詩文も作りて、添削受しが、時に「半輪猶未落西山、照到床辺謫客顔、寧厭風霜徹膚冷、中宵移歩向松間」と絶句を作りしに、良準「精進の甲斐あつて見事の作じや」と賞賛せしこともありしとかや。

師なる良準、常太郎が才と志に感じ、ひたすら愛憐の情まし「流石は大塩後素の四高弟と云はれし西村履道の子程ありて、実に末頼もしき若者なるや、縲絏の中にありと雖も、其罪に非ざれば、娘の織江の婿として、吾家の箕裘を継がせんものを、流人と縁談を禁じらるる国の律令こそ是非なけれ」と妻のお静と寝物語の序に云ひ出て、しきりに之を惜しみけり。

さて此の良準が娘織江と云ふハ、常太郎より年三ツ劣りて、当年十五歳なるが、やや春心つきて、日頃より常太郎が標致と才に想ひを懸け、秘に心を悩ますに、父と母とが「婿にもがな」と語らひをるを漏聞きて、いよいよ恋慕の念を弥や増すに、「仮令公儀の制法に、流人を婿にするを禁ぜしも、せめて一夜の情をば受けてんものと」娘心に思ひ詰めてハ道の口の吉備の中山なかなかに、古家の軒の忍ぶ草、偲びかねつも幾度か、打ち出の浜の打ち出でて、云はんとせしが、流石に云ひも出さで、海人の刈る藻に住む虫の、われからと身をのみ焦して居たりしが、果ては「夏やせ」と答へて己が部屋にのみ閉こもり、寝つ起きつするその容体、流石の名医良準も相思病とハ気の付かで、只管平ならぬことに思ひ、薬よ養生食よと心を尽くして介抱するを、この家に出入りの針妙おさきと云ふ婆々、このことには物慣れたる女なれば、織江の病を大方は、それと了りて一日、両人の間を窺ひて、織江の部屋に立寄りて、浮世話のその序で「妾が嬢様の御病気の根を当てて進じましょう、然れど元より推量故、若し違ふならばお許しを」と、云ひつつにつこり打笑ひ、やがて一入声ひそめ「お嬢様の御病気のその元は、彼の西村の殿ならめ」と、星を指されし一言に、織江は今更兎や角と、包まんよりも夏虫の、恋に焦がるる思ひの丈を、詰まる心の底込みあげて語りしに、おさきも膝を擦り寄せて「それしき事に思ひ煩らふとは、お心弱きも程のある、その儀ならばこの婆々に任せ給へ、必ず程よく取持たん」と云折しも、母お静の「おさきどのおさきどの」

またしも針妙おさき、織江の病ひ云ひ当てて、之が治療を引受しが、独り心に思ふやう「織江様ハお齢も三五夜の月も、恥らふ花の顔、殊に両親の御庭訓にて裁縫手習ひ云ふも更なり、男文字さへよく読みて、和歌は元より唐詩をも、男勝りに作り給ひ、才も姿色もこの島にては、二人となき程なれば、西村様とは才子佳人、実に一対のよき御夫婦、如何に物堅きお人なればとて、かかる美人が御垣守り、衛士の焚く火の夜は燃えて、昼は消ゆるなる物思ひの、つもりて今ハ相思病に、煩ひ給ふと聞くならば、よもいな舟のいなとのみ、面にくき答へはなし給ふまじ」と密かに時を窺ひにけり。

常太郎、今日も机に向ひて、傍らに有り合ふ兼好が徒然草を読み掛けしが、顕基の中納言の云ひけん配所の月、罪なくして見んと云ふ、ところに至りて思はず嘆息なし、「こは余りに好事に過たる僻言かな、如何に罪なき身なりとて、遠き島根に月をみて、何の楽しき事のあるべき、家に在りて、親兄弟の団欒に、みてこそ月も面白くも、をかしくもあるべけれ」と独語ちつつ、己が罪無くて配所に、憂き年月を送るを打ちかこつ。

折しも障子を静かに押し開け、針妙のおさき、片手に一碗の薄茶と少しばかりの菓子を盆に載せ、持ち来たり、これを常太郎に勧め「之は織江様より常太郎殿が、日暮しただ文のみ読み給ひて、さぞかし倦み疲れ給ふ可けれバ、お慰みにこれ参らせよとのことで持参せり」と懇ろに進むるに、常太郎、茶と菓子をおし頂き「何時もながらのご親切、恭けなう頂戴致す由、御身より宜しう御礼申し下され」と四角四面の挨拶に、流石のおさきも云ひ寄る術なく、少し雑談などして時を移せしが、やがて常太郎言葉を改め「おさき殿、織江様には、日頃、御病気にてお引き籠の由なるが、お加減は如何なものなるか」と問ひかけしを、此処ぞとおさきは膝を擦り寄せて「当座の御病気なれバ良いけれど、旦那様のやうな御名医でも、有馬草津のやうな名湯にても、癒しかぬると云ふ手重い御病気故、実に御案じ申すなり」と聞きて常太郎、愈々驚き「医術にても湯治にても癒し難いお煩ひとハ、それは又如何なる御病気にや」と問へば、おさきは声を密め「小娘に小袋とやらの世の喩、まだ小女と思ひ居りしに、何時しか春情のつき給ひて、この間よりさる人に懸想なされ、その思ひの募りしより伏せり給ひぬ」と云へば、常太郎、眉をひそめて「相思病に病み給ふほど深く懸想せし人なれば、何とて御両親に打ち明けて、婿君に迎へ給はぬ、ただ恋は思案の外とか云へば、身分の不釣合ひなど、とても明白には調へ難き事情あるにや」「いやいや左に非ず、御両親も予てその御方の才学愛でて織江様の婿にもがなと寝物語にし給ふ程の人なれど、少し外に事情あり、ために事の遂げられぬより、織江様には思ひ煩ひ給ふにこそ」「それは実に御不憫な、もし織江様の御病気募りて、不測のことにもなり給はば、それこそ悔やみても帰らぬこと、如何なる事情かは知らねども、某先生に此の理を説き、思ひを遂げさせ参らせん。してその御相手は何人にや。決して他言は致さぬほどに、拙者の心得までにお漏らしを」真面目になりて尋ぬれば、おさきはにつこり打ち笑ひ、「その御方は別人ならず貴方様に侍るなり」常太郎不意に匕首にて喉を刺されし計の驚きにて「ナニ恋人は某とナ」と、思はず高く叫びけり。

常太郎の驚きたる顔をみて、おさきは尚も声ひそめ「常太郎殿の御言葉に、織江様の相思病に沈み給ふを、如何にも不憫と思し召し、父御に説きて其思ひを遂げさせんと仰せられし、さまで親切なる御心あらば、父御に説くまでの事もなし、今宵直ちに織江様の御部屋に忍びて、貴殿自ら治術を施し給ハバ、明日にも必ず全快あらん。されば之に増たる事はなし、若し之の療治を成遂げ給ハバ、織江様の御喜は元より、貴殿の御為にも定めて幸せあるべし。その折はこの婆々が中に立ち」此所まで云ふを聞くより常太郎「此はおさき殿の御言葉とも覚えぬ事を申さるる、先に織江様の御病気を不憫と思ひ申したのは、村上の御家の婿君と仰がるる、恥かしからぬ人物を、恋慕されしと思ひしに、某如き浅学不才、その上に御上の罪負ふ人間に、思ひを懸け給ふとは、先生の御子とも覚えぬ御心得違ひ、あなたもこの家に古く出入りして、恩儀を蒙る身ながら、斯かる不正な事を聞きて、一言の諫めも入れず、却つて某に向かふて、取持ち顔なる言を放ち給ふは何事なりや」

「余りと云へば不束の至りなり、仮令某才学も普通にて、お上の罪人ならねばとて、師の息女を吾が物にする如き、浮薄極る者ならんや」と常太郎、語気荒く云ひ放てり。とあれ常太郎気をとりなをし「織江様には男恥かしき迄才学に長じ給ひ、殊に御気性も活発にて在らるれば、決してかかる心得違ひのことあるまじ」。その後常太郎、身を正し「拙者は幸ひ先生の御薫陶に与かり、少しく人の為、人の道をも弁へたれば、色情に身を誤るが如き、浮薄の行なひは決して仕らず、此の段貴殿より宜しく云ひ伝へ給へ」と云ひ終へて、常太郎しばし目を閉ぢぬ。おさきは今更ながら手持ちなく、早々に立ち去り行けり。

かくて其後、常太郎心に思ふ所あれば、態と髪を取り上げず、師良準から武道の技の教へを請け、汗流し筋骨鍛へ上ぐるれば、昨日までの美少年、やがて見返すばかりの大丈夫になりし。その堅固なる志を知りて、遂に織江は忍び兼ね、母に恋慕を告げゆくに「ままならぬは浮世の定め」と諭されて織江も「到底添へぬ縁ならめ」と、いまは隠岐を包む夕闇の、彼方に浮かぶ漁火の、霞むが如く思ひあきらめしぞ。

十一、常太郎コト松浦貫輔之段

さても白馬の歩み、暇なくして常太郎、既に二十五歳の春むかへ、漢学医道の二つながら、全くその業卒へたれば、「最早開業苦しからず」と、師良準の免許受け、有木村に立帰り、黒坂、岡部の両人と談合し、然るべき家あひ求め、春まだ遠き二月初め、軒端の梅と共に医術を開き初めしが、その花の香、東風のまにまに四方に薫るが如く、早くも名手の名を遠近に響かせ、診察乞ふ者日々に集まり来たりて、賑はひ暮しぬ。

常太郎、有木村で医術の開業なせしに、これまで医師らしき者のなき所なれば、藩医村上先生の高弟と云ハるる程ありて、人毎に言葉もてはやされしに、常太郎ハ父の伯母婿松浦貫輔殿が、大坂堺にて医業するなか、父をかくまふその罪で、伯母ともども捕らはれて牢死なし、その上、摂河両国構へ、江戸十里四方追放の刑まで受け、今は家名断絶したる由を母に聞き、吾家は弟謙三郎のあれば、後継ぎ人に事欠くの憂なし、幸ひ己が医業を事とすれば、吾が松浦貫輔の家名相続なし、父の為に非命の死遂げ給ひし恩義に報ハばやと、密かに心に定めしかば、是より松浦貫輔と名乗りけり。

黒坂、岡部の両人ハ、西村常太郎が松浦貫輔と云ふ、かかる名望ある人となりしかバ、その世話甲斐ありしを喜び、また貫輔もこの身になりしハ、この両人の御蔭なりとて、これを親の如くに思ひ、一寸の暇あれば互ひに行き来し、親しく交はり暮せしが、黒坂、岡部の両人ハこの上世話の序にと、女房の媒介せんものと、村の某の娘おいかを勧めて見たれば、貫輔「人として配偶なき道理なければ、何時までも独り身で暮らさんとは思はじ」と一も二もなく同意して、芽出たく二人は結ばれしかば、貫輔愈々一家を構へ、なに不自由なく月日を送れり。

去る程に貫輔の名声、月日の経つに従ひて、益々世に知られゆき、学問武芸の門弟あまた、その間に出入りするなか、父履三郎の風ありて、弱きを援け強きを抑ふの俠気兼ね備へ、人と交はることを好みしかば、凡そ隠岐一島にて一芸に秀で、一事に志ある者にて貫輔を知らざる者一人もなく、隣国出雲や近国にて少しく人に知らるる人物とも音信通じて、自然と島民の信望元より厚く、何事か事ある時は陣屋よりハ、先づ貫輔の許に訴へて、その理非曲直の裁断を求められ、実に公正の人たらん。

十二、隠岐騒動之段

是より先、時は安政元年寅の正月、異国メリケンの軍艦数艘、隠岐の岬に近づきて、今に上陸せんとする景色なれば、松江藩庁より兵を繰りだし、海岸の山の上にて陣を張り、スハと謂ハバ只一撃に打ち退けんものをと、勇武を示して待ち受けしが、メリケンの船、そのまま東を指して立ち去りしかば、無事収まりて安堵せん。

されど島民ハ、これより国を思ふ情深く、隠岐は海中の孤島なれば、何時また異国船の、着岸せんも計られず、本藩に救ひ求むもままならねば、島民各自が覚悟を決め、槍剣の一手をも心得て、イザ緩急の備へ、成さずんばある可らずと、そこでお上に頼らずして、島の若者に、武芸学問の二道を学せんと、文武館を設けんことを思ひ立ち、その許しの願書を松浦貫輔したためて、二三の総代人選みだし、之を隠岐の陣屋代官に、願ひ出でしより、遂に紛議は隠岐一国に巻き起こりたり。

陣代山郡宗右衛門、島総代を呼び付けて「本藩の評議する所、隠岐国ハ流罪人の群合する処にして、島民共自然とそれらの者の気風に馴染み、さらでも治め難き処なるその上に、文武の業にさへ達しなば、罪人共と徒党して、如何なる暴挙を企てんも計り難し、ましてや文武の研究などハ、士分以上の為すべき所にして、汝ら百姓の議す可き所に非ず。汝らは肥料を取り扱ひて御年貢の勘定をなさば足れり」と、云ひののしる。

それでも三年に一度の、郡代が交代せんを機会と計りに再願すれど、もはや無しのつぶて同然、本藩に取り次ぐことしもなく、奈何とも為す術なければ、拠なく憤りを忍びつつ、何事かあらばと、その時機の来たらんを待つこと数年の春秋、慶応四年の春正月、幕府を倒さん維新の波ハ、山陰道鎮撫使西園寺公望公下向の風聞となりて、隠岐まで届きけり。折しも雲州藩を仲立ちに、隠岐島民に宛てたる鎮撫使親書が届けらるるに、有らうことか本藩にて開封され、それが発覚し、文武館設立を願ひし以来の、憂国同志中の憤懣やる方なき怒りは火と燃え、今こそ時節到来と、飛檄して、島内人民を、池田村なる国分寺、その境内に呼び集め、黒坂弥左衛門、松浦貫輔の両人が、こもごもに「此の度、幕府と共に雲州藩、天朝政府の朝敵となり、政令王家に帰せし」とその始末を語り、且ハ是迄雲州藩の制令、過酷なりし件々数ケ条と親書開封の非を責め、「かかる時勢が一変するからは、何ぞ因循するべきや」「この時に乗じて、非常の英断施して、隠岐の国造を大将と仰ぎ、同じく大宮忌部殿を副将に立て、隠岐の統治を乞ふては如何なりや」と云ひ出すに、元より雲州藩の苛制を憎みし島民は、誰一人とて「否や」と云ふ者なく、異口同音に賛同せしかば、それより陣屋を指して押し行きたり。

年号も明治と改めらるるその中で、評定一決、その数およそ三百余人、鉄砲二十余丁、筒先揃へて打込しが、陣屋にてハ、元より思ひまうけぬ出来事に、あたら寝耳に水の大騒動、誰一人出合ふ者なければ、貫輔の「発砲やめ」の号令で、ピタリと打つ手は止どまれり。「手向かふ者なきに、此の方より殺戮を行なふは、暴を攻むるに暴を以てするに近ければ、一人の使者を遣はして陣代と応接させん。彼おとなしく此処を去ると云はば、それ迄の事にて、放免やらん」そこで数多の同志の中から、文武両道に優れたる、尚且つ弁舌爽やかな、藤田波之助を選んで使者に立てけり。

使者一人、書院に通る寒さ哉、此の波之助ただ一人して陣屋に進み入り、陣代山郡宗右衛門と対面致し、態と言葉を和らげ「先年来国を思ふの念、文武館設立を出願せしに、強ひて御採用なき、それ計か是迄税重く役煩ハしく、制令過酷に至る事多ければ、衆民離れ背き、何事かあらば羈役を免がれんと、予てその時機の至を待しに、今般日本国中の政令王家の一途に帰せしを幸ひ、此の国もまた古制に復して、出雲の国造を大守と仰がんと欲し、その手始めに此の陣屋を乗取らんと衆議ここに一決し、これは一同推参せり」そして言葉を接ぎ「然らば素より人民を損なふは本意ならねど、貴殿に於て此の場を無事に退去さるるならば、此の方において強ひてお手向かひは仕まつらじ」と威ありて然も猛からず、理を尽くして述べにけり。

陣代山郡ハ元より思慮ある武士なれば「ここに争ふも多勢に無勢、とても勝利を得るの目当てなし、無益のことに多くの人命を損ねんよりハ、寧ろこの場を無事に引取り、島民原の事共を、君侯に申上げ、その上にて兎も角も成るべけれ」と、心一に覚悟を定めて「無益の争ひ、某も素より望むところにあらねバ、一応本藩に引取りて、各々の云ひ分を君侯に申上げ、その上にて兎も角の処分に及ぶ可し」と至て温和の挨拶なし、妻子従者を始め組下の面々を引連れて、弱手より粛然と引上げしハ、昨日までの威厳に満ちた姿から、見るも哀れの枯れ尾花。

宗右衛門松江に帰りて島民の、一揆せし始末を申上げ、吾が邸に帰りてそのまま、任に耐えざる謝罪の状をしたためて、割腹して合ひ果てしかバ、隠岐の島民此のことを伝へ聞き、少しは武士の魂を具へし人よと云ひ合へりしとか。

十三、貫輔河内帰国之段

これより島民陣屋を乗取りて、島民自ら政務取り、黒坂弥左衛門は元より総庄屋にて政務に詳しければ之を陣代にさだめ、松浦貫輔も文武に通ずる公正無私の人故に、黒坂弥左衛門の補佐役相勤め、島の会所に出入せしかば、島民こぞりて仁政に心服し、今日あるを謳歌せざる者は一人として無く、平和に暮し居るに、その年の四月始めの払暁、朝霧突きて一艘の大船、不意に港に乗り入りしかバ、湊係役数名が取調べしに、中に数十名の兵士乗込み居り、「吾々共は徳川方の兵なるが、伏見の戦ひに打ち破れ、一旦紀州に逃れんと、先月下旬に数艘の和船に乗込みて、江戸表に帰りしが、その途中にてつむじ風に遭ひて四離八分になり、この船計りが辛くも風波を凌ぎ、此処に漂着せり。アハレ両三日の間、停泊を許し給へ、その間に船の補修と食べ物を買ひ調へて出帆せん」と懇願せしかば、その望みに任せ数日の停泊を許しける。

かくてその後、先に停泊を許せし同じ船が陸族と漂着なし、その数十余艘に及しが、一日その船より頭と覚しき人物、一人陣屋に来り、「兵卒共久しく船中にて日を送り、無事に苦しみ居り候間、足慣らしの為、洋式操練をお目にかけ度、若し苦しからずば陣屋の御前の馬場を拝借仰せ付けらるるやう」と、左も丁寧に頼み聞こゆるその様子、素より異心あるべくとも見えねば、黒坂始めその余の人々、西洋式の調練と聞きて、未だ一見せし事なければ、これを幸ひと後学の為に見ておかばやと、評議ここに一決なし、「苦しからぬ旨」返答せん。

使者に来たりし件の男「早速の聞き届千万かたじけなし」と述べ、本船に立ち帰ると、間も無くピーシャラオッタッタ、オッタッタ、オッタッタと喇叭大鼓にて囃立て、その勢凡そ二中隊余、足並み揃へて押出し来たり、陣屋の前の馬場で二手に分かれ、陣取りしかバ、是ハ面白き事なりと陣屋に居合せし人々、悉く見物に集まり余念なく眺めしに、その手の頭と覚しき一人、陣の中程に進み出て「総隊進め」の号令を、かけるや否や、二手の兵は忽ち陣屋を取り囲み、一声の鯨波を揚ぐるを合図に、数十丁の鉄砲を、陣屋目がけて打込みしが、素より不意の事なれば、陣屋は忽ち修羅場となりて、銃器持たぬ島民は、或ハ打死なし、或ハその場を切り抜け落ち延びて四散せり。

かくて陣屋は忽ちにして敵の手に落ちにけり。ソモこの一団は、徳川の落ち武者と云ふは虚言の策略にて、全くは松江の藩士が、島民に陣屋を奪はれしを遺恨に思ひて、之を取り返さんと、企てたる物なるを、この時始めて気づきしも、またしても武士の深謀に破れたり。

さておきこの日、松浦貫輔ハ非番にて吾が家に居りしが、陣屋の方に当たりて、激しき砲声の聞こえ、間もなく失火と覚しき、黒煙の空に立上りしを見て、貫輔大いに驚き、「扨ハ松江藩より不意に押し寄せたらん」と覚えたり。されど陣屋を取戻すハ、覚束かなけれども、恩人黒坂弥左衛門の一命を救はんものと、件の荒馬に打ちまたがり、陣屋目がけて駆付けるも、陣屋は早、敵兵多く群れり。勝手知つたる貫輔は裏手に廻りて、垣根の損処より潜入り、煙の中を縦横に弥左衛門を探せしに、最早逃げ去り、姿なければ、敵に気付かれぬうちに、退散せんと思ひしも、このままの姿形にてハ、打取らるゝは知れたこと、危急のなかにて分別を定め、手早く衣服と刀を脱ぎ捨てたり。

幸ひ側に、切り殺されし下人のあれば、その衣服取りて之と着替へ、向鉢巻尻端折り、下人の姿に成り済まし、態と裏門より駆け出でしが、案の如く、鉄砲持つ五七人の敵兵に取り囲まれ、既に一命も危かりしを「私めは、有木村なる岡部清助の、下男常助と申すものにて、陣屋の内に出火有りしと聞き、火元見のために駆け付けし者にて、決して疑はしき者には候はねば、一命を御助け下され」と大地に手を突き、只管懇願せしかば、敵兵、聊面を和らげて「有木村の岡部清助なる者ハ、旧来からの藩の御用達、今般の一揆にも加はらぬ者なるに、その家来とあらば、命は助けて遣らんが、今日の場合故、一応岡部清助に問ひ合ハせ、汝が云ふ所に偽り無くば、放免し遣る可し」と、やがて一人の兵士、有木村に駆行きて、その事の実否を尋ねしに、清助ハ常助と云ふ名を聞きて、さては常太郎の貫輔が敵兵に捕らへられ、吾方の下人なりと、当座の機知を働かせしもの成らんと、早くも察知し、程よき返事せしにより、貫輔一命を助けられ、やうやうの思ひで、有木村に立帰りしが、松江の詮議も有ることとて、我家には立ち寄らず、暫く岡部方に身を寄せて、常助に成り済ます。

松江藩の体面ハ陣屋を取返さんのみ、素より制令不行届きありて、島民の怨嗟を来せしばかりに、かく事にも成り行きし訳成れバ、若し事を荒だてなば、愈々島民の怒り添へ、如何なる事態なるやも分からず、そこで「此の度ハ、格別の沙汰を以て、首謀者始め一同お構ひなし、以後心得違ひのなきやうに」と一片の付達書のみの穏便の処置。

島民安堵の思ひ為し、一日二日と日を送りしが、時も王政維新の聖代《みよ》となり、日を追うて幕政の弊風も改めなし、島の流人も罪の軽重を糺し、追ひ追ひ恩免の沙汰あるにぞ。貫輔もその身に犯せる罪なき者なる旨認め、恩免の儀、その筋に願出せし折柄、河内なる母由美始め親類一統より、同様の願ひをその筋に申出しかば、早速赦免の中書、松江藩庁にぞ渡されける。

松浦貫輔、罪なうして配所の月を見しこと、ここに二十余年、幸ひに父譲りの志士仁人の気風、隠岐一島に轟きて、遂にハ流人ながら、隠岐一件に、総庄屋黒坂弥左衛門らを助け、松江藩の苛政に抗せしも、一時の夢とたち消えて、元の医生に立ち返りぬ。

此処に新政府、親より差出されたる赦免の願を聞届け、貫輔ハ忽ち青天白日の身となりしかば、その喜び喩ふるに物なし、されど亦、黒坂・岡部の両恩人を始め、恩師村上先生等、その生死をも共にすべしと契りたる朋友、或は医術漢学剣術の弟子抔も多くあれば、今更名残の惜しまれて「却つて併州を指す是故郷」と唐人の詠みけん、離別の悲しみに堪へざるのみか、唐衣きつゝなれにし妻さへ持てれば、いよいよ旅衣たちもかねつゝ、あねはの松のそれならで、都の土産にいざと云ひしかど、妻は住めば都とやらん、此の島に生立ちし身の、親兄弟の別れのよすがに惜しまれて、彼の熊野が都の春よりは、故郷の花に心傾けし素振りの有れば、あながちにとも言ひ兼て、裂き難き恩愛の情を割くなど、又憂はしきも限りなく、夫れら是れらの事に関はりて、数多の日を送りしが、かくて止む可き事ならねば、今は此と断念し思ひたえはて、三日三夜の間、縁の人と別離の杯納め「離されて虫はまことの音色かな」の一句を残し、迎への船に乗り込みしは、明治二年の秋八月の中旬にてありき。

妻おいか、そして数多の朋友門弟、且は平生その徳義を慕ひし島民まで、無慮数百人、港口に集りて、別れ惜しみて平安を祈る、或るひは再会を契るなど、その惜別の情たるや、哀れ悲しさ積残し、最早言の葉に表はす術もなかりけり。

あとがき

大塩思想を軸に近世思想を見直すとき、林羅山に始まる礼教の儒学から孔孟学に象徴される為政の儒学への大きな転換の跡が窺える。中江藤樹に始まるわが国陽明学の流れは、大塩において儒学の原点である為政の学を復活させたのである。その意味でも太虚を軸とする大塩哲学は、まさに大きな時代転換をめざす思想として形成されたのであった。

そこに到りつくまでの間、王門に親炙私淑する先賢ないしは先学として、また人間としての生き方において、大塩思想にとって欠くべからざる存在に、明末清初の黄道周・黄宗羲・顧憲成は見逃すことは出来なかった。大塩は寛政異学の禁のなかでも儒教文化圏としての一体感のなかで、呂新吾と王陽明に続きこれらの人々から殊の外に大きな影響を受けて思想形成した国際人であり、自然災害を含めた政治・経済的危機の時代における困窮民の課題に立ち向かった、たぐいまれな思想家であった。その意味でも大塩は大坂が生み出した既成の権威・訓詁注釈に拘束されない「我がまま学問」の自由な思想家であった。

それにしても政治の公正を求めて事件を起こした大塩の行動を、近年テロリズムと称する評者がある。歴史の基軸を見失い瑣末な風聞に走ることで、存在としての歴史を貶して手軽な概念で切り捨てるとはなんと太平楽なことであろうか。

大塩のこのような政治の公正を求める良知や、庶民の暮らしの成り立つように私利私欲を排して正心誠意につくと云う為政の倫理、さらには聖人願望にみられる政治改革者出現への期待などは、近代における民生重視の政治論となったり英雄崇拝論として、政治的危機の時代に繰り返して待望され影響を与えたところである。

本書はこのような大塩思想の射程について考察を加えたものであるが、併せて私の大塩研究の原点でもある河内国の門人弓削村七衛門こと履三郎家に起こった数奇な運命を人形浄瑠璃化した一篇も紹介することにした。それは大塩の乱の当日の夜、同家を襲った追捕に始まり、妻由美らの取り調べや、一家断絶のなかで息子達はそれぞれ隠岐と五嶋に流刑され、とりわけ隠岐に流された長男常太郎は後に隠岐騒動に関係して九死に一生を得るが、このような履三郎家をめぐる転変を宇田川文海が同家のために書いた原作を題材にして手を加えた脚本『浪華異聞・大潮餘談』である。

本書の構成のうち、

第2章　梅岩思想の基層としての陽明学的志向（『大塩研究』67号）
第3章　歴史意識から見た頼山陽と大塩後素（同64号）
第11章　大塩聖人論の近代的展開（同69号）
第14章　浄瑠璃本『浪華異聞・大潮餘談』（同63号）

はすでに発表したものであるが、その他の

第1章　近世朱子学の教養主義化について
第4章　大塩思想における三代の治と孔孟思想の核心
第5章　大塩平八郎『檄文』の思想
第6章　大塩の天文学的関心
第7章　大塩平八郎と黄道周

第8章　黄宗羲『明儒学案』の陽明学的認識と大塩思想
第9章　東林党・顧憲成への大塩の視線
第10章　社会福祉思想の先導者・大塩平八郎
第12章　石崎東国と大正デモクラシー
第13章　東アジア共同体構想への基礎理念について
は本書のために新たに書き下ろしたものである。

私の大塩思想研究も『孝経』を起点とした大塩陽明学の全体像をまとめた『大塩平八郎と陽明学』に始まり、大塩思想の近代に向けた思想性を解明した『大塩思想の可能性』、そして大塩思想の思想的源泉から見た思想の広がりについて述べた本書『大塩思想の射程』をもって一応の終着点としたい。あとは後学の皆さんのさらなる研究に期待したい。

佐藤一斎が高齢の中で『言志四録』に取り組んだ著作活動に刺激された私は、鈍根を省みず自らを今日まで奮い立たせてきたが、ようやく私なりに辿りつけたことを喜びとするものである。もとより和泉書院廣橋研三氏のかわらざるご理解をはじめ、京都大学附属図書館、大阪大学附属図書館を始め大阪府立中之島図書館、大阪市立中央図書館にも資料調査でお世話になり、親切に対応して頂いたことを記して感謝の言葉としたい。

二〇一三年九月

耄翁野人しるす

〈な行〉

〈は行〉

〈ま行〉

〈た行〉

〈か行〉

索　　引

■ **著者紹介**

森 田 康 夫（もりた やすお）

一九三〇年 大阪市生まれ

立命館大学大学院日本史研究科修士課程修了・文学博士

樟蔭東女子短期大学名誉教授

主な著書

『地に這いて―都市福祉行政の先駆者・志賀志那人』（大阪都市協会、一九八七年）

『大塩平八郎の時代―洗心洞門人の軌跡』（校倉書房、一九九三年）

『浪華異聞・大潮餘談』（和泉書院、一九九六年）

『福沢諭吉と大坂』（和泉書院、一九九六年）

『賤視の歴史的形成』（解放出版社、一九九八年）

『河内―社会・文化・医療』（和泉書院、二〇〇一年）

『大塩平八郎と陽明学』（和泉書院、二〇〇八年）

『大塩思想の可能性』（和泉書院、二〇一一年）

日本史研究叢刊 28

大塩思想の射程

二〇一四年六月一〇日初版第一刷発行

（検印省略）

著　者　森 田 康 夫

発行者　廣 橋 研 三

印刷所　亜 細 亜 印 刷

製本所　渋 谷 文 泉 閣

発行所　有限会社 和 泉 書 院

大阪市天王寺区上之宮町七―六

〒五四三―〇〇三七

電話　〇六―六七七一―一四六七

振替　〇〇九七〇―八―一五〇四三

ISBN978-4-7576-0707-1　C3321

――日本史研究叢刊――

11	日本中世の説話と仏教	追塩千尋著	九〇〇〇円
12	戦国・織豊期城郭論　丹波国八上城遺跡群に関する総合研究	八上城研究会編	九五〇〇円
13	中世音楽史論叢	福島和夫編	品切
14	近世畿内政治支配の諸相	福島雅藏著	八〇〇〇円
15	寺内町の歴史地理学的研究	金井年著	七〇〇〇円
16	戦国期畿内の政治社会構造	小山靖憲編	八〇〇〇円
17	継体王朝成立論序説	住野勉一著	七〇〇〇円
18	「花」の成立と展開	小林善帆著	六〇〇〇円
19	大塩平八郎と陽明学	森田康夫著	八〇〇〇円
20	中世集落景観と生活文化　阿波からのまなざし	石尾和仁著	八〇〇〇円

（価格は税別）